甘肃省哲学社会科学重大研究基地·甘肃省依法推进社会治理研究中心建设项目
"2011计划"甘肃省司法科学与区域法治发展协同创新中心建设项目

检察案例研究（第4辑）

郑高键 张学军 主编
金 石 何青洲 执行主编

JIANCHA ANLI YANJIU

中国政法大学出版社
2023·北京

声　　明	1. 版权所有，侵权必究。
	2. 如有缺页、倒装问题，由出版社负责退换。

图书在版编目（ＣＩＰ）数据

检察案例研究. 第 4 辑/郑高键, 张学军主编. —北京: 中国政法大学出版社, 2023.10
　ISBN 978-7-5764-1164-5

　Ⅰ.①检… Ⅱ.①郑… ②张… Ⅲ.①检察机关—案例—汇编—甘肃 Ⅳ.①D926.32

中国国家版本馆CIP数据核字(2023)第 200464 号

出 版 者	中国政法大学出版社
地　　址	北京市海淀区西土城路 25 号
邮寄地址	北京 100088 信箱 8034 分箱　邮编 100088
网　　址	http://www.cuplpress.com（网络实名：中国政法大学出版社）
电　　话	010-58908586(编辑部) 58908334(邮购部)
编辑邮箱	zhengfadch@126.com
承　　印	固安华明印业有限公司
开　　本	880mm×1230mm　1/32
印　　张	9.5
字　　数	250 千字
版　　次	2023 年 10 月第 1 版
印　　次	2023 年 10 月第 1 次印刷
定　　价	59.00 元

序 言
PREFACE

案例是司法活动的反映,是法律与实践结合的产物,是将抽象原则和法律条文变成形象具体的行为规范的过程。案例既是法律原则和法律规范具体化的载体,也是司法人员经验智慧、思想理念的结晶。而案例研究也是司法实务部门对具体案件法律适用进行应用性研究的主要方法,不仅能够加强对法律条文、司法活动的研究,统一执法认识,而且更能够推动因案生例的形成,成为法学理论创新的源头。

案例研究是检察干警工作技能、司法理性、办案经验、司法水平、决策能力的集中体现,执法办案和案例研究应当成为检察干警走向成熟的坚实"双腿"。检察干警要重视执法办案,更要发挥身处执法一线的职业优势进行案例研究,总结传承执法智慧,以提升办案水平。

甘肃省检察机关和甘肃政法大学一直十分重视案例研究的指导作用,秉持贴近检察实务、观点分析透彻、行文严谨简约的宗旨,在甘肃省人民检察院和甘肃政法大学的共同努力下,自2016年以来,已公开出版《检察案例研究》三辑,为全省检察干警提供了较有针对性的业务指导和参考,为法学研究和法学教育提供了案例资源和参考。

此次公开出版的《检察案例研究》(第4辑),其中既有对检察业务起到指导性作用的典型案件,也有针对疑难案件各抒己见的争鸣分析,本书选取的案例有以下几个特点:案例的典型性,注重选择在事实认定、证据采信、法律适用等方面具有典型性的案例，案例选题较重视导向性；案例的实用性，选用的案例具有针对性，注重解决实践中的争议问题，统一执法标准；案例的理论性，注重在法学理论层面展开研究，采用从具体到抽象的逻辑进路，使法学理论与司法实践得到较好的结合。

甘肃省《检察案例研究》是我们深入学习贯彻习近平法治思想，落实中共中央办公厅、国务院办公厅印发的《关于加强新时代法学教育和法学理论研究的意见》的有力举措之一，是强化法学基础理论研究和强化全面依法治国实践研究的成果体现。甘肃省《检察案例研究》对于推动全省检察工作实现创新发展，促进法学理论研究关注检察实践，提升法学理论研究水平具有相当的价值。

是为序。

目 录
CONTENTS

序 言 …………………………………………………… 001

王某某、李某某非法买卖枪支案
——第三人使用枪支过失致一人死亡的认定问题 / 林万银 … 001

胡某某投放危险物质抗诉案
——从间接证据入手综合审查认定案件 / 程 喆 ………… 006

刘某故意杀人报请核准追诉案
——如何准确把握核准追诉的条件 / 程 喆 …………… 012

马某、高某某非法持有毒品案
——如何准确理解运输毒品罪的主观明知 / 程 喆 …… 015

马某某故意伤害（致人死亡）核准追诉案
——如何正确把握追诉必要性 / 程 喆 ………………… 019

柴某某故意伤害案
——如何准确认定故意伤害致人死亡与过失致人
死亡 / 程 喆 ……………………………………… 023

何某甲故意伤害报请核准追诉案
　　——如何准确把握核准追诉的条件／程　喆…………027
杨某某民间借贷纠纷裁判结果监督案／王天桂…………031
M县检察院翟某、谭甲、谭乙等五人盗窃、掩饰、
隐瞒犯罪所得案／汤　燕　魏海军……………………033
李某国与G农商银行金融借款合同纠纷
抗诉案／王建荣　代　奎…………………………………038
唐某科与汪某建设工程施工合同纠纷
抗诉案／王建荣　代　奎…………………………………043
吴某与高某某买卖合同纠纷提请
抗诉案／张丽娟　马炎驹…………………………………050
王某某强奸案／陈春善　徐西雨…………………………057
李某某、许某某违法发放贷款案／程　辉………………063
王某某非法经营案／陈卫华………………………………070
朱某某、高某某等四人非法制造、买卖、运输、
储存爆炸物抗诉案／郭成勋………………………………075
郝某某交通肇事案
　　——罪与非罪的法律分析／孙迎春　任连红…………078
邢某某、陈某某等人电信网络诈骗案／张婵娟…………083
陈某某贪污、受贿抗诉案／郭成勋　赵小垔……………087
郑某甲、郑某乙等人组织、领导、参加黑社会性质
组织、故意伤害等犯罪案／董喜善………………………090
马某某以危险方法危害公共安全案
　　——精神病人持械殴打公交车驾驶员的认定／陶朝华…095

目 录

路某某危险驾驶案
——关于醉驾案件中重新鉴定的问题 / 杨佑焕 ………… 099

赵某某非法占用农用地行政非诉执行案 / 王 素 …… 102

滕某某、李某某、张某甲、张某乙盗窃案
——动力公司职工偷换居民小区上水水表表芯、调高
用水方量的行为如何定性 / 于宏发 王 茹 ……… 105

宋某某、张某某盗伐林木案,李某某
非法收购盗伐林木案 / 石楹倩 ……………………… 110

张某某等人盗窃案 / 张 健 ……………………… 117

曹某某、张某诈骗、掩饰、隐瞒犯罪所得案
——共犯的认定 / 王克权 ……………………… 122

L市xx公司与王某劳动争议纠纷案
——劳动关系认定 / 王克权 ……………………… 126

对事前未共谋的帮助杀人行为如何定性
——未事前共谋的帮助行为主观内容的
判别 / 陈 晨 金文浩 ……………………… 130

刘某某的行为应如何定性
——关键是危害对象是否特定和主观故意如何
认定 / 陈 晨 金文浩 ……………………… 135

劫取财物并杀人的行为如何定性
——"为劫取财物而预谋故意杀人"与"为灭口
而故意杀人"的鉴别 / 金 石 ……………………… 140

王某的行为是否构成职务侵占罪
——如何准确认定联通分公司与王某之间的
关系 / 金 石 ………………………………… 144
刘某某危险驾驶案 / 高旺顺 陈真平 …………… 151
×省××公司与××银行××支行借款合同纠纷案
——保证人责任免除的规定能否适用于抵押担保
责任 / 王克权 …………………………… 155
姚某某、李某某抢劫赌博场所案
——王某某家中的赌博场所是否符合"户"的功能特征和
场所特征 / 金 石 ……………………………… 160
张某某滥用职权案
——如何准确理解和把握滥用职权罪中的"非物质性
损失" / 金 石 ………………………………… 165
王某抢劫出租车后前往现场杀人并以轿车碾压他人案
——牵连犯和想象竞合犯的实践认定 / 金 石 ……… 169
村支书吴某某、村主任杨某某、村文书付某某贪
污案 / 姚伟博 ………………………………… 173
祁某某与C县公安局城关派出所不履行法定职责
纠纷检察监督案 / 潘露亚 ……………………… 177
许某某等36人"套路贷"案 / 摆凤琴 ……………… 180
张某某盗窃案 / 董鹏君 ………………………… 187
王某等六人寻衅滋事、妨害公务罪案 / 柳小勤 …… 190

梁鹏某、梁星某、侯某故意杀人、故意伤害案

——审慎推定无重罪实行行为共同犯罪人的主观

　　罪过／车晨刚 ……………………………………… 194

魏某奎等三人拐卖儿童案／李春芬 ……………… 198

李某诈骗案

——占有他人遗忘在银行柜台的现金如何定性／后锦文 … 203

贡某涉嫌掩饰、隐瞒犯罪所得案／周祖财 …………… 208

何某某危险驾驶不起诉案／王汉成 …………………… 212

李某某交通肇事案／张宇杰 …………………………… 215

申某诈骗案

——诈骗罪、合同诈骗罪与合同纠纷的区别／刘桂芳 … 219

杨某某合同诈骗案

——签订合同时无法保证履约能力能否认定合同

　　诈骗／常　乐 …………………………………… 222

G县食品药品监督管理局怠于履行职责案／康鹏鹏 … 228

纪某某过失致人死亡案／周文娟 ……………………… 231

潘某某与胡某某离婚纠纷诉讼监督案／成　婷 ……… 237

王某某非法收购珍贵、濒危野生动物案／成　婷 …… 241

李某某骗取调解书虚假诉讼监督案／张　力 ………… 244

涉农行政公益诉讼研究／何青洲　李娅妮 …………… 248

检察机关提起刑附民公益诉讼

研究／赵奕凯　何青洲　李　亮 ……………………… 267

甘肃省公共安全领域检察公益诉讼

研究／马广年　王少鹏 ………………………………… 280

王某某、李某某非法买卖枪支案

——第三人使用枪支过失致一人死亡的认定问题*

一、基本案情

2016年5月3日，犯罪嫌疑人王某某通过手机微信以765元的价格购买了一套气枪零部件，货到后按照图纸将该气枪组装完毕并携带玩耍。2016年7月、8月份，犯罪嫌疑人王某某又将该气枪以1100元的价格转售给犯罪嫌疑人李某某。2016年9月，犯罪嫌疑人李某某又将该气枪借给被害人张某甲（又名张某华）玩耍，张某甲将该气枪放置在自己的卡车驾驶室内。2016年10月4日13时20分许，张某乙（另案处理）在G县H镇M村张某甲家院中停放的张某甲的卡车驾驶室内发现该气枪，并将该枪拿下车摆弄玩耍，不慎将该枪击发，枪内发射的弹丸击中张某甲头部，致使张某甲不治身亡。2016年10月9日，经W市公安司法鉴定中心鉴定，张某甲系生前被钢珠弹丸击中头部致颅内出血、严重脑挫伤死亡。2016年10月21日，经G省公安厅物证鉴定中心鉴定，送检的气枪为以压缩气体为动力的枪支。

2016年12月9日、2017年1月22日，G县公安局分别以张某乙过失致人死亡案、王某某、李某某非法买卖枪支案移送G县人民检察院审查起诉。

二、关键问题

根据最高人民法院《关于审理非法制造、买卖、运输枪支、弹

---

* 林万银，甘肃省武威市古浪县人民检察院。

药、爆炸物等刑事案件具体应用法律若干问题的解释》第1条的规定，个人或者单位非法制造、买卖、运输、邮寄、储存军用枪支一支以上，或者以火药为动力发射枪弹的非军用枪支一支以上，或者以压缩气体等为动力的其他非军用枪支二支以上，或者虽未达到上述最低数量标准，但具有造成严重后果等其他恶劣情节的，依照《刑法》第125条第1款的规定，以非法制造、买卖、运输、邮寄、储存枪支罪定罪处罚。非法买卖枪支，如果数量达不到立案标准，那么如何理解并适用"具有造成严重后果等其他恶劣情节"这一司法解释规定？如何把握刑法上的因果关系？张某乙在不明确枪支属性的情况下，疏忽大意，致使一人死亡，其行为构成过失致人死亡罪。但王某某和李某某买卖枪支，李某某将枪支出借给他人，致使第三人过失将借用人误伤致死，王某某和李某某是否承担非法买卖枪支的刑事责任？王某某和李某某买卖枪支、李某某出借枪支和被害人死亡之间究竟有无刑法上的因果关系？最高人民法院《关于审理非法制造、买卖、运输枪支、弹药、爆炸物等刑事案件具体应用法律若干问题的解释》第1条第9项关于"虽未达到上述最低数量标准，但具有造成严重后果等其他恶劣情节"的规定在本案中能否适用？

三、分歧意见

关于本案对王某某、李某某的定性形成两种意见：

第一种意见认为，本案王某某、李某某买卖枪支的行为与被害人死亡结果之间存在刑法上的因果关系，应当适用相关司法解释，对王某某、李某某以非法买卖枪支罪定罪处罚。

第二种意见认为，本案王某某、李某某买卖枪支的行为与第三人使用该枪支致被害人死亡之间没有刑法上的因果关系，司法解释的兜底条款在本案中不能适用，因此，王某某、李某某的行为不构成犯罪。

四、评析意见

办案检察官赞同第二种意见。

非法买卖枪支罪属危害公共安全犯罪，而危害公共安全罪是指故意或者过失实施危害不特定或者多数人的生命、健康或者公私财产安全的行为,其保护的法益系不特定或者多数人的生命、身体或者财产公共安全。本案中王某某、李某某买卖的枪支经司法鉴定系以压缩气体为动力的枪支,从数量上看尚达不到追究刑事责任的标准。本案造成了一人死亡的严重后果,但对该后果应当结合实际案情予以综合分析判断,不能因为存在他人生命安全受到侵害的后果而推定买卖枪支的行为人构成犯罪。本案对张某乙以过失致人死亡罪追究刑事责任没有任何问题,其侵犯的客体是特定人的生命,但对王某某、李某某以非法买卖枪支罪定性于法无据。

首先,本案王某某、李某某买卖枪支的行为与第三人张某乙使用该枪支致被害人死亡之间没有刑法上的因果关系。有人认为,犯罪嫌疑人王某某将该枪支组装后进行过试射,对该枪支流入社会后可能造成的危害后果应当是明知的。犯罪嫌疑人李某某明知该枪支具有一定的致伤力而予以购买并出借给他人,对该枪支流入社会后产生人身伤害的后果有放任态度,而该枪支被张某乙发现后因操作不当造成枪支借用人死亡这一严重后果的产生。没有犯罪嫌疑人王某某、李某某买卖枪支的行为,没有李某某将枪支出借给他人的行为,就不会产生该枪支流入社会的后果,更不会产生致使他人死亡这一严重后果,因此,犯罪嫌疑人王某某、李某某买卖枪支的行为与被害人死亡的后果之间存在刑法上的因果关系。

但办案检察官认为,"条件因果关系说"在本案中不能成立。王某某、李某某非法买卖枪支后,李某某将枪支借给被害人张某甲使用。李某某出借给被害人枪支的行为虽然造成了被害人死亡的结果,但这种出借行为并未对死亡结果起到决定性作用。被害人的死亡是由第三人的出现并操作不当这一异常介入因素引起的,即由不懂枪支的另案犯罪嫌疑人张某乙偶然发现放置在卡车驾驶室内用毯子盖住的枪支并操作失误所造成,张某乙对枪支操作不当对被害人的死亡起到了决定性作用。王某某、李某某买卖枪支以及李某某出借枪支的行为只是后面介入因素的一个前提和基础,对被害人的死亡后果并没有起积极作用,犯罪嫌疑人王某某、李某某买卖枪支时不可能预料到被害人死亡的后果,事实上也是后面的介入因素"中断"了二犯罪嫌疑人买卖枪支与被害人死亡的因果关系,因此,犯罪嫌疑人王某某、李某某非法买卖枪支的行为与被害人死亡结果之间不存在刑法上的因果关系。

其次,如果认定行为人王某某、李某某的行为构成犯罪属客观归罪。我国《刑法》[1]规定非法买卖枪支罪在犯罪构成上应属故意,本案从买卖枪支的行为人出借枪支后,该出借的枪支造成借用人死亡的这一后果来推定、认定行为人买卖枪支的行为构成犯罪,与犯罪构成理论存在重大矛盾,有客观归罪之嫌,也不符合"罪刑法定"的基本原则。最高人民法院《关于审理非法制造、买卖、运输枪支、弹药、爆炸物等刑事案件具体应用法律若干问题的解释》第1条第9项关于"虽未达到上述最低数量标准,但具有造成严重后果等其他恶劣情节"的规定,并没有否定非法买卖枪支罪属故意犯罪的立法本意。

最后,相关司法解释在本案中不能适用。有人认为,本案犯罪嫌疑人王某某通过网络购买枪支零部件并予以组装,后以1100元的价格卖给犯罪嫌疑人李某某,该枪支由李某某出借给他人后便已流入社会,加上该枪支具有致伤力,本身就带有不稳定因素,会对公共安全造成严重威胁。而本案的后果为李某某所购买的枪支出借他人后发生枪支借用人被误伤致死的严重后果。本案犯罪嫌疑人王某某、李某某买卖的枪支经鉴定为具有致伤力的气枪,虽然达不到追究刑事责任的"数量标准",但造成了一人死亡的严重后果,使得我国《刑法》关于非法买卖枪支罪所规定的法益被侵犯,因此该司法解释对本案应当适用。

但办案检察官认为,本案中"第三人使用枪支过失致一人死亡"的结果不属于最高人民法院《关于审理非法制造、买卖、运输枪支、弹药、爆炸物等刑事案件具体应用法律若干问题的解释》第1条第9

---

[1]《刑法》,即《中华人民共和国刑法》。为表述方便,本书中涉及我国法律文件直接使用简称,省去"中华人民共和国"字样,全书统一,后不赘述。

项关于"虽未达到上述最低数量标准,但具有造成严重后果等其他恶劣情节"之规定的情形。虽然枪支被出借后,最终造成一人死亡的后果,但纵观全案情况,系第三人的过失行为导致一人死亡的结果发生。该案"第三人使用枪支过失致一人死亡"这一结果,无论从犯罪嫌疑人王某某、李某某买卖枪支的主观意图,还是从客观表现看,其社会危害性均相比故意伤害致人死亡或者故意杀人等犯罪行为而言要轻。换句话说,如果李某某将非法买卖的枪支出借给他人,借用人使用该枪支实施抢劫、杀人等行为造成危害后果,那么对李某某应当予以追究刑事责任。综上所述,本案不能适用相关司法解释。

五、处理结果

关于王某某、李某某涉嫌非法买卖枪支案,经 G 县人民检察院审查后认为,不能适用最高人民法院《关于审理非法制造、买卖、运输枪支、弹药、爆炸物等刑事案件具体应用法律若干问题的解释》第 1 条第 9 项规定的情形,不应当以非法买卖枪支罪追究王某某、李某某二人的刑事责任。因本案涉及司法解释的适用问题,经 G 县人民检察院向 W 市人民检察院请示,W 市人民检察院作出批复,司法解释相关规定在本案中不能适用。2018 年 1 月,G 县公安局将该案撤回移送审查起诉并对本案作撤销案件处理,对王某某、李某某给予行政处罚。关于张某乙过失致人死亡案,经 G 县人民检察院提起公诉后,法院以过失致人死亡罪判处被告人张某乙有期徒刑 3 年,缓刑 5 年。

胡某某投放危险物质抗诉案
——从间接证据入手综合审查认定案件*

一、基本案情

2007年，被告人胡某某与张某相识并以夫妻名义共同生活。2018年初，被告人胡某某得知张某与文某某具有不正当的男女关系后多次质问张某并发生争吵。2018年4月下旬，胡某某从S省来到P市寻找张某。期间，胡某某怀疑文某某在C县工地居住，遂产生报复文某某的想法。在P市居住期间，胡某某与张某多次到C县工地内被害人张某甲、郑某某、文某甲租住处送物品，并居住一晚。5月19日，胡某某离开P市返回S省。5月25日，张某甲因失血过多在C县人民医院就诊；6月1日，张某甲因腰痛伴肉眼血尿在P市人民医院急诊科就诊后住院治疗；6月6日，郑某某因咳血在N医科大学总医院急诊科就诊，诊断为凝血功能障碍异常待查：药物中毒可能性大。文某甲因口鼻腔出血在N医科大学总医院急诊科住院治疗，诊断为凝血功能障碍异常待查：抗凝血类灭鼠药中毒。6月13日，张某甲因多功能脏器衰竭、凝血功能障碍、蛛网膜下腔出血死亡。经公安部物证鉴定中心鉴定，从死者张某甲血液、肝脏组织，郑某某血液，文某甲血液、张某血液中均检出"大隆"。经C县公安司法鉴定中心鉴定，死者张某甲系生前"大隆"中毒致凝血功能障碍死亡，郑某某、文某甲为轻微伤，张某不构成轻微伤。

二、诉讼过程

本案由P市C县公安局侦查终结，以胡某某涉嫌犯投放危险物

---

* 程喆，甘肃省人民检察院。

质罪向 P 市 C 县人民检察院移送审查起诉。C 县人民检察院于 2018 年 11 月 28 日报送 P 市人民检察院审查起诉，期间因证据不足退回补充侦查两次。P 市人民检察院于 2019 年 5 月 27 日向 P 市中级人民法院提起公诉。P 市中级人民法院依法组成合议庭公开开庭审理了本案，并于 2020 年 7 月 12 日作出刑事附带民事判决书。宣判后，P 市人民检察院认为一审判决确有错误，提请某省人民检察院抗诉，某省人民检察院经审查认为，全案证据能够认定原审被告人胡某某实施了向文某甲租住房内申花食用油油壶投放鼠药"大隆"的行为并致一人死亡、二人轻微伤的事实，胡某某的行为构成投放危险物质罪，一审判决认定事实错误，P 市人民检察院的抗诉理由成立，向某省高级人民法院提出抗诉。

三、一审处理结果及理由

P 市中级人民法院认为，公诉机关指控胡某某犯投放危险物质罪的事实不清，证据不足，指控罪名不能成立，判决原审被告人胡某某无罪。

（一）关于被告人胡某某作案使用的鼠药问题

胡某某关于鼠药特征、鼠药来源的供述与证人证言不相一致，胡某某、乐某某对当地市场销售的鼠药辨认后确认的相似物亦不一致，亦无其他证据证实胡某某从乐某某处购买的红色药液鼠药为假冒的"大卫"溴鼠灵（"大隆"），故无法认定胡某某从乐某某处购买的鼠药为"大隆"。

（二）关于被害人中毒来源问题

两次现场勘查间隔时间较长，且现场未封闭，第一次现场勘查后仍有人员生活、居住，被害人郑某某、张某亦出入案发现场并带走相关物品；第二次现场勘查时，案发现场的物品、摆放位置、居住人员亦发生变动，无法排除他人作案的可能，申花食用油是否来源于案发现场的事实存疑。且指控申花食用油为文某甲购买，郑某某使用的事实存疑。

（三）关于被告人作案时间问题

证人张某、郑某某以及被告人胡某某均证实，张某、胡某某 5

月14日晚10时许到达C县工地，约1小时之后返回P市。在此期间，胡某某是否到过C县工地工人生活区，三人之间的陈述不一，与胡某某本人供述的上午10时左右的作案时间相矛盾；且案发当晚，胡某某在较短时间内如何进入文某甲出租屋，有无惊动同屋居住人员，如何寻找到油壶，如何确认油壶的形状、颜色、特征、如何投放鼠药的关键事实不清，指控被告人胡某某实施作案的时间、过程均与案发现场地理位置、人员居住等客观环境、常理不相符，因此指控被告人实施作案的时间、作案过程除被告人供述外，无直接证据印证，关键事实不清。

（四）关于被告人有罪供述问题

被告人胡某某的有罪供述存在反复，庭前供述与其他证据不能相互印证，且侦查机关取得的有罪供述属非法证据，应不予采信。

综上，在案证据仅能证实胡某某具有作案的动机和作案嫌疑，鼠药的来源虽有证人乐某某的证言，但供证之间存在矛盾，无法印证胡某某从乐某某处购买的鼠药即为"大隆"，胡某某供述实施犯罪的关键情节亦无其他证据印证，在案证据无法证实胡某某实施了投放鼠药的行为，无法指向张某甲死亡、文某甲、郑某某轻微伤的后果系胡某某投毒所致。故公诉机关指控胡某某犯投放危险物质罪的证据不足，相关证据之间的矛盾和疑点无法合理解释、排除，全案证据达不到确实、充分的证明标准，不能得出系胡某某作案的唯一结论。

四、检察机关抗诉理由

胡某某对鼠药的性状、来源曾作稳定的有罪供述；胡某某作案有动机、有条件、有时间；鼠药来源清楚，乐某某和胡某某二人能互相辨认；言词证据存在瑕疵具有合理性，可以认定胡某某实施了投放危险物质的行为。

（一）犯罪动机、目的明确

胡某某得知丈夫张某与文某某有不正当男女关系后产生了报复文某某的想法，于2018年4月初在S省K县D镇乐某某经营的杂货店内购买鼠药"大隆"。卷内有：①胡某某2018年8月13日的供述:"2018年4月4日、5日前后其有了报复文某某的想法之后就购买了老鼠药。把老鼠药带到C县工地就是为了报复文某甲和文某某。"②证人岳某兰、文某某证言证实,胡某某知道张某和文某某有不正当关系后,多次打电话、发视频辱骂文某某,并扬言说用她一个人的性命换其全家性命。③证人常某红、罗某明、罗某超、何某华证言证实,2018年4月20日左右,胡某某因张某将张某乙私自从S省带走而到P市寻找,因张某和文某某之间有不正当关系,胡某某的情绪一直不好。

(二)鼠药"大隆"来源清楚

(1)证人乐某某证言证实,2018年4月份,胡某某在其店里买了一瓶红色液体状的鼠药。

(2)胡某某2018年8月13日供述"老鼠药是其在D镇街道乐某某开的杂货店里购买的"。

(3)辨认笔录。乐某某与胡某某均辨认出了对方。

(三)鼠药包装及性状特征双方表述一致

(1)证人乐某某证言证实,2018年4月份,胡某某在其店里买了一瓶红色液体状的鼠药。鼠药内包装是一个透明软质塑胶瓶,装鼠药的白色塑料瓶和藿香正气水的瓶子很像,但比藿香正气水的瓶子小一点。

(2)胡某某2018年8月13日供述:"老鼠药是红色液体的,装在一个塑料瓶里,塑料瓶子的样子和藿香正气水的瓶子差不多,但是比藿香正气水的瓶子小。"胡某某2018年10月16日供述:"药是红色的液体,装在一个软质塑料瓶内。"胡某某2019年7月4日供述:"投放到文某甲油壶内的鼠药是一种红色液体状的药水,药瓶是一个透明软质塑料瓶,样子和藿香正气水的瓶子相似。"

(四)作案手段清楚

(1)胡某某2018年8月13日供述:"其就一人进到文某甲的房间内,用手拧开文某甲的油壶盖子,把老鼠药瓶子上部的开瓶扳手拧了几下,打开老鼠药瓶子之后把老鼠药全部倒到文某甲的油壶里。"在审查起诉阶段及一审庭审中,胡某某均供述其将鼠药投放在文某甲租住房内的油壶内，其用牙齿将鼠药瓶咬开，将鼠药投放到油壶里。

（2）指认笔录。胡某某对其投放鼠药的作案地点进行指认。

（五）投毒行为和结果之间具有刑法上的因果关系

（1）L司法鉴定所病理检验和公安部物证鉴定中心毒物检验鉴定意见书证实，死者张某甲体内含有"大隆"成分，且生前出现全身弥漫性出血症状，符合"大隆"中毒致凝血功能障碍死亡的症状。

（2）公安部物证鉴定中心检验报告证实，从张某甲血液和肝脏组织，郑某某和张某的血液中均检出"大隆"。上述鉴定可以证实死者张某甲因食用"大隆"死亡。

胡某某将鼠药投放在申花食用油中的事实有下列证据印证：

（1）胡某某辨认笔录。2018年10月16日，胡某某指着4号油壶陈述其在C县文某甲出租屋投放老鼠药的油壶盖子就是这种黄色的。

（2）郑某某辨认笔录。2018年11月5日，郑某某辨认申花菜籽油油壶是其5月28日从文某甲屋里拿到自己屋里做饭用的食用油油壶。

（3）郑某某辨认笔录。2019年7月4日，郑某某辨认右侧一个黄盖方底油壶与2018年7月2日对其租住处现场勘查时提取的申花食用油油壶是同一个油壶，是其从文某甲租住处拿到自己租住房内的。

（4）鉴定意见。公安部物证鉴定中心检验报告证实，从郑某某出租屋提取的申花食用油油壶内液体中检出"大隆"成分。

（5）被害人郑某某陈述。其2018年11月5日陈述证实，2018年5月28日，其将文某甲房子里的食用油拿过来做过一顿饭，是申花菜籽油。

（6）被害人文某甲陈述。其2018年8月9日陈述证实，其离开C县到Y市看病时，什么东西都没带，食用油还在住的房子里，没有使用自己的油在郑某某电炒锅内做过饭。张某回S省老家期间，郑某某灶上没有油了，他把其灶上的油壶拿过去做饭，其和郑某某、张某甲一起吃饭，之后郑某某把油壶还了回来。

（7）胡某某的供述。其 2018 年 8 月 13 日供述，其就一人进到文某甲的房间内，用手拧开文某甲的油壶盖子，把老鼠药瓶子上部的开瓶扳手拧了几下，打开老鼠药瓶子之后把老鼠药全部倒到文某甲的油壶里。

胡某某主观上具有投放鼠药报复他人的故意，客观上实施了投放危害物质的行为，犯罪动机明确，作案手段清楚，认定胡某某实施犯罪行为的证据确实、充分，P 市人民法院一审认定判决确有错误。

刘某故意杀人报请核准追诉案

——如何准确把握核准追诉的条件*

一、基本案情

1995年8月19日,王某某途径L市Q区收购废品,刘某将王某某邀至某某厂职工宿舍院内,欲将其存放在厨房内的废旧纸箱出售给王某某。出售废旧纸箱过程中,刘某发现王某某将其钢制管钳偷藏在收购废品的编织袋内。为此两人发生争吵,刘某趁王某某转身整理废旧纸箱毫无防备之际,从收购废品的编织袋内取出钢制管钳猛击王某某的后脑致其倒地,又多次猛击王某某头部致其死亡。当晚,刘某趁雨夜无人之际,将王某某的尸体拖拽至院内旱厕附近的土坑内掩埋后逃离。经法医鉴定:死者王某某系被他人用钝性物体多次击打头部致开放性颅脑损伤而死亡。

二、诉讼经过

本案由L市公安局Q区分局侦查终结,于2020年7月27日移送L市Q区人民检察院审查起诉;Q区人民检察院于8月18日报送L市人民检察院审查,L市人民检察院于9月14日将案件退回Q区分局补充侦查。2021年1月4日,L市人民检察院将该案层报G省人民检察院核准追诉。经审查,G省人民检察院报请最高人民检察院核准追诉。

三、评析意见

本案虽系因琐事引发的激情犯罪,但作案手段残忍,犯罪情节

---

* 程喆,甘肃省人民检察院。

恶劣，犯罪的社会危害和恶劣影响依然存在，犯罪造成的社会矛盾未有效化解，有追诉必要。根据报请核准追诉条件及相关指导性案例，本案已过追诉时效期限，但有追诉必要。

（一）本案应适用1979年《刑法》

本案案发时间是1995年，根据1979年《刑法》第132条的规定，本案法定最高刑为死刑，追诉期为20年。根据1997年最高人民法院《关于适用刑法时间效力规定若干问题的解释》第1条"对于行为人1997年9月30日以前实施的犯罪行为，在人民检察院、公安机关、国家安全机关立案侦查或者在人民法院受理案件以后，行为人逃避侦查或者审判，超过追诉期限或者被害人在追诉期限内提出控告，人民法院、人民检察院、公安机关应当立案而不予立案，超过追诉期限的，是否追究行为人的刑事责任，适用修订前的刑法第七十七条的规定"及公安部《关于刑事追诉期限有关问题的批复》"根据从旧兼从轻原则，对1997年9月30日以前实施的犯罪行为，追诉期限问题应当适用1979年刑法第七十七条的规定，即在人民法院、人民检察院、公安机关采取强制措施以后逃避侦查或者审判的，不受追诉期限的限制"，本案应适用1979年《刑法》。

（二）犯罪嫌疑人的人身危险性和再犯可能性较大

判断人身危险性和再犯可能性主要从犯罪行为性质、情节、后果以及作案动机、作案手段等方面判断，同时结合在逃期间的表现、到案方式以及认罪悔罪态度等综合分析。本案中，刘某因琐事与王某某发生口角后心生不满，趁王某某不备持管钳击打王某某头部，在王某某面朝下倒地后仍继续用管钳连续击打王某某头部，直至王某某后脑勺流出脑浆才停手，主观恶性较大，手段特别残忍，且其作案后为逃避追捕，匆忙掩盖尸体后便逃离现场。案发至今，为了逃避抓捕，刘某一直未使用身份证件，直至被公安机关抓获。到案后刘某虽然供述其犯罪行为，但未有悔罪之言。

（三）犯罪的社会危害和恶劣影响依然存在

一般认为，如果被害人及其家属、社会公众对该犯罪行为经过20年后仍然极其愤恨、强烈要求追诉，说明犯罪的危害性和影响依然存在，社会关系没有得到恢复。本案案发至今刘某未通过赔礼道歉、赔偿损失等获得被害方谅解，王某某家属要求将刘某判处死刑。案发地宿舍现仍然存在，虽时隔25年，但案发地基层组织（L市Q区Y街道办事处）出具的说明认为案发当年公安机关到案发地查办案件，人人自危，刘某作案后潜逃，人身危险性大，建议司法机关追究刘某的刑事责任。

（四）符合相关指导性案例

最高人民检察院第六批指导性案例之检例第21号丁某山等（故意伤害）核准追诉案。涉嫌犯罪情节恶劣、后果严重，并且犯罪后积极逃避侦查，经过20年追诉期限，犯罪嫌疑人没有明显悔罪表现，也未通过赔礼道歉、赔偿损失等获得被害方谅解，犯罪造成的社会影响没有消失，不追诉可能影响社会稳定或者产生其他严重后果的，对犯罪嫌疑人应当追诉。

马某、高某某非法持有毒品案

——如何准确理解运输毒品罪的主观明知*

一、基本案情

2018年6月4日17时许,马某、高某某驾驶二轮摩托车从L市自治县来到D市A区,趁夜深人静之机来到X区,由高某某望风,马某拿着高某某的手机将事先包好的零包毒品分散埋放于A路"生物科技有限公司"对面的河道两侧及公路站牌附近,并对埋放毒品的地点通过语音方式记录在手机微信中。6月5日0点,当马某、高某某骑摩托车返回至某隧道时被A区民警抓获,从高某某身上查获手机一部,并根据该手机微信中语音信息提示的藏毒地点查获毒品海洛因53小包,经称量净重52.65克。

二、诉讼经过

本案由D市A区公安局侦查终结,以原审被告人马某、高某某涉嫌犯贩卖毒品罪,于2018年9月11日向D市A区人民检察院移送审查起诉。2018年10月17日,A区人民检察院以原审被告人马某、高某某犯贩卖毒品罪向D市A区人民法院提起公诉。A区人民法院于2018年12月18日以非法持有毒品罪,判处原审被告人马某有期徒刑9年,并处罚金5000元,判处原审被告人高某某有期徒刑7年,并处罚金3000元。宣判后,A区人民检察院认为一审判决确有错误,于2019年1月2日提出抗诉,D市人民检察院部分支持抗诉。D市中级人民法院于2019年6月25日裁定驳回抗诉,维持原

---

* 程喆,甘肃省人民检察院。

判。D市人民检察院认为二审裁定确有错误,提请G省人民检察院抗诉。

三、评析意见

(一) 法院裁判情况及理由

一审法院认为,被告人马某、高某某违反毒品管理法规,非法持有毒品海洛因52.65克,其行为均构成非法持有毒品罪,应予惩处。被告人马某系累犯、毒品再犯,应从重处罚。D市A区人民检察院指控被告人马某、高某某犯罪的事实清楚,证据充分,予以认定。指控被告人马某、高某某构成贩卖毒品罪,证据不足。被告人马某、高某某提出埋放的毒品是用于高某某吸食而不是给他人贩卖的辩解意见成立。

二审法院认为,在案证据现能证明马某、高某某实施了埋藏毒品的行为,毒品查获时处于埋藏状态,而毒品的来源、埋藏毒品的目的、是否有卖或买的上下家以及有关贩卖交易的事实均没有证据证明,二审期间当庭提交的证据被告人马某与他人的通话记录主要记录了他人询问、马某回答"东西"放在什么地方的内容,不能证明被告人马某实施了运输毒品的犯罪行为,而该通话记录中对被告人高某某则没有提及。根据证据裁判原则,原审判决认定被告人马某、高某某构成非法持有毒品罪并无不当。原审判决对二被告人的量刑符合罪刑相适应的原则,量刑适当。裁定驳回抗诉,维持原判。

(二) 检法分歧

法院认为,《刑法》中的运输毒品行为是与走私、贩卖、制造毒品行为排列规定在一起,供选择适用的犯罪,只有当运输毒品成为走私、贩卖、制造毒品一个必不可少的中间环节,即行为人的行为具有促进毒品流通的目的时,才可以认定为运输毒品罪。

检察机关认为,现有证据证明二被告人实施了从L市将毒品运输到D市的行为;二被告人将53包毒品分别埋在不同的地点,且从微信内容能够准确找到藏毒地点,此案是一起上下线和毒品来源没有查清的贩卖或者运输毒品的案件,应当适用《全国法院毒品犯罪审判工作座谈会纪要》的规定，认定为运输毒品罪。

1. 关于如何理解运输毒品罪的主观方面要求的问题

第一，依据《刑法》第 347 条的规定及《全国部分法院审理毒品犯罪案件工作座谈会纪要》《全国法院毒品犯罪审判工作座谈会纪要》的规定，如果犯罪嫌疑人实施了运输毒品的行为，"为了贩卖而运输毒品（即运输毒品的目的）"是认定其不构成运输毒品罪而构成贩卖毒品罪的主观要件；无法证实犯罪嫌疑人实施运输毒品行为是为了贩卖毒品，则恰恰是犯罪嫌疑人运输毒品行为构成运输毒品罪的主观方面要求，而不是犯罪嫌疑人行为不构成运输毒品罪的主观方面要求。

第二，根据《全国部分法院审理毒品犯罪案件工作座谈会纪要》《全国法院毒品犯罪审判工作座谈会纪要》的规定，吸毒者实施了运输毒品的行为，只要运输数量达到了较大以上，能证实其有贩卖目的的，定贩卖毒品罪；不能证实其有贩卖目的的，也至少要定运输毒品罪，而不能降格认定为非法持有毒品罪。

第三，吸毒者运输毒品，只要数量达到了较大以上，是否以"吸食"为目的不影响认定构成运输毒品罪。办案人的理解恰恰走向了立法规定含义的反面。

2. 本案证据能否证实马某、高某某实施了运输较大以上数量的海洛因的问题

本案证据包括：一是二被告人承认其 2018 年 6 月 4 日晚将 55 包毒品从 L 市运输到 D 市；二是有证据证明二被告人于 6 月 4 日 17 时 37 分进入 D 市，22 时 40 分离开 D 市，二被告人在某隧道内被抓获，并根据其语音信息在 X 区查获 53 包毒品疑似物，系 52.65 克海洛因。以上证据形成证据链，证明二被告人实施了运输较大以上数量毒品的行为，并将其埋藏。

本案中，二被告人实施了运输数量较大的毒品的行为，前文讨论其是否为"吸食"毒品而运输毒品并不影响其犯运输毒品罪的认定，但却对确定二被告人是否犯贩卖毒品罪有异议。从主观方面上看，二被告人住在 L 市自治县，将毒品从 L 市运输至 D 市，很可能

是为了贩卖；同时，其微信语音发给二被告人之外的第三人、第四人，也可推断出二被告人埋藏后告知他人地点很可能是为了贩卖取货方便；加之，二被告人将毒品分成不同的重量以白色、黑色包装加以区别，很可能也是为了买毒人取货方便。但除此之外，卷内没有证据证明二被告人实施了贩卖行为，根据主客观相一致原则，并不能认定二被告人犯贩卖毒品罪。

马某某故意伤害（致人死亡）核准追诉案
——如何正确把握追诉必要性*

一、基本案情

1993年10月16日14时许，马某某因怀疑被害人刘某某调戏了其女儿马某（案发时14岁），遂与马某乙、任某某来到刘某某位于L市C区某住处找其理论。期间，马某某与刘某某因言语不合发生撕扯，在马某乙、任某某对二人劝架过程中，马某某拿起屋内桌上的一把匕首刺中刘某某左胸后逃离现场，后刘某某因失血过多经抢救无效死亡。

二、诉讼过程

2020年4月11日，C区分局决定对马某某刑事拘留，4月20日，提请C区人民检察院批准逮捕，4月24日，C区人民检察院批准逮捕。C区分局于2020年6月16日侦查终结并向C区人民检察院移送审查起诉；C区人民检察院6月22日报送L市人民检察院审查起诉。7月20日一次退回补充侦查，8月31日补查重报。2020年9月27日，L市人民检察院将该案报G省人民检察院审查，经审查，G省人民检察院报请最高人民检察院不核准追诉。

三、本案涉及的法律问题

（一）1997年《刑法》实施以前发生的故意伤害（致人死亡）的追诉期限

本案案发时间为1993年，根据"从旧兼从轻"原则，1979年

---

* 程喆，甘肃省人民检察院。

《刑法》规定故意伤害（致人死亡）应当适用的法定刑幅度为"处七年以上有期徒刑或者无期徒刑"；同时该法第76条第4项规定"法定最高刑为无期徒刑、死刑的，经过二十年。如果二十年以后认为必须追诉的，须报请最高人民检察院核准"。

（二）报请核准追诉案件的法律条件

最高人民检察院《关于办理核准追诉案件若干问题的规定》（以下简称《核准追诉规定》）第5条规定："报请核准追诉的案件应当同时符合下列条件：（一）有证据证明存在犯罪事实，且犯罪事实是犯罪嫌疑人实施的；（二）涉嫌犯罪的行为应当适用的法定量刑幅度的最高刑为无期徒刑或者死刑的；（三）涉嫌犯罪的性质、情节和后果特别严重，虽然已过二十年追诉期限，但社会危害性和影响依然存在，不追诉会严重影响社会稳定或者产生其他严重后果，而必须追诉的；（四）犯罪嫌疑人能够及时到案接受追诉的。"所以，报请核准追诉的案件必须同时符合四个条件，即证据条件、刑罚条件、追诉可能性条件以及追诉必要性条件。其中，评价追诉必要性，学理上一般从以下方面分析：一是犯罪的性质、情节区别于蓄谋已久、犯罪手段特别残忍的故意犯罪；二是犯罪嫌疑人的人身危险性和再犯可能性较小；三是犯罪的社会危害和恶劣影响基本消除，因犯罪造成的社会矛盾基本化解。

（三）报请核准追诉案件的法律政策

2019年5月，最高人民检察院第一检察厅在传达学习检察长在院党组会议上的讲话精神时提道"要办理好核准追诉案件，把握好立法原意，严格审核把关标准，认真做好调解赔偿等相关工作，积极化解社会矛盾，最大限度减少社会对立面"。另外，最高人民检察院于2012年制定了《核准追诉规定》，明确要求"办理核准追诉案件应当严格依法、从严控制"，这是第一次在正式司法文件中提出办理核准追诉案件应当坚持的原则。"严格依法、从严控制"的核心要求就是"以不核准为原则、核准为例外"。

四、评析意见

本案中，马某某用刀故意伤害刘某某致死的犯罪事实清楚。故意伤害（致人死亡）的法定最高刑是无期徒刑或者死刑，追诉时效是20年。马某某案发后即在逃，认罪态度不好，没有彻底认罪悔罪，逃亡27年间未对被害人亲属进行赔偿道歉。被害人亲属要求以故意杀人罪严惩凶手，社会关系没有修复，社会矛盾没有化解。但是被害人刘某某在案发前因上具有重大过错，当时公安机关也未对马某某采取任何强制措施，现已经超过法定20年追诉时效，属于不是必须追诉的情形。

第一，从相关规定看，根据最高人民检察院《核准追诉规定》，报请核准追诉的案件应当同时符合证据条件、刑罚条件、追诉可能性条件以及追诉必要性条件。评价追诉必要性，可以从以下方面分析：一是犯罪的性质、情节。马某某是在得知14岁的女儿被刘某某欺负后前去质问，因言语不合发生撕扯遂拿匕首刺中刘某某，后刘某某因失血过多经抢救无效死亡。该案属于因琐事引发的激情犯罪，手段并不残忍，区别于精心策划、蓄谋已久的故意伤害、故意杀人。且对于本案的发生刘某某存在一定过错，其对马某某之女实施了强制猥亵行为，马某某殴打其事出有因。二是犯罪嫌疑人的人身危险性和再犯可能性。侦查机关调取了马某某前科查询，未查询到马某某的犯罪记录。马某某案发后回原籍务农至今，人身危险性、再犯可能性较小。三是犯罪的社会危害和恶劣影响是否依然存在，因犯罪造成的社会矛盾是否得到有效化解。该案中虽然被害人的亲属要求严惩马某某且马某某也未对刘某某家属进行赔偿，但不能简单以是否达成和解协议作为判断追诉必要性的唯一根据。该案被害人之妻已改嫁，被害人家属现居H省、X省等地。且案发地经过20多年发展变化，现为C区C村项目工地，已经没有居民，对案发地群众和基层组织的影响无法查证。

第二，从法律政策看，2019年5月，最高人民检察院第一检察厅在传达学习检察长在院党组会议上的讲话精神时提道"要办理好核准追诉案件，把握好立法原意，严格审核把关标准，认真做好调解赔偿等相关工作，积极化解社会矛盾，最大限度减少社会对立面"。另外，最高人民检察院于2012年制定了《核准追诉规定》，明确要求"办理核准追诉案件应当严格依法、从严控制",这是第一次在正式司法文件中提出办理核准追诉案件应当坚持的原则。"严格依法、从严控制"的核心要求就是"以不核准为原则、核准为例外"。

柴某某故意伤害案

——如何准确认定故意伤害致人死亡与过失致人死亡*

一、基本案情

2019年8月16日18时许，柴某某与工友赵某某在喝酒时遇到其以前的老板乔某某，三人遂一起喝酒。当天21时许，柴某某酒后提议让乔某某结账，乔某某付账后双方为此发生口角，柴某某扇了乔某某左脸一巴掌，董某某听到后站在两人中间劝架，柴某某隔着董某某朝着乔某某头部打了一下后离开，致乔某某倒地头部受伤。董某某即报警，后乔某某经送医被诊断为颅脑损伤并进行手术治疗，后于2019年9月28日出院回家疗养，因病情异常于同年10月16日经抢救无效死亡。经鉴定，乔某某符合因钝性外力作用导致重度颅脑损伤，根本死因是颅脑损伤，直接死因是肺部感染。

本案由J市公安局J区分局侦查终结后，以柴某某故意伤害罪，于2019年9月10日移送J区人民检察院审查起诉。2019年10月9日，J区人民检察院以被告人柴某某涉嫌故意伤害罪向J区人民法院提起公诉，因被害人乔某某死亡，2019年11月25日，J区人民法院将本案退回J区人民检察院，2019年12月16日，J区人民检察院报送J市人民检察院，2020年3月30日，J市人民检察院以被告人柴某某涉嫌故意伤害罪向J市中级人民法院提起公诉，2020年6月8日，J市中级人民法院以被告人柴某某犯过失致人死亡罪，判处其有期徒刑4年6个月。2020年7月1日，J市人民检察院以J市中级人

---

* 程喆，甘肃省人民检察院。

民法院定性错误,适用法律错误,导致量刑畸轻,提出抗诉。2020年7月4日,原审被告人柴某某以部分事实错误、量刑过重提出上诉。

二、法院裁判理由

关于定性:从本案审理查明的事实及在案证据看,本案系被告人柴某某邀请被害人乔某某一同喝酒后因付酒资引发,二人原本熟识,亦无积怨,虽然被告人柴某某隔着董某某击打乔某某之行为导致乔某某倒地受伤,但综合全案证据,公诉机关据此指控被告人柴某某故意伤害乔某某,其行为构成故意伤害罪的证据不足。《刑法》第15条第1款规定"应当预见自己的行为可能发生危害社会的结果,因为疏忽大意而没有预见,或者已经预见而轻信能够避免,以致发生这种结果的,是过失犯罪"。被告人柴某某用手击打被害人乔某某头部,应当预见其行为可能发生被害人伤亡的后果,由于疏忽大意未能预见,致被害人倒地后因颅脑损伤死亡,应当以过失致人死亡罪对其定罪处罚。

判决结果:被告人柴某某与他人发生矛盾后,用手击打他人头面部,应当预见到其行为可能造成他人伤亡的后果,因疏忽大意而没有预见,造成被害人乔某某倒地头部受伤后因颅脑损伤死亡的后果,其行为构成过失致人死亡罪。被告人柴某某案发后主动到公安机关投案并如实供述犯罪事实,属自首,且其与亲属积极赔偿被害人经济损失并取得谅解,可对其从轻处罚。判决被告人柴某某犯过失致人死亡罪,判处有期徒刑4年6个月。

三、评析意见

(一) 故意伤害致人死亡罪与过失致人死亡罪的区别在于行为人有无伤害他人身体健康的主观故意

过失致人死亡罪包括两种情况:一种是因疏忽大意的过失而致人死亡,即行为人应当预见自己的行为可能造成他人死亡的结果,由于疏忽大意而没有预见;另一种是因过于自信的过失而致人死亡,即行为人已经预见到自己的行为可能造成他人死亡的可能性,但轻信能够避免,以致发生他人死亡的后果。故意伤害罪(致人死亡)

是故意伤害罪的结果加重犯,以成立故意伤害罪为前提。故意伤害罪也包括两种情况:一种是直接故意伤害,即明知自己的行为会给他人身体造成伤害后果,并且希望这种后果发生;另一种是间接故意伤害,即明知自己的行为会给他人身体造成伤害后果,虽然不希望但却放任这种后果的发生。可见,两罪在客观表现上有相同之处,但在主观故意的内容上有本质区别:故意伤害致人死亡的行为人在实施伤害行为时有伤害他人身体健康的故意;而过失致人死亡的行为人在实施行为时既没有希望或放任他人死亡的故意,也没有伤害他人身体的故意。判断柴某某是疏忽大意的过失还是伤害的故意,关键在于判断其是否具有伤害的故意。罪过必然支配危害行为,从案件的起因、行为的对象、行为的方式、行为的结果以及行为人对结果的事后态度综合分析,柴某某存在伤害他人的故意。

(1) 从案发起因看,柴某某具有希望或放任伤害后果发生的现实动因,柴某其与乔某某酒后因付酒资发生口角。

(2) 从行为对象和行为方式看,柴某某先动手击打乔某某头面部,在他人阻拦在乔某某身前时不顾乔某某酒后状态、年龄状况以及击打头部可能造成的后果仍然再次击打被害人头部,造成乔某某头部倒地。

(3) 从行为结果看,J市J区公安司法鉴定中心作出鉴定意见,证实乔某某颅内出血(右顶部硬膜外血肿、左额叶挫裂伤、左颞顶部硬膜下血肿、蛛网膜下腔出血)形成脑受压的症状和体征并进行开颅手术治疗,评定为重伤二级,右颞骨线状骨折评定为轻伤二级。

(4) 从行为人对结果的事后态度看,柴某某在乔某某倒地后,仍然不管不顾乔某某受伤状况,不及时进行施救,反而在董某某的喊叫下与同伴离开现场。

柴某某在主观上具有伤害他人的故意。其连续两次击打乔某某头面部,应当预见到自己的行为可能导致他人受伤的后果;不顾他人劝阻,第二次击打乔某某头面部以及不顾乔某某倒地离开现场等行为足以表明其对危害后果的发生是希望或者放任的。

(二) 柴某某的行为不是一般的殴打行为,属于故意伤害行为

按照《刑法》的规定,对没有产生轻伤以上后果的一般殴打行

为，不以故意伤害罪论处。这就产生一个问题，即能否以行为人的殴打手段是否足以使被害人受到轻伤以上的后果来判断行为人的行为是否为故意伤害罪所要求的故意伤害行为。故意伤害罪是结果犯，只有产生轻伤以上的后果才负刑事责任，拳打脚踢是一般殴打最常见的手段，一般情况下不会导致轻伤以上的后果，但这并不说明一般的殴打行为就不是故意伤害行为。本案中殴打行为是柴某某单方、主动实施的；打击的部位是乔某某头面部，属于要害部位，且在他人阻拦下连续实施，致使乔某某头部受力倒地后造成颅脑重度损伤，最终死亡。因此，柴某某的行为属于故意伤害行为。

（三）本案不宜提出抗诉

1. 一审判处柴某某有期徒刑 4 年 6 个月量刑适当

根据《刑法》第 234 条第 2 款，故意伤害致人死亡或者以特别残忍手段致人重伤造成严重残疾的，处 10 年以上有期徒刑、无期徒刑或者死刑。另根据 2017 年最高人民法院《关于常见犯罪的量刑指导意见》，对于自首情节，可以减少基准刑的 40% 以下。根据 G 省高级人民法院《关于常见犯罪的量刑指导意见实施细则》，积极赔偿被害人全部经济损失并取得谅解的，可以减少基准刑的 40% 以下。案发后柴某某主动投案自首，说明其能主动认识错误，愿意积极赔偿 20 万元，已取得了被害人家属的谅解。本案系酒后发生口角，柴某某并未实施特别残忍手段，可以以 10 年有期徒刑作为基准刑，考虑自首、积极赔偿被害人全部经济损失并取得谅解两个减刑情节，一审法院判处柴某某有期徒刑 4 年 6 个月量刑适当。

2. 本案属于"一般不宜提出抗诉"的范围

根据最高人民检察院《关于刑事抗诉工作的若干意见》，对于原审刑事判决或裁定在适用法律方面刑事判决或裁定认定罪名不当，但量刑基本适当的；具有法定从轻或者减轻处罚情节，量刑偏轻的；被告人积极赔偿损失，人民法院适当从轻处罚的，一般不宜提出抗诉。本案柴某某具有自首情节，积极赔偿并取得谅解，社会关系已被修复，矛盾已化解，不宜提出抗诉。

何某甲故意伤害报请核准追诉案

——如何准确把握核准追诉的条件*

一、基本案情

1996年11月24日20时许，被害人何某乙和其老乡何某丙、何某丁等人在何某甲位于L市Q区Y某某村某某号住处喝酒，期间何某乙与何某甲因喝酒发生矛盾，何某甲持家中菜刀向何某乙头部砍了一刀并用脚在其嘴部踹了一脚，后被害人何某乙被送医抢救，清创缝合后因当时医疗费不足返回何某甲住处。当月26日凌晨3时发现何某乙死亡。案发后犯罪嫌疑人何某甲逃离作案现场。经鉴定，被害人何某乙系因生前头部遭受锐器砍击致开放性颅脑损伤而死亡。

本案由被害人何某乙家属于1996年11月26日报案至L市公安局Q区分局，该局于当日受理案件并作了相应的侦查工作，但未对该案进行立案，亦未对犯罪嫌疑人何某甲采取刑事强制措施、未上网追逃。2020年9月12日，侦查机关经研判发现何某甲在J市内活动，9月13日，在J市公安机关配合下将犯罪嫌疑人何某甲抓获。

Q区分局于2020年11月27日以何某甲涉嫌故意伤害罪向L市Q区人民检察院移送审查起诉。L市Q区人民检察院于2020年12月1日报L市人民检察院审查。2020年12月28日，L市人民检察院退回公安机关补充侦查。2020年12月23日，L市人民检察院检察委员会讨论，报G省人民检察院审查，经审查，G省人民检察院报请最高人民检察院不核准追诉。

---

* 程喆，甘肃省人民检察院。

二、关键问题

(一) 1997年《刑法》实施以前发生的故意伤害（致人死亡）的追诉期限

本案案发时间为1996年，根据"从旧兼从轻"原则，1979年《刑法》规定故意伤害（致人死亡）应当适用的法定刑幅度为"处七年以上有期徒刑或者无期徒刑"；同时该法第76条第4项规定"法定最高刑为无期徒刑、死刑的，经过二十年。如果二十年以后认为必须追诉的，须报请最高人民检察院核准"。

(二) 报请核准追诉案件的法律条件

最高人民检察院《关于办理核准追诉案件若干问题的规定》第5条规定："报请核准追诉的案件应当同时符合下列条件：（一）有证据证明存在犯罪事实，且犯罪事实是犯罪嫌疑人实施的；（二）涉嫌犯罪的行为应当适用的法定量刑幅度的最高刑为无期徒刑或者死刑的；（三）涉嫌犯罪的性质、情节和后果特别严重，虽然已过二十年追诉期限，但社会危害性和影响依然存在，不追诉会严重影响社会稳定或者产生其他严重后果，而必须追诉的；（四）犯罪嫌疑人能够及时到案接受追诉的。"所以，报请核准追诉的案件必须同时符合四个条件，即证据条件、刑罚条件、追诉可能性条件、追诉必要性条件。其中，评价追诉必要性，学理上一般从以下方面分析：一是犯罪的性质、情节区别于蓄谋已久、犯罪手段特别残忍的故意犯罪；二是犯罪嫌疑人的人身危险性和再犯可能性较小；三是犯罪的社会危害和恶劣影响基本消除，因犯罪造成的社会矛盾基本化解。

(三) 报请核准追诉案件的法律政策

2019年5月，最高人民检察院第一检察厅在传达学习检察长在院党组会议上的讲话精神时提道"要办理好核准追诉案件，把握好立法原意，严格审核把关标准，认真做好调解赔偿等相关工作，积极化解社会矛盾，最大限度减少社会对立面"。另外，最高人民检察院于2012年制定了《关于办理核准追诉案件若干问题的规定》，明确要求"办理核准追诉案件应当严格依法、从严控制"，第一次在正式司法文件中提出了办理核准追诉案件应当坚持的原则。"严格依法、从严控制"的核心要求就是"以不核准为原则、核准为例外"。

（四）相关指导性案例精神

最高人民检察院第六批指导性案例之检例第 23 号蔡某星、陈某辉等（抢劫）不核准追诉案。涉嫌犯罪已过 20 年追诉期限，犯罪嫌疑人没有再犯罪危险性，并且通过赔礼道歉、赔偿损失等方式积极消除犯罪影响，被害方对犯罪嫌疑人表示谅解，犯罪破坏的社会秩序明显恢复，不追诉不会影响社会稳定或者产生其他严重后果的，对犯罪嫌疑人可以不再追诉。

三、评析意见

（一）本案应适用 1979 年《刑法》

本案案发时间是 1996 年，根据 1979 年《刑法》第 132 条的规定，本案法定最高刑为死刑，追诉期为 20 年。根据 1997 年最高人民法院《关于适用刑法时间效力规定若干问题的解释》第 1 条"对于行为人 1997 年 9 月 30 日以前实施的犯罪行为，在人民检察院、公安机关、国家安全机关立案侦查或者在人民法院受理案件以后，行为人逃避侦查或者审判，超过追诉期限或者被害人在追诉期限内提出控告，人民法院、人民检察院、公安机关应当立案而不予立案，超过追诉期限的，是否追究行为人的刑事责任，适用修订前的刑法第七十七条的规定"及公安部《关于刑事追诉期限有关问题的批复》"根据从旧兼从轻原则，对 1997 年 9 月 30 日以前实施的犯罪行为，追诉期限问题应当适用 1979 年刑法第七十七条的规定，即在人民法院、人民检察院、公安机关采取强制措施以后逃避侦查或者审判的，不受追诉期限的限制"，本案应适用 1979 年《刑法》。

（二）本案不满足追诉必要性条件

本案符合报请核准追诉的证据条件、刑罚条件、追诉可能性条件，但不满足追诉必要性条件。

（1）本案是因琐事引发的激情犯罪，何某甲事先并无犯罪预谋，属于酒后气盛临时起意，区别于蓄谋已久、犯罪手段特别残忍的故意犯罪。

（2）何某甲在案发后没有新的违法犯罪行为，有稳定的工作和收入来源，已融入当地社会生活之中，人身危险性、再犯可能性较小。

（3）何某甲到案后如实供述犯罪事实。经协调，何某甲家属向被害人何某乙家属赔礼道歉并支付5万元补偿款，何某乙家属对何某甲的行为表示谅解。案发地原地址Y某某村某某号房屋为村民自建房，已经多次返修重建，所住人员多次变动，且案发时间过于久远，基层组织及周边群众均表示对于案件的处理无意见。

杨某某民间借贷纠纷裁判结果监督案*

一、基本案情

2016年4月11日,杨某某出借给卢某某人民币20万元,卢某某向杨某某出具借据一张。因该笔款实际由卢某某朋友赵某某使用,杨某某随即向赵某某索要债务并于2017年4月25日要求赵某某向其出具借条,又于2017年5月19日要求赵某某给其写了一份还款承诺书。2018年1月2日,杨某某以两张借条为证,分别将赵某某、卢某某起诉至G县人民法院,要求卢某某、赵某某二人分别向其偿还20万元借款本金及违约金、利息等。2018年3月12日,G县人民法院判决赵某某给付原告杨某某借款20万元,违约金4万元。2018年7月1日,G县人民法院判决卢某某给付原告杨某某借款20万元及约定利息。两份判决生效后,杨某某申请法院强制执行。2019年10月31日,G县公安局对杨某某涉嫌虚假诉讼罪立案侦查。

二、监督情况

G县人民检察院调阅G县公安局侦办的杨某某涉嫌虚假诉讼罪一案及G县人民法院审理的杨某某与赵某某民间借贷纠纷一案的卷宗材料,经审查认为,杨某某与赵某某之间不存在借贷关系,有新证据足以推翻G县人民法院判决。

监督意见:G县人民法院判决书,认定事实不当,判决结果错误,理由:G县人民法院作出的判决依据的主要证据为杨某某提供的20万元的借条和还款承诺书。而根据G县公安局的侦查取证和检察院的审查核实,赵某某未向杨某某实际借款,双方当事人之间不

---

* 王天桂,甘肃省古浪县人民检察院。

存在债权债务关系，G县人民法院依据杨某某捏造的事实和虚假的证据作出生效判决，侵害了赵某某的合法权益，判决结果确有错误。因此，G县人民法院作出的民事判决书，存在2017年《民事诉讼法》第200条第1项规定的法定监督情形，即有新的证据足以推翻原判决的，人民法院应当再审。

监督结果：G县人民检察院于2020年4月13日向G县人民法院提出再审检察建议，2020年5月18日G县人民法院采纳检察建议，并于2020年7月31日撤销原判决，裁定再审。

G县人民法院根据再审裁定，重新组成合议庭，对该案件进行再审，当事人杨某某在审理期间请求撤诉，2020年8月6日，G县人民法院裁定杨某某撤诉。

三、评析意见

（1）对裁判结果的监督，要注重对案件证据来源的合法性进行审查，特别是庭审过程中被告人缺席，缺乏证据的有效质证和对抗性。检察机关要敏锐捕捉这些异常现象，有针对性地运用调查核实措施，还原案件的真实面目。

（2）虚假诉讼不仅对当事人的合法权益造成了损害，也严重损害了司法权威和公信力，浪费了司法资源。该案线索的发现和成功办理，正是建立在检察机关内部部门之间的相互协作配合，保证了案件线索的及时发现和移送。

（3）虚假诉讼不仅涉及对民事生效裁判、调解书的监督，同时进行虚假诉讼活动的当事人往往也会触犯刑法，因此检察机关在诉讼监督过程中，如发现虚假诉讼案件线索也应及时向公安机关移送，形成联合打击虚假诉讼的合力，切实维护诉讼秩序和司法权威，保护当事人合法权益。

四、处理结果

G县人民法院根据再审裁定，重新组成合议庭，对该案件进行再审，当事人杨某某在审理期间请求撤诉，2020年8月6日，G县人民法院裁定杨某某撤诉。

M县检察院翟某、谭甲、谭乙等五人盗窃、掩饰、隐瞒犯罪所得案*

一、基本案情

2014年8月，翟某与谭甲、谭乙签订《镍矿石开采装运合作协议书》，由谭甲、谭乙为翟某开采装运矿石，翟某收取谭甲、谭乙27万元安全保证金，约定60日内正常开工，逾期则翟某退还二人保证金。后翟某违约，未能保障谭甲、谭乙按期开工。谭甲、谭乙多次向翟某索要27万元保证金，2015年10月4日，翟某谎称其在M县某镇工业园区野笈里山有一批停用的生产机械设备，并指定将其中的4台振动筛顶抵给谭甲、谭乙，由二谭变卖顶抵27万元保证金。谭甲、谭乙在拆卸过程中估计4台振动筛不值27万元，遂自作主张又将2台破碎机和2台给料机一并拆除，并按废品将振动筛、破碎机和给料机以25万元的价格卖给了陈某、李某，在变卖设备时，陈某、李某被明确告知系顶账所得。

案发后查明，本案生产设备系受害人黄某所有，与翟某无关。经物价部门鉴定，涉案设备总价值135万元，其中4台振动筛价值36万元，2台破碎机和2台给料机价值99万元。

2017年11月27日，某省M县公安局以犯罪嫌疑人翟某、谭甲、谭乙涉嫌盗窃罪、李某、陈某涉嫌掩饰、隐瞒犯罪所得罪移送M县人民检察院审查起诉。

M县人民检察院受理经审查后，于2018年8月17日对谭甲、谭

---

* 汤燕，甘肃省武威市民勤县人民检察院。魏海军，甘肃省武威市民勤县人民检察院。

乙以行为不符合盗窃罪的主观构成要件为由存疑不起诉；以收购时主观上不明知是犯罪所得且上游行为不构成犯罪为由，对李某、陈某存疑不起诉；以盗窃罪将犯罪嫌疑人翟某依法向 M 县人民法院提起公诉。

2019 年 4 月 29 日，M 县人民法院作出判决，以盗窃罪判处翟某有期徒刑 3 年，缓刑 4 年，罚金 10 000 元。

二、分歧意见

（一）关于翟某的行为，有两种意见

1. 翟某的行为构成盗窃罪

翟某为了抵销债务，明知是他人的财物，未经设备所有权人同意，故意隐瞒事实真相，非法将他人数额巨大的设备作为自己物品顶抵给谭甲、谭乙，主观上具有非法占有的目的；客观上，翟某指使不知情的谭甲、谭乙以设备抵销了 27 万元的债务，并将设备拆卸变卖，符合盗窃罪的行为手段，故翟某的行为属于以非法占有为目的，秘密窃取他人财物的盗窃行为，构成盗窃罪。

2. 翟某的行为不构成犯罪

在谭甲、谭乙向翟某索要 27 万元保证金时，其只是谎称该设备是自己的，但是拆卸和变卖过程其本人没有实际参与，翟某没有实施具体的盗窃行为，故翟某的行为不构成盗窃罪。

（二）关于谭甲、谭乙的行为，有三种意见

1. 谭甲、谭乙的行为构成盗窃罪

谭甲、谭乙作为债权人，以物抵债仅仅是动机，其直接目的是占有抵债的设备，该占有是否合法取决于是否有正当事由。本案中，谭甲、谭乙未经被害人同意而擅自拆卸并处分他人财产的行为显然是违法的，满足盗窃罪要求的主观故意和非法占有目的，因此，二人的行为符合盗窃罪的构成要件，其行为构成盗窃罪，应当承担相应的刑事责任。

2. 谭甲、谭乙拆卸、变卖 4 台振动筛的行为不构成盗窃罪，拆卸、变卖 2 台破碎机和 2 台给料机的行为构成盗窃罪

谭甲、谭乙自始误以为涉案设备系翟某所有，并在翟某的授意

下将 4 台振动筛进行拆卸、变卖，不具有非法占有的目的和盗窃的故意，故二人对该 4 台振动筛的拆卸、变卖行为不构成盗窃罪。但是，谭甲、谭乙在拆卸设备过程中，超过翟某指定的范围，又擅自多拆卸了 2 台破碎机和 2 台给料机，主观上具有明显的非法占有目的，客观上侵犯了他人的合法财产，不论该生产设备的所有权属于翟某还是其他人，谭甲、谭乙的行为均符合盗窃罪的构成要件，故二人擅自拆卸、变卖 2 台破碎机和 2 台给料机的行为，构成盗窃罪，应当承担相应的刑事责任。

3. 谭甲、谭乙的行为不构成犯罪

翟某违约后具有退还 27 万元保证金的义务，谭甲、谭乙与翟某之所以要达成以物抵债的协议，其目的是保障自己的合法权益要回自己的保证金，二人基于其债权得以实现，而根据翟某指示处分生产设备，具有目的正当性，不存在非法占有的目的。谭甲、谭乙拆卸、变卖生产设备的前提是根据翟某的同意和指示，翟某指示的目的是让谭甲、谭乙二人拆卸顶账，谭甲、谭乙二人拆卸、变卖的行为是根据翟某的授意，目的只有一个，就是合法顶抵自己的 27 万元保证金，谭甲、谭乙自始没有非法占有他人财物或者从中牟利的行为。同时谭甲、谭乙将该涉案设备以 25 万元出售，与其 27 万元的债权基本一致，并未超出债权额进行占有，进一步说明其主观上无非法占有的故意和目的，二人处分生产设备只为达到抵债的目的，并没有盗窃受害人合法财物的目的和故意。对谭甲、谭乙二人来说，其始终认为该设备是翟某通过顶账合法取得的，其拆卸、变卖的具体行为也是公开的，发生在白天且持续多日，从来没有刻意隐瞒过，之所以没有被发现是因为生产设备地处山中比较偏僻且无人看管，二人的行为不具有秘密窃取性。据此二人的行为不构成盗窃犯罪。

（三）关于陈某、李某的行为，有两种意见

1. 陈某、李某的行为构成掩饰、隐瞒犯罪所得罪

陈某、李某具有知道所收购设备有来路不明的嫌疑，二人在收购设备时仅询问设备有无扯皮，是否属于二谭所有，并未履行必要的审查义务，如查看合同或者有关证明权属的书面材料，主观上具

有明知的故意，客观上实施了购买行为，且数额巨大，故二人的行为符合掩饰、隐瞒犯罪所得罪的构成要件，应当承担相应的刑事责任。

2. 陈某、李某的行为不构成犯罪

《刑法》第312条规定，掩饰、隐瞒犯罪所得罪是指明知是犯罪所得而予以窝藏、转移、收购、代为销售或者以其他方法掩饰、隐瞒的行为，本罪侵犯的客体应当是司法机关正常查明犯罪和追缴犯罪所得及收益的活动。要构成该罪主观上要求"明知"，明知该物品可能是犯罪所得和犯罪所得收益，只要行为人知道该物品可能是犯罪所得，就应当认定其主观上是明知。客观上要求具有窝藏、转移、收购、代为销售或者以其他方法掩饰、隐瞒的行为。这里的收购，司法实践中一般指有偿购入，以收购废品为名大量收购赃物的行为，其主观上是一种贪图便宜的心理。本案中陈某、李某二人被谭甲、谭乙明确告知该设备由顶账取得，来源合法，设备的所有权归谭甲、谭乙所有，无扯皮事宜，二人对自己的财物具有处分的权力，另外该生产设备都是放在室外且不宜被搬动的大件物品，并非随意被搬动的小件物品，不具有隐蔽性，故陈某、李某二人有理由相信该设备为谭甲、谭乙所有，在已经确信该设备归谭甲、谭乙所有的情况下，陈某、李某无必要也不可能再要求谭甲、谭乙提供其他相关证明材料，故认定陈某、李某"明知"犯罪所得没有充分依据。

2015年最高人民法院《关于审理掩饰、隐瞒犯罪所得、犯罪所得收益刑事案件适用法律若干问题的解释》明确规定，认定掩饰、隐瞒犯罪所得、犯罪所得收益罪，以上游犯罪事实成立为前提。以上游犯罪事实成立为前提是基本的原则，本案中，陈某、李某收购行为的上游行为是谭甲、谭乙二人的拆卸、变卖行为，陈某、李某二人掩饰、隐瞒犯罪所得罪成立的基础是谭甲、谭乙的盗窃罪的成立或者事实清楚，如盗窃罪不能认定，陈某、李某二人的掩饰、隐瞒犯罪所得罪更无从谈起。

三、评析意见

认定一个行为是否构成犯罪，要严格按照犯罪的构成要件认真分析，必须达到主客观相统一，否则不能认定为犯罪。对盗窃罪的认定，要求行为人主观上必须具有非法占有公私财物的目的，如果没有非法占有公私财物的目的则不属于盗窃行为，客观上实施了秘密窃取的行为，采用了不易被财物所有人、保管人或者其他人发现的方法。对掩饰隐瞒犯罪所得、犯罪收益罪的认定，要求行为人主观上必须是明知，即明知该物品可能是犯罪所得和犯罪所得收益，只要行为人知道该物品可能是犯罪所得，就应当认定其主观上是明知，客观上实施了包括"窝藏、转移、收购、代为销售或者以其他方法掩饰、隐瞒"的行为，二者缺一不可，否则不能认定为犯罪。

李某国与G农商银行金融借款合同纠纷抗诉案*

一、基本案情

2010年10月,李某国以搞养殖业缺资金为由,向G农商银行申请贷款50 000元,双方签订了《个人借款/保证担保合同》,合同约定:借款金额50 000元,借款期限24个月,自2010年10月起至2012年10月止,按季结息,借款到期利随本清。该借款合同上有李某国作为贷款申请人的签字和捺印,由李某平为本笔借款提供保证担保。李某国当天未办成贷款,遂将贷款相关手续资料交由李某平保管。之后,李某国未再去G农商银行办理该笔借款。2010年10月,G农商银行为李某国办理了银行卡,并向该账户打款50 000元,同日该账户在银行柜台分两次将现金取走。在银行办理的借款手续上均有李某国的签名。2015年7月,G农商银行以金融借款合同纠纷为由起诉至G县人民法院。同年10月,G县人民法院判决:李某国偿还G农商银行借款50 000元及利息(利随本清)。一审判决后,双方当事人均未上诉。李某国不服原审判决申请再审。2018年12月,G县人民法院再审裁定驳回李某国的再审申请。

二、原审裁判

2015年7月,G农商银行(原G县农村信用合作联社)以金融借款合同纠纷为由,将李某国列为被告人,向G县人民法院提起民事诉讼。2015年10月,G县人民法院作出民事判决书,判决:"被告李某国于本判决生效后10日内偿还原告G县农村信用合作联社借款50 000元及利息(利随本清)。"判决认为:"合法的借贷关系受法

---

* 王建荣,甘肃省武威市人民检察院;代奎,甘肃省武威市人民检察院。

律保护。被告李某国以养羊为由,与原告签订《个人借款/保证担保合同》一份,借款 50 000 元是双方在自愿基础上签订的,意思表示真实,形式要件完备,该借款保证合同为有效合同。合同签订后,原告依约定履行了合同确定的借款义务,借款合同到期后,被告李某国本应信守合同约定按时偿还借款。现逾期未还,应当承担还款的民事责任。对原告的请求,本院予以支持。"一审判决后,双方当事人均未上诉。

李某国不服 G 县人民法院作出的民事判决书,向 G 县人民法院申请再审。2018 年 12 月,G 县人民法院作出民事裁定书,裁定:"驳回李某国的再审申请。"裁定认为:"2010 年 10 月 28 日,再审申请人李某国和被申请人 G 农商银行在 G 县 P 信用社签订了《个人借款/保证担保合同》,李某平为本笔借款提供保证担保,借款期限 24 个月,自 2010 年 10 月 25 日起至 2012 年 10 月 25 日止,按季结息,借款到期,利随本清。2010 年 10 月 29 日,再审申请人李某国在 G 农商银行借款借据上签了字并捺了指印。另 G 农商银行提供了 2010 年 10 月 29 日 G 县 P 信用社给李某国放款的《G 省农村信用社贷款发放通知单》复印件,该通知单详细记录了贷款发放的日期为 2010 年 10 月 29 日,转存款账户户名为李某国,转账账户账号为 X,合同金额为 50 000 元,担保人为李某平,再审申请人李某国及担保人李某平在该通知单上签字捺印。根据 G 农商银行提供的复式记账凭证及储蓄取款凭条显示,再审申请人李某国于 2010 年 10 月 28 日在信用社柜台现开了账户户名为李某国,账号为 X 的账户,并向该账户存入 50 元现金。G 农商银行于 2010 年 10 月 29 日向该账户打款 50 000 元,同日该账户在柜台取现两次,分别为 19 010 元和 27 000 元,两份储蓄取款凭条上均有李某国的签名。以上证据相互印证,证据链条完整,足以证明再审申请人李某国向 G 农商银行借款的事实和 G 农商银行向李某国交付贷款 50 000 元的事实。再审申请人称原判认定的证据系伪造,借据上的借款人签字非其本人所签,但未提交相关证据证明,故该再审意见不予采纳。原审过程中,再审申请人李某国经本院合法传唤,无正当理由拒不到庭,是其自动放弃了质证的权利,故缺席进行审理并无不当。原审判决事实清楚,证据确实充分,判决结果正确,再审申请人主张的再审事由不成立。"

三、抗诉理由

G县人民法院作出的民事判决书、民事裁定书,认定事实和适用法律确有错误。理由如下:

原审违反法律规定,剥夺当事人辩论权利。2012年《民事诉讼法》第92条规定:"受送达人下落不明,或者用本节规定的其他方式无法送达的,公告送达……公告送达,应当在案卷中记明原因和经过。"本案中李某国在原审法院审理期间,有固定的住所地,有正常使用且未停用换号的移动电话,有住所地同村庄居住的直系亲属和本案借款合同担保人李某平,且有其于2015年7月离开住所地赴X省打工事实存在,故李某国不存在法律规定的受送达人下落不明的情形,也不存在法律规定用其他方式无法送达的情形。但G县人民法院H法庭于2015年7月9日立案审查G农商银行诉李某国金融借款合同纠纷时,未穷尽《民事诉讼法》规定的直接送达、留置送达、委托送达、邮寄送达等其他方式进行送达,直接采用公告送达方式,不符合法律规定公告送达的前提条件。且G县人民法院在2015年7月20日、10月24日张贴公告时,仅在H法庭门口的公告栏张贴公告,未按2015年最高人民法院《关于适用〈中华人民共和国民事诉讼法〉的解释》第138条第1款之规定在受送达人住所地张贴公告。因此,G县人民法院H法庭违反法律规定的方式向当事人送达起诉书、判决书等诉讼法律文书,致使申请人无法行使辩论权利和上诉权,属于剥夺当事人辩论权利的情形。

G县人民法院作出再审裁定其适用法律确有错误。2012年《民事诉讼法》第199条规定:"当事人对已经发生法律效力的判决、裁定,认为有错误的,可以向上一级人民法院申请再审;当事人一方人数众多或者当事人双方为公民的案件,也可以向原审人民法院申请再审……"本案中当事人双方一方为公民个人,另一方为法人,李某国在原审判决生效后应当向上一级人民法院即W市中级人民法院申请再审。结合2015年最高人民法院《关于适用〈中华人民共和国民事诉讼法〉的解释》第 379 条之规定，只有当事人一方人数众多或者当事人双方为公民的案件，当事人分别向原审人民法院和上一级人民法院申请再审且不能协商一致的，原审人民法院才有再审管辖权。G 县人民法院未对本案再审申请有无级别管辖进行审核，错误理解和适用《民事诉讼法》第 204 条、第 199 条，违反再审案件管辖规定，作出的裁定书裁定驳回李某国的再审申请，属适用法律确有错误。

原判决认定的基本事实缺乏证据证明。2019 年 3 月 20 日，经李某国申请，G 县人民检察院在征求 G 农商银行意见后委托 G 省某司法鉴定中心，对李某国 2010 年 10 月办理 50 000 元贷款时的借款借据、贷款发放通知单、办卡存款凭条、取款凭条中的李某国签名进行笔迹鉴定。2019 年 3 月 31 日，G 省某司法鉴定中心作出《司法鉴定意见书》，鉴定意见为：贷款材料中的借款借据、办卡存款凭条、取款凭条中的李某国签名均不是李某国书写。可见，原审法院判决认定此笔贷款手续均为李某国签名办理的事实缺乏证据证明，据此作出判决明显错误。

四、再审结果

W 市中级人民法院作出民事裁定指令 G 县人民法院再审。2019 年 12 月 6 日，G 县人民法院作出民事判决书，判决："一、撤销本院 [2015] 某初字第 X 号民事判决和 [2018] 某民申 X 号民事裁定；二、驳回 G 省 G 农商银行要求李某国偿还借款 50 000 元并承担利息的诉讼请求。"但 G 农商银行不服提出上诉，经检察机关跟进监督，双方当事人达成和解。2020 年 10 月 14 日，G 县人民法院作出民事调解书，协议由赵某军偿还李某国名下在 G 农商银行的贷款本金 50 000 元及利息。

五、检察机关监督情况

李某国向 G 县人民检察院申请监督，G 县人民检察院依职权委托 G 省某司法鉴定中心作笔迹鉴定，鉴定意见为：贷款材料中的借款借据、办卡存款凭条、取款凭条中的李某国签名均不是李某国书写。经核实，李某国未委托李某平办理借款事宜，直到案件进入执行程序才知道自己涉案。G县人民法院公告送达起诉书副本、应诉通知书等法律文书时仅在法庭门口张贴公告。经W市人民检察院审查认为，G县人民法院在审理过程中存在违反法律规定剥夺当事人辩论权利的情形，其作出的再审裁定违反再审案件管辖规定，适用法律确有错误。原判决认定的基本事实缺乏证据证明。

2019年8月30日，W市人民检察院向W市中级人民法院提出抗诉，W市中级人民法院裁定指令再审，G县人民法院再审判决撤销原判，驳回G农商银行的起诉，但G农商银行不服提出上诉，经检察机关跟进监督，双方当事人达成和解。2020年10月14日，G县人民法院作出民事调解书，协议由赵某军偿还李某国名下在G农商银行的贷款本金50 000元及利息。

六、评析意见

对生效裁判的监督是民事检察工作的重中之重，检察机关通过抗诉方式纠正人民法院错误的生效裁判，有利于实现司法公正和法律的正确统一实施。本案是一起金融领域普通借贷纠纷，由于金融部门未严格按贷款程序借贷，未尽审查注意义务，致使他人以申请人名义贷款后使用，而法院判决仍由申请人偿还贷款，且审判程序存在违法情形、再审裁定适用法律确有错误。检察机关针对本案申请人无法获取有效证据启动再审程序的情况，依职权调查核实，所获证据足以证实法院原生效裁判存在2012年《民事诉讼法》第200条规定的再审情形，并及时通过抗诉由法院再审改判，有效地保护了申请人的合法权益。但是，法院在再审过程中，被申请人G农商银行不服再审判决提起上诉。对此，检察机关对本案不是"一抗了之"，而是为了有效保护国有资产，也为了把当事人从累讼中解脱出来，实现司法资源效用的最大化，在再审过程中跟进监督，主动与两级法院沟通协商，将贷款实际使用人列为第三人，促成当事人在自愿合法的原则下互谅互让，平等协商，达成和解协议，由第三人直接向G农商银行偿还全额贷款及利息。W市检察机关首次在抗诉再审过程中与法院共同和解案件，既取得了良好的社会效果和法律效果，又节约了诉讼成本，为民事检察工作增添了新的监督渠道。

唐某科与汪某建设工程施工合同纠纷抗诉案[*]

一、基本案情

2011年8月，汪某以原审被告第二安装工程公司的名义承包了G河灌区节水改造干、支渠的工程，该工程属S河流域综合治理G县工程建设管理局。2011年8月2日，汪某将承包的G河灌区节水改造干、支渠工程中的部分工程分包给了唐某科，双方签订了《施工协议》。协议约定："……结算办法按甲乙双方共同确认的渠道长度和质量验收标准进行结算。工程进度款每月按申报量的80%付给乙方。工程进度付款支付到完成工程量总价的80%时，甲方停止支付，待乙方完成全部合同工程量总价，办理完工程竣工结算后支付工程量总价的15%，留工程量总价的5%的质量保证金。"合同签订后，唐某科依据合同约定组织施工。施工期间，汪某派邱某伟为该工程施工负责人，后更换为汪某鹏。

该工程由唐某科施工至2013年底完工，2014年9月17日，该工程经验收后交付S河流域综合治理G县工程建设管理局使用至今。2014年1月，S河流域综合治理G县工程建设管理局与汪某对该项目工程进行结算，该项目工程量总价款为2 251 851.89元。根据《施工协议》约定及双方认可，汪某应向唐某科支付该项目工程量总价款的82%即1 846 518.55元。2014年1月26日，唐某科向汪某索要工程款时双方发生纠纷，经G县公安机关处理，汪某鹏以汪某的名义向唐某科出具《承诺书》，承诺书载明"元月28日下午支付唐某科794 487元。承诺人汪某，G第二安装工程公司"。

---

[*] 王建荣，甘肃省武威市人民检察院；代奎，甘肃省武威市人民检察院。

一审过程中，汪某提供了支付给唐某科工程款的部分条据，庭审质证过程中汪某及委托代理人潘某金当庭出具7份收条，总计金额为113万元。"材料款192 214.67元"，唐某科除对2014年1月26日的40万元证明条据当庭提出异议，对其余付款情况无异议。经核查二审卷宗内有汪某提供的《承诺书》"现有给我支付肆拾万元整发放民工工资，收款人唐某科，承诺人唐某科"，该条据足以证实汪某于2014年1月26日支付唐某科40万元工程款。因此，汪某向唐某科自2012年6月1日至2014年3月8日共计支付工程款（包括材料款）1 322 214.67元。另扣除该项目工程质量保证金112 592.59元后，汪某下欠唐某科工程款411 711.29元。

另查明，2014年3月5日，汪某为了保证向唐某科支付所欠工程款，将其别克车一辆抵押给唐某科，并出具抵押证明，内容为"今欠到G县S镇唐某科等四十余名民工工资肆拾万元整（400 000元），现本人自愿将别克（昂科雷一辆）押与唐，待四十万元发清后车归还原主。汪某2014.3.5日"。同时唐某科向汪某出具收到汪某抵押小车的收条。后唐某科在诉讼过程中已将该抵押小轿车归还汪某。

二、原审裁判

2015年6月11日，G县人民法院作出民事判决书，判决："一、被告汪某于本判决生效后30日内支付原告唐某科工程款411 711.29元；二、驳回原告的其他诉讼请求。"判决认为："本案中，原告唐某科无建筑施工的资质，故双方签订的《施工协议》无效。但该工程已经发包方验收后交付使用，故原告有权要求参照合同约定支付工程价款……综上，被告汪某应付原告唐某科工程款1 846 518.55元，暂扣工程质量保证金112 592.59元，已付工程款1 322 214.67元，被告汪某尚欠原告工程款411 711.29元，应予支付。原告要求被告第二安装工程公司承担连带责任无法律依据，不予支持。"

2015年11月18日，W市中级人民法院作出民事判决书，判决："一、撤销G省G县人民法院民事判决；二、上诉人汪某支付被上诉人唐某科工程款200 000元。并从2014年1月26日起按中国人民银行同期贷款利率支付利息。限本判决生效后30日内付清；三、驳回被上诉人唐某科的其他诉讼请求。"判决认为："……关于上诉人汪某之'原审认定上诉人汪某拖欠被上诉人唐某科工程款411 711.29元的事实错误，应以上诉人汪某给被上诉人唐某科出具欠条为准'的上诉理由，经查根据双方当事人之间对欠款数额的结算，应以2014年3月5日上诉人汪某向被上诉人唐某科质押别克车时出具40万元的证明为准给付，2014年3月8日上诉人汪某支付被上诉人唐某科20万元后，尚欠工程款为20万元。故上诉人汪某的此项上诉理由成立……"

2016年3月1日，G省高级人民法院作出民事裁定书，裁定："驳回唐某科的再审申请。"裁定认为："根据再审申请人唐某科的再审申请理由，本案再审审查的焦点为被申请人汪某欠付申请人唐某科工程款的数额问题。本案二审期间，被申请人汪某向法庭提交了S河流域综合治理G县工程建设管理局证明一份及一审期间汪某鹏以汪某名义出具的承诺书、唐某科出具的收款40万元发放民工工资的承诺书、汪某出具的抵押车辆证明、唐某科出具的收到汪某抵押车辆的证明、2014年3月8日唐某科收到汪某20万元的收条等证据，并申请证人汪某鹏出庭作证。法庭组织双方当事人进行了质证，申请人唐某科对被申请人汪某提交的上述证据的真实性没有异议，认为证人汪某鹏陈述的2014年1月26日出具794 487元的欠条加注汪某名字的情节属实，对其向汪某鹏领取40万元的经过予以认可。因此，对于本案欠付工程款的数额，根据2014年1月26日双方当事人之间的结算，应以2014年3月5日被申请人汪某向申请人唐某科质押别克车时出具40万元的证明为准给付。因此后被申请人汪某于2014年3月8日又支付申请人唐某科20万元，故被申请人汪某尚欠申请人唐某科的工程款数额应为20万元。申请人唐某科认为二审认定的事实及判决错误，漏判应付款211 711.29元的再审申请理由不能成立。"

三、抗诉及其理由

2017年6月16日，W市人民检察院向W市中级人民法院提出再审检察建议。2017年8月18日，W市中级人民法院作出复函，复函以"如受理该案并进行审查，违反审级制度和审判权行使的基本规则"为由，决定对再审检察建议不予受理。2017年8月24日，W市人民检察院认为W市中级人民法院不予受理的理由不能成立，遂向G省人民检察院提请抗诉。2017年12月21日，G省人民检察院向G省高级人民法院提出抗诉。

唐某科申请监督争议的焦点是汪某欠付唐某科工程款的数额问题。根据原一、二审查明的事实及双方认可，汪某应付给唐某科的项目工程款结算为1 846 518.55元，但汪某与唐某科在本案诉讼前就工程款最终欠付多少的问题从未进行结算。汪某向唐某科支付工程款的情况由汪某提供的唐某科领取工程款条据、材料款及双方当事人在一审庭审中自认记录等证据证实，汪某已向唐某科支付工程款共计1 322 214.67元，预留工程质保金112 592.59元。在双方认可的已付工程款中已包括了汪某于2014年3月8日支付唐某科的20万元工程款）。故一、二审卷内有效证据足以证实汪某欠付唐某科的工程款为411 711.29元。二审判决认为"双方当事人之间对欠款数额的结算，应以2014年3月5日上诉人汪某向被上诉人唐某科质押别克车时出具40万元的证明为准给付"，但该抵押证明记载内容仅证明了别克车质押40万元用于支付民工工资，判决将其认定为双方当事人工程款欠款结算依据明显错误。二审判决认定2014年3月8日汪某又支付申请人唐某科20万元工程款，并从已付款中重复扣除后作出判决。综合卷内有效证据足以证实此笔付款已包括在汪某已向唐某科支付的1 322 214.67元工程款内，故二审判决未综合认定双方当事人有据证实的付款情况，以抵押证明作为欠款结算依据，重复扣除已付款，属认定事实确有错误。

另本案W市人民检察院于2017年6月14日向W市中级人民法院发出再审检察建议，但是W市中级人民法院在复函中认为："如受理该案进行审查，违反审级制度和审判权行使的基本规则，虽然最高人民法院《关于适用〈中华人民共和国民事诉讼法〉的解释》第四百二十条规定：人民法院审理因人民检察院抗诉或者检察建议裁定再审的案件，不受此前已经作出的驳回当事人再审申请裁定的影响。但从审级制度和审判权行使的一般规则考量，该法条所指的驳回裁定应指同一法院或下级法院的驳回裁定，不包括上级法院的驳回裁定。"遂不予受理。W市人民检察院认为W市中级人民法院无权解释最高人民法院司法解释，不予受理再审检察建议错误。

四、再审结果

G省高级人民法院作出民事裁定，指令W市中级人民法院再审。2018年9月14日，W市中级人民法院作出民事判决书，认为："被申诉人汪某承包工程后与申诉人唐某科签订《施工协议》，申诉人未取得建筑施工企业资质，所签的建设工程施工合同无效。但唐某科在该工程施工完成后经发包方验收并使用，故可参照该合同约定支付工程价款。关于汪某垫付技术人员的费用，合同约定由申诉人负责全面的技术管理工作，对聘请及工资发放均无明确约定，故被申诉人汪某要求从工程款扣减技术人员工资的辩解理由不够充分。关于工程质保金、质量返修款一审法院已有定论。关于违约金，因双方对工程款未进行最终的结算，且双方在合同中对违约责任的承担未作约定，故对该请求不予支持。承诺书不能作为结算依据，原二审将承诺书认定为欠条无事实依据，应以总的工程款扣除收到工程款的收条和材料款，剩余即为汪某应支付给唐某科的工程款。综上，被申诉人汪某应付申诉人唐某科工程款1 846 518.55元，暂扣工程质量保证金112 592.59元，已付工程款1 322 241.67元，被申诉人汪某尚欠申诉人工程款411 711.29元，应予支付。判决如下：一、撤销W市中级人民法院民事判决；二、维持G县人民法院民事判决。"

五、监督指引

本案是一起较为简单的建筑施工合同纠纷案，争议的焦点是汪某欠付唐某科工程款的数额如何认定。在法院审理过程中围绕争议焦点从不同的节点采信结算证据，其认定的案件事实不尽相同，导致当事人历经一审、二审、再审等反复累讼，既增加了当事人诉讼成本，又浪费了司法资源。结合本案再审检察建议、抗诉和再审判决情况，司法实践中有必要重新认识证据与事实的关系，同时采用再审检察建议监督手段提高诉讼效率也显得十分重要。

1. 厘清事实和证据关系，对认定案件事实起着关键作用

证据是法院作出正确判决的重要依据。如果证据确凿、真实可信，那么印证的事实就是清楚的；反之证据不足，有明显缺陷，那么印证的事实就不清楚。证据是认定事实的基础，案件的事实是依靠证据来说明的，查明事实的过程也就是审查认定证据的过程。当事人提供的证据被当作证据使用的材料有可能是真的，也有可能是假的。只有在法院进行了去伪存真的查证之后，被认定的材料才是反映案件真相的证据。因此，认识了事实和证据的关系，以及证据对认定事实所起的关键作用，我们在具体的司法活动中就能以事实为根据，以证据作为认定事实的基础。只有对当事人提供的证据进行综合分析、去伪存真来认定案件事实作出判决结论，才有利于让当事人服判息讼，降低诉讼成本，更好地维护社会公平正义。本案中，双方争议的焦点是汪某欠付唐某科工程款的数额问题。在双方当事人于建筑工程施工结束后未经结算工程款的情况下，法院理应根据当事人提供的付款条据并综合全案事实清算工程款。但法院在判决中未综合认定双方当事人有据证实的付款情况，将双方当事人施工过程中的抵押证明片面认定为工程款欠款依据，且对当事人一方提供的付款条据重复扣除后作出判决，属认定事实确有错误。检察机关对本案的监督严格遵循了民事诉讼证据规则的相关规定，在现有证据的基础上通过厘清事实和证据的关系，综合分析抵押证明的证明目的，仔细鉴别有效证据收条是否被重复计算，从而提出有理有据的抗诉意见得到法院的再审改判，有效地维护了当事人的合法权益。

2. 再审检察建议在民事诉讼活动中发挥着极其重要的作用

作为国家法律监督机关，检察机关在履行法律监督职能、维护社会公平正义方面发挥着越来越重要的作用。对民事活动进行法律监督是检察机关履行监督职能的一个重要方面，更是其行使检察权的重要形式。而民事再审检察建议正是检察机关发挥民事检察监督

作用的重要途径和有效举措。它是指人民检察院对民事申诉案件，不采取抗诉方式启动再审程序，而是向人民法院提出检察建议，由人民法院自行启动再审程序进行重新审理的一种检察监督方式。作为在司法实践中产生适用，最后被民事诉讼法予以认可的监督方式，民事再审检察建议具有独特的优越性，能够有效提高司法效率。近年来，经济社会高速发展，各种矛盾诉求凸显，仅 W 辖区内法院年受案数已突破 3 万余件，当事人不服法院裁判向检察机关申请监督案件数量逐年增多，但是由于再审检察建议缺乏监督刚性，部分法院以"违反审级制度和审判权行使的基本规则"为由不予受理或者消极应对，使原本既能节约诉讼成本又能减轻当事人累讼，从而提高诉讼效率的一项诉讼制度受到限制。本案中检察机关在准确把握法院认定事实确有错误的基础上，面对法院不接受检察建议方式的情况下果断跟进监督，并在抗诉意见中将"不予受理再审检察建议错误"作为抗点向法院明确提出，彰显了检察机关强化法律监督职能，维护法律统一正确实施的坚定信心。

吴某与高某某买卖合同纠纷提请抗诉案*

一、基本案情

2018年7月2日,高某某起诉至D市人民法院,要求吴某给付货款22 350元,承担2016年9月30日至2018年6月25日利息2340元,共计欠款金额24 690元,并承担本案诉讼费用。

D市人民法院于2018年8月14日作出民事判决书。该院一审查明:2016年10月1日,吴某向高某某购买7千克白瓷筐1250个,每个4.8元,计6000元;2016年10月2日,吴某向高某某购买7千克白瓷筐1325个,每个4.8元,计6360元,无纺布袋一件900个,每个0.4元,计360元,合计6720元;2016年10月3日,吴某向高某某购买7千克白瓷筐1350元,每个4.8元,计6480元;2016年10月6日,吴某向高某某购买7千克白瓷筐600个,每个4.8元,计2880元,无纺布袋600个,每个0.45元,计270元,合计3150元。上述货款共计22 350元。高某某送货后,吴某在货物签收单上签了字。后吴某未履行给付货款的义务,高某某遂提起诉讼。该院一审认为,高某某与吴某系买卖合同关系。高某某要求吴某给付货款,有其提供的货物签收单予以证实,吴某应当承担给付货款的义务。高某某主张吴某给付利息2340元,无法律依据。吴某经本院开庭传票传唤无正当理由未到庭参加诉讼,视为放弃质证与答辩的权利,产生的法律后果由其自负。依照原《合同法》第60条、第130条、第159条、2017年《民事诉讼法》第144条之规定,判决吴某支付高某某货款22 350元,限于本判决生效后15日内履行;驳回高某某

---

* 张丽娟,甘肃省敦煌市人民检察院;马炎驹,甘肃省敦煌市人民检察院。

的其他诉讼请求。判决后，双方当事人均未上诉。

2018年，吴某不服D市人民法院民事判决，向J市中级人民法院申请再审。再审申请称：申请人只是替雇主清点货物后在送货单上签收，不应承担付款义务。根据2017年《民事诉讼法》第200条第1、3、5项之规定，请求撤销民事判决，驳回被申请人的诉讼请求。

J市中级人民法院于2019年2月28日作出民事裁定驳回再审申请。该院再审认为，本案一审法院经审理作出民事判决书并送达后，吴某未提出上诉，表明了其对一审判决的认可，亦处分了再次请求人民法院审理同一法律事实的权利。据此，吴某提出的再审请求，明显与一审诉讼期间其行使处分权的行为相悖。现吴某提出再审请求，主张其不应承担付款义务，但未提交任何足以推翻原判决的新证据。综上，申请人的再审申请不符合2017年《民事诉讼法》第200条第1、3、5项规定的再审情形。依照2017年《民事诉讼法》第204条第1款，2015年最高人民法院《关于适用〈中华人民共和国民事诉讼法〉的解释》第395条第2款的规定，裁定驳回吴某的再审申请。

吴某不服再审裁定，向检察机关申请监督，请求撤销原审判决，驳回被申请监督人的请求。

二、检察机关监督情况

（一）受理情况

吴某认为D市人民法院民事判决认定事实错误，向D市人民检察院申请监督，D市人民检察院于2019年8月1日决定受理。

（二）审查核实

D市人民检察院受理后，依法进行了调查核实，询问了申请人吴某、其他当事人高某某、证人郑某某，查阅了审判卷宗，经审查核实发现，高某某与吴某不是买卖合同关系。2016年7月、8月份，郑某某来D市收购葡萄，并与高某某达成口头协议，由高某某为郑某某提供装葡萄用的白瓷筐和无纺布袋，双方谈好价格。具体的用货数量由郑某某在D市收购葡萄的代办王某某与高某某联系，由高某某派人送货，葡萄代办处的工作人员吴某收货后，在货物签收单上签字，证实货物送到。该货物签收单一式两联，其中粉色一联由高某某持有。蓝色一联葡萄代办收货后交郑某某，由郑某某在D市收购葡萄工作结束后与高某某算账用。本案高某某要求吴某支付的白瓷筐和无纺布袋货款22 350元，实际上是高某某按协议约定，交由郑某某代办王某某使用货物的费用。该费用当年由郑某某的会计老马与高某某进行核账清算，对未付清的费用向高某某出具了收据，由郑某某支付。

（三）监督意见

D市人民检察院认为，D市人民法院民事判决，认定事实不清、证据不足，且适用法律错误，向D市人民法院提出再审检察建议。其主要理由如下：①原审认定高某某与吴某系买卖合同关系，判决由吴某支付高某某货款的事实不清、证据不足，且适用法律错误。②原审适用简易程序审理判决违反法律规定。一是本案不属于法律规定的简单民事案件；二是本案未依法保障当事人的合法权利。③原审送达诉讼文书不符合法律规定。一是送达民事判决书不符合法律规定；二是向一审被告人吴某送达起诉状副本超过法定期限。

（四）监督结果

D市人民法院收到检察建议后，10月28日回复不予再审，D市人民检察院依法对该案进行跟进监督，认为原审认定高某某与吴某系买卖合同关系，判决由吴某支付高某某货款的事实，有新的证据足以证实推翻，且程序违法，遂依法提请J市人民检察院提出抗诉。其主要理由如下：

1. 原审认定的事实，有新的证据足以证实推翻

根据原《合同法》第130条"买卖合同是出卖人转移标的物的所有权于买受人，买受人支付价款的合同"、第159条"买受人应当按照约定的数额支付价款"的规定，买卖合同中支付货款的应为买受人。本案高某某提供的证据货物签收单4份，签收单上收货签款人栏内均未签字，仅在代办栏有署名为"吴某"的签字。本院审查期间，吴某与郑某某的陈述、吴某提供郑某某与高某某算账用的蓝

色货物签收单和王某某与郑某某、会计老马通话录音均证实：2016年7月、8月份，郑某某来D市收购葡萄，并与高某某达成口头协议，由高某某为郑某某提供装葡萄用的白瓷筐和无纺布袋，双方谈好价格。具体的用货数量由郑某某在D市收购葡萄的代办与高某某联系，由高某某派人送货，葡萄代办处的工作人员收货后，在货物签收单上签字，证实货物送到。该货物签收单一式两联，其中粉色一联由高某某持有。蓝色一联葡萄代办收货后交郑某某，由郑某某在D市收购葡萄工作结束后与高某某算账用。本案高某某持粉色联要求吴某支付的白瓷筐和无纺布袋货款22 350元，实际上是高某某按协议约定，交由郑某某代办王某某使用货物的费用。该费用当年由郑某某的会计老马与高某某进行核账清算，对未付清的费用向高某某出具了收据，由郑某某支付。另据查明，与本案性质相同的多起案件，高某某起诉法院后，部分作撤诉处理，部分判决由真正购买货物的买受人承担。因此，原审认定的事实有新的证据足以证实推翻。

2. 原审程序违法

（1）适用简易程序审理案件不符合法律规定。首先，本案不属于法律规定的简单民事案件。根据2017年《民事诉讼法》第十三章简易程序第157条第1款"基层人民法院和它派出的法庭审理事实清楚、权利义务关系明确、争议不大的简单的民事案件，适用本章规定"、第160条"简单的民事案件由审判员一人独任审理"的规定，适用简易程序审理的案件应当是简单的民事案件，而法律规定"事实清楚、权利义务关系明确、争议不大"的案件为简单案件。应当说，这三个条件是相互联系和不可分割的，只有同时具备才构成简单的民事案件。2015年最高人民法院《关于适用〈中华人民共和国民事诉讼法〉的解释》第256条规定，2017年《民事诉讼法》第157条规定的简单民事案件中的事实清楚，是指当事人对争议的事实陈述基本一致，并能提供相应的证据，无须人民法院调查收集证据即可查明事实；权利义务关系明确是指能明确区分谁是责任的承担者，谁是权利的享有者；争议不大是指当事人对案件的是非、责任承担以及诉讼标的争执无原则分歧。由于本案吴某未到庭参加诉讼，无法确定争议的事实以及当事人双方的陈述是否基本一致，更无法判定案件事实是否清楚和争议不大。由此可见，本案不属于民事法律规定的简单案件的范围，原审适用简易程序审理案件与法相悖。其次，本案未依法保障当事人的合法权利。根据2017年《民事诉讼法》第十三章简易程序第159条"基层人民法院和它派出的法庭审理简单的民事案件，可以用简便方式传唤当事人和证人、送达诉讼文书、审理案件，但应当保障当事人陈述意见的权利"和2015年《最高人民法院关于适用〈中华人民共和国民事诉讼法〉的解释》第263条"适用简易程序审理案件，卷宗中应当具备以下材料：……（二）答辩状或者口头答辩笔录；（三）当事人身份证明等材料……"的规定，适用简易程序审理的案件，法庭应当保障当事人陈述意见的权利，并且卷宗中也应当有答辩状等相关材料。本案当事人吴某不知道高某某将其诉讼到法院，其自始至终也未向法庭提交答辩状和陈述任何与案件事实有关的意见，而且法院卷宗中也未有吴某提出与本案相关的材料。因此，本案原审在未依法保障当事人吴某陈述意见权利的情况下，适用简易程序审理案件与法相悖。

（2）送达诉讼文书不符合法律规定。首先，送达民事判决书不符合法律规定。根据2017年《民事诉讼法》第85条"送达诉讼文书，应当直接送交受送达人。受送达人是公民的，本人不在交他的同住成年家属签收"的规定，本案法院于2018年8月20日到吴某家中送达民事判决书，由吴某的小女儿吴某悦代为签收。根据身份证明，吴某悦出生于2002年2月，签收诉讼文书时尚未成年。由于吴某未及时收到民事判决书，错过了上诉期，影响其诉讼权利的行使。其次，送达起诉状副本超过法定期限。根据2017年《民事诉讼法》第125条"人民法院应当在立案之日起五日内将起诉状副本发送被告"的规定，本案法院于2018年7月2日立案，2018年7月17日向吴某送达起诉状副本，显然超过了法律规定的送达期限。

2020年3月18日，J市人民检察院认为D市人民法院民事判决存在认定的基本事实缺乏证据证明且送达判决程序违法的情形，遂向J市中级人民法院提出抗诉。4月20日，J市中级人民法院作出民事裁定书，裁定本案指令D市人民法院再审。5月9日，D市人民法院受理本案，11月3日，高某某向D市人民法院提出撤诉申请。同日，D市人民法院作出民事裁定书，裁定撤销D市人民法院民事判决，准许高某某撤诉。

三、指导意义

（一）运用调查核实权，还原案件事实，维护当事人合法权益

2017年《民事诉讼法》第210条规定："人民检察院因履行法律监督职责提出检察建议或者抗诉的需要，可以向当事人或者案外人调查核实有关情况。"本案是一起买卖合同纠纷案件，检察机关受理案件后，经过研究卷宗材料，发现购买白瓷筐和无纺布货物的买受人也就是签款人是否为吴某是查明本案事实的关键。法院在审查证据时，单纯以当事人提供的条据为依据认定案件事实，未根据合同与客观事实综合审查判断。检察机关为查明案件事实，依法进行了调查核实，询问了申请人吴某、其他当事人高某某、证人郑某某，经审查核实发现，高某某与吴某不是买卖合同关系。郑某某在D市做收购葡萄生意期间，一直与高某某有业务往来。吴某是郑某某在D市收购葡萄代办王某某的雇佣人员，本案中货款的买受人为郑某某，应由郑某某向高某某支付白瓷筐和无纺布袋的货款。检察机关通过调查核实，查清了案件事实，维护了司法公正性和当事人的合法权益。

（二）依法跟进监督，保障民事检察监督工作取得实效

根据2013年《人民检察院民事诉讼监督规则（试行）》第117条的规定，检察机关认为法院对检察建议的处理结果错误的，应当按照有关规定跟进监督或者提请上级检察院监督。本案中，检察机关发出再审检察建议后，法院回复不予再审，未对检察建议中提出的问题予以纠正。检察机关为充分履行法律监督职能，纠正法院判决和审判活动中存在的问题，继续跟进监督，提请上级人民检察院提出抗诉，经依法再审，J市中级人民法院撤销原判决，指令D市人民法院再审，再审期间，高某某提出撤诉申请，案件以撤诉结案。

检察机关通过跟进监督,充分维护了当事人的合法权益。

(三)监督法院审理程序,规范简易程序的法律适用

法律及司法解释对简易程序的启动、运行都有特殊规定,法院对当事人未到庭缺席判决的案件,应审慎适用简易程序;对不宜适用简易程序的案件,应严格适用普通程序。检察机关审查法院适用简易程序案件时,对适用简易程序不符合法定条件、忽视当事人诉讼权利保护等问题,依法进行监督,督促法院规范适用简易程序,保障了当事人的知情权、辩论权等诉讼权益。

(四)规范适用送达制度,保证审判程序的公正性和公平性

检察机关在履行监督职责时应注意相关诉讼文书送达的合法性,对法院送达违法的行为及时提出检察建议,监督法院对存在的问题予以整改,规范法院的送达程序,以保证审判程序的公正性和公平性。

王某某强奸案[*]

一、基本案情

2016年,被告人王某某通过微信认识了被害人姬某某,自称系S镇铁路派出所协警。2017年5月,被告人王某某要求被害人姬某某做其女朋友未果后,于2017年10月,先以姬某某男朋友贩毒、贩枪,姬某某在L市不安全为由,将姬某某从L市诱骗至Y市,并租住在Y市Y镇N村民房。在骗取姬某某信任后,王某某又以在姬某某鞋内搜查出毒品,其花费20万元帮姬某某办理监外执行,如果其不帮忙姬某某就会被收监等为由,多次要求姬某某与其发生性关系,姬某某被诱骗、胁迫后与王某某发生性关系。姬某某发现被骗后向公安机关报案。

二、证据情况

受案登记表、立案决定书、抓获经过说明,证实本案的来源及被告人的到案经过;被告人供述、被害人陈述,证实被告人谎称自己是协警,又谎称被害人前男友涉及刑事案件,被害人留在L市不安全,将被害人骗至Y市的事实经过;被害人与被告人微信聊天记录,印证本案的事实情节;社区服刑人员思想汇报、被监管人员移交遣送报告书、人民警察证,印证被告人有假冒协警身份,谎称帮被害人摆脱困境的事实;L车站派出所证明,派出所所长赵某证言,证实该所从未聘用一名叫王某某的协警;王某某的户籍证明、刑事判决书、释放证明书,证实被告人的基本身份情况及违法犯罪经历;证人温某某(被害人姬某某前男友)证言及辨认笔录,证实被害人

---

[*] 陈春善,甘肃省酒泉市人民检察院;徐西雨,甘肃省酒泉市人民检察院。

与其分手的原因是被害人认为其贩枪、贩毒，经其辨认被告人王某某就是跟其前女友姬某某在一起的警察；证人张某某（被告人王某某朋友）证言，证实其被判处缓刑期间，被告人王某某帮其写过几份思想汇报。

三、处理意见

关于王某某行为的定性，主要有三种意见：

第一种意见认为，被告人王某某的行为构成招摇撞骗罪。被告人王某某自称协警，制作人民警察证、穿着警服，声称能够调查他人是否涉嫌犯罪等行为足以让被害人相信被告人是警察身份，被告人的冒充行为已损害了人民警察的正常执法形象，诱骗发生性关系亦属谋取非法利益，应以招摇撞骗罪追究其刑事责任，且应当依法从重处罚。

第二种意见认为，被告人王某某的行为构成强奸罪。被告人王某某冒充协警身份，骗取姬某某信任，将之诱骗至孤立无援的环境，之后又称在姬某某鞋内搜查出毒品，其花费20万元帮姬某某办理监外执行，其如果不帮忙被害人会被收监等，要求被害人与之发生性关系。该行为看似是王某某骗取被害人信任，实际是在一段较长的时间里采用步步紧逼的手段对姬某某进行胁迫，姬某某最后迫于无奈，为了消灾避祸，不得不迎合被告人违心"同意"与其发生了性关系。王某某的行为本质不在骗，而是胁迫，应当以强奸罪定罪处罚。

第三种意见认为，被告人王某某的行为不构成犯罪。被告人王某某以欺骗的手段与被害人同居并发生性关系，但其欺骗的目的是让姬某某做自己的女朋友，没有强奸的直接故意，且客观方面没有暴力、胁迫或其他手段，强行与被害人姬某某发生性行为。同时，王某某冒充协警身份，不属于"假冒国家机关工作人员的身份或职称"，不符合招摇撞骗罪的构成要件。

四、评析意见

笔者认为，王某某的行为应当以强奸罪定性。

(一)强奸罪的"胁迫"内涵单一,但形式具有广泛性、多样性特点

强奸罪的"胁迫",是指对被害妇女进行威胁、恫吓达到精神上的强制,使妇女不敢反抗的手段。实践中,"胁迫"可以针对被害人本人,也可以针对第三人;"胁迫"可以直接发出,也可以间接发出;"胁迫"形式可以是暴力威胁,也可以是非暴力威胁;"胁迫"可以以当场发生的事威胁,也可以以将会发生的事威胁;"胁迫"的内容可以是真实存在的,也可以是虚构的足以让被害人相信的事实;"胁迫"还可以利用特殊关系、优势地位达成目的。判断是否成立强奸罪的"胁迫",其核心在于是否引起被害妇女的心理恐惧,使之在这种恐惧心理支配下不敢反抗,违背意志发生性关系。因此,实践中不宜过分强调"胁迫"的强制程度、当场现实程度等外在表现形式,而应重点考量"胁迫"是否可以产生精神强制,达到违背妇女真实意志的目的。本案中,王某某编造身份骗取被害人信任,利用所谓"身份"编造虚假事实,使被害人心理产生恐慌、焦虑,进而引诱被害人身陷陌生环境,然后又编造被害人深信的"犯罪事实"并主动帮助被害人"摆平事情",使被害人对其产生恐惧依赖心理,提出和被害人发生性关系要求后,被害人在因害怕不同意王某某的要求就要被抓、坐牢的心理压力下,同意和王某某发生了性关系。从具体语言上看,并无"胁迫",但这种"胁迫"是潜在的,对被害人心理产生了强制性影响,违背了受害妇女的真实意志。

(二)强奸罪的"胁迫"须最大限度压缩了被害人的性自主选择权

强奸罪侵犯的是妇女性的不可侵犯的权利,具体而言就是妇女按照自己的意志决定正当性行为的权利,这是妇女人身权利的一部分。而强奸罪的"胁迫"实质就是行为人通过实施某种形式的行为,最大限度压缩被害人性自主选择的权利空间,迫使其最终丧失了选择的自主性,只能选择与加害人发生性关系,胁迫程度越高,被害人的自主选择权越小,"自愿"的成分也越小,也就越不为法律承认。然而对于自愿的衡量往往没有具体的操作标准,因为人有个体

差异,同样的压力,对于有的人而言微不足道,对于有的人则如临深渊。因此,如果仅考虑一般情况下被害人的选择,则是失之偏颇的。就如一般人看来再伎俩拙劣的诈骗案件,还是有人会上当,构成犯罪也要入刑一样,不能因手段极其拙劣就不认定为诈骗手段。结合本案,王某某就是通过利用假身份离间被害人与其前男友、欺骗被害人到陌生环境、构陷所谓犯罪事实、编造解困谎言等手段,采用逐渐压缩被害人选择权进而影响其意志力判断力的方式,最终迫使被害人就范。被害人是刚从农村步入城市社会的女青年,而王某某是有过前科的中年人,两者从社会阅历经验、发现化解问题的能力等方面均相差甚远。在重重圈套下,被害人为了"脱罪",只能"同意"与王某某发生性关系以自保。由此判断,本案被害人受到胁迫而丧失了自主选择权,不自愿地"同意"与王某某发生了性关系。

(三)强奸罪的"胁迫"须结合违背妇女意志认定

违背妇女意志是强奸罪的本质特征,而胁迫手段则是认定违背妇女意志的重要依据,二者相互依存、相互印证,统一而不可分,片面强调某一方面都会导致定性不准。同样,妇女在遭受侵害时是否抗拒也不能与是否违背妇女意志画等号,因为犯罪分子作案时,使用包括胁迫在内的各种手段对被害人实施精神强制,削弱其反抗意志和能力,使其处于不敢反抗、不能反抗的境地。因此,对被害人未作反抗或者反抗表示不明显的案件,要通观全案,具体分析,甄别判断。本案中,被害人在王某某的要求下,权衡后为不使自己身陷囹圄而"同意"与王某某发生了数次性关系,在过程中没有反抗。有人借此认为姬某某是出于自愿,没有违背其意志,故认为王某某不构成犯罪。笔者认为此观点就属于割裂了胁迫与意志因素的关系,片面机械判断的结果。被害人作出的判断和行为实际上是胁迫的精神强制力发挥作用导致的结果。王某某没有协警的身份,就不会得到被害人的充分信任,被害人也不可能陷入王某某设置的层层圈套,更不可能产生害怕入狱的恐惧。没有这些前提被害人就不会同意与王某某发生性关系。也因为这些胁迫手段的奏效,才使被害人产生了放弃性自主权以免灾祸的想法,从而也导致王某某通过这种胁迫数次得逞。

(四) 强奸罪的"胁迫"须结合行为人的主观故意综合认定

强奸罪的主观方面表现为故意,且具有奸淫的目的。本案之所以有招摇撞骗与强奸之分歧,关键点在于主观要件认同不一。王某某主张自己是骗取爱情,否认强奸故意,笔者认为主观要件认定不能仅凭被告人供述认定,还需分析其具体客观行为综合印证。从上述客观行为分析看,王某某行骗的故意是为胁迫发生性关系的故意作铺垫准备的。首先,从表象看,王某某具有两个犯意:一是骗取"爱情"的故意,也即招摇撞骗罪中的"为了谋取非法利益";二是违背妇女意志发生性关系的故意。根据被害人陈述及被告人供述,两人截至案发也仅是普通朋友关系,王某某的第一个犯意并未实现。其间,王某某明知如果不是因为其编造的事实,被害人不会同意与其发生性关系,仍然要求与被害人发生性关系,其主观恶性在此时已经超出了"骗"的范围,具有奸淫的直接故意。其次,分析两个犯意之间的关系。笔者认为,"处对象"是一个比较含糊、概括、宽泛的定义,与"发生性行为"具有紧密的联系,甚至可以是包含与被包含的关系。《刑法》里的主观故意并不要求行为人对于可能产生的后果具有非常清晰且明确的认识和判断,比如故意伤害的目的实施非常残忍暴力且明显能够剥夺他人生命的行为,则能推断出行为人具有故意杀人的主观故意。根据客观事实,王某某以获得"爱情"为名,实施"奸淫"之实,可以推断其具有强奸的故意。因此,笔者认为,两个犯意可以认定为包含关系,也可以是同时存在的关系,但这不影响强奸故意的认定。最后,分析王某某两个犯意如何认定的问题。如果认定两者是包含关系,则"重意"吸收"轻意",可以认定王某某一开始就具有强奸的故意;如果认定两个犯意同时存在,那么王某某为了实现骗取"爱情"的目的,反复地、持续性地对被害人实施招摇撞骗行为,其与被害人发生性关系时招摇撞骗行为尚未终了,那么强奸的主观故意则属于招摇撞骗实行阶段的犯意转化,应当从"新意"或者"重意",也即强奸的故意。

（五）强奸罪的"胁迫"与招摇撞骗行为同时存在的情况下应具体分析认定

首先，从自然层面判断，王某某主要有两个行为：一是冒充协警身份及编造刑案招摇撞骗的行为；二是与被害人发生性关系的行为。其次，分析两个行为之间的关系。如果将王某某招摇撞骗的一系列行为看作一个"线的行为"，将发生性行为看作一个"点的行为"，可以看出两者在事实上既具有包含、重叠的关系，又具有前因和后果的关系，不能分割评价。招摇撞骗行为系预备行为，是为强奸的"胁迫"创造条件，发生性行为时被害人性的自主权遭到现实的、紧迫的侵害，为强奸罪的实行行为。最后，分析两个行为如何认定的问题。其一，王某某的招摇撞骗行为，也是其实施强奸的"胁迫"行为，两者在主要手段上重合，属于想象竞合，应择一重罪，即以强奸罪认定；其二，招摇撞骗为预备行为，强奸为实行行为，应当以实行阶段的行为，即强奸定罪处罚。

五、处理结果

本案某基层检察院受理移送起诉后认为王某某与姬某某发生性关系时，客观上没有实施暴力、胁迫或者其他强制性手段，主观上没有强奸故意，其行为不构成犯罪，遂对王某某作出不起诉决定。市院在案件评查中发现该案存在问题并调卷审查，撤销不起诉决定。案件提起公诉后法院一审以招摇撞骗罪判处王某某有期徒刑2年。检察机关以该案一审判决认定罪名错误，适用法律错误，量刑畸轻为由提出抗诉。法院二审判决王某某犯强奸罪，判处有期徒刑4年。

李某某、许某某违法发放贷款案*

一、基本案情

2016年5月,被告人许某某在担任J农村商业银行南大街支行行长期间,其熟人张某某与汪某某、马某某三人找许某某办理"三户联保"贷款,许某某在明知张某某、汪某某、马某某要以张某甲、谢某某、田某某名义贷款供自己使用的情况下,安排J农村商业银行南大街支行客户经理李某某办理该笔贷款。被告人李某某在许某某的安排下,根据许某某提供的资料,明知张某某以其弟张某甲名义、汪某某以其厂内员工谢某某名义、马某某以其厂内员工田某某名义贷款,且贷款人张某甲、谢某某、田某某三人明显不符合贷款条件,未对三人的实际情况进行调查、核实,编造了三人的借款申请书、家庭成员及资产情况说明、调查报告、个人贷款面谈笔录等资料。上述资料中记载的借款人身份及资产情况与实际严重不符,张某甲、谢某某、田某某均非个体工商户,名下也并无企业。后被告人李某某组织借款人谢某某、田某某及担保人张某甲等人在相关贷款资料上签字办理贷款手续,并将贷款资料及贷款审批表交由许某某审核,许某某未对张某甲、谢某某、田某某的实际情况进行调查、核实,在调查报告、风险评价报告、审查报告、贷款审批表等资料上签字同意,报J农村商业银行审核后,于2016年5月5日分别给张某甲、谢某某、田某某银行卡各违法发放贷款100万元,共计300万元。此款于贷款当日发放,次日即转入张某某、汪某某、马某某账户。截至目前,谢某某名下983 577.30元、田

---

* 程辉,甘肃省酒泉市肃州区人民检察院。

某某名下897 115.95元贷款仍逾期未还，造成J农村商业银行损失1 880 693.25元。

二、诉讼过程

李某某、许某某违法发放贷款一案，由S区人民法院在审理J农村商业银行南大街支行与谢某某、田某某贷款纠纷案中发现，于2018年8月14日向J市公安局S州分局移交线索，J市公安局S州分局于2019年4月18日向S州区人民检察院以犯罪嫌疑人李某某、许某某涉嫌违法发放贷款罪移送审查起诉。

（一）审查起诉阶段

S州区人民检察院审查了全案卷宗，讯问了被告人。被告人李某某辩称，虽然自己明知谢某某、张某甲、田某某不符合"三户联保"贷款资格，但当时银行规定提供抵押物、有担保人即可贷款，谢某某、张某甲、田某某抵押了房屋，且自己是按时任行长许某某指示准备资料的。被告人许某某辩称自己只是未对贷款人进行实地调查，没有违法发放贷款的行为。针对二人均不如实供认犯罪事实的情况，为进一步查清犯罪事实，S州区人民检察院将本案退回J市公安局S州分局补充侦查，并提出补充侦查意见：①向J农村商业银行调取本案李某某、许某某的任职文件及二人工作职责，核实李某某、许某某是否有对贷款资格进行审核的工作职责。②向当事人张某某、汪某某、马某某询问，核实李某某、许某某是否收受其三人的好处费。③调取J农村商业银行南大街支行"三户联保"贷款制度及相关资料。核实谢某某、张某甲、田某某是否有贷款资格。④调取谢某某、张某甲、田某某抵押合同，并对银行相关责任人进行询问，核实谢某某、张某甲、田某某是否实际抵押房产，且J农村商业银行是否允许在有抵押物、担保人情况下可以对不符合"三户联保"贷款资格的客户发放贷款。⑤调取截至立案已还款情况和造成损失情况，核实具体损失金额。

2019年6月27日，S州区人民检察院以违法发放贷款罪对李某某、许某某提起公诉。S州区人民法院于2019年8月30日公开开庭审理本案。

(二) 法庭调查阶段

公诉人宣读起诉书指控二被告人构成违法发放贷款罪，并对二被告人进行了讯问。被告人李某某对公诉机关指控犯罪事实与罪名无异议，被告人许某某拒不认罪。公诉人全面出示证据，并针对被告人不供认犯罪事实的情况进行重点举证。

第一，出示被告人李某某在公安机关的供述，证实被告人李某某在公安机关供述中承认许某某安排其以张某甲、谢某某、田某某名义为马某某、汪某某、张某某办理"三户联保"贷款，后李某某根据许某某的安排在没有经过实地调查及严格审核的情况下，编造了三人贷款所需相关资料，层报审批至贷款发放。

第二，出示证人马某某、汪某某、张某某证言，证实张某某因经常在J农村商业银行南大街支行存款，是该银行存款大户，所以就认识了南大街支行行长许某某，并且很熟悉。张某某找到许某某，想从该银行贷款，但因自己名下已经有该银行的贷款，以自己的名义无法办贷款，故张某某跟许某某说想以自己弟弟张某甲的名义贷款，许某某也同意了。2016年4月，张某某找到汪某某，让其找一家企业在J农村商业银行办理"三户联保"贷款，但张某某说银行通知说以自己的名义办不下来贷款，于是便与公司员工谢某某商量，以他的名义贷款，贷的款自己使用。2016年6月初，汪某某向马某某说可以找一个人的房本贷款，后汪某某、马某某和张某某三人到了J农村商业银行南大街支行行长许某某的办公室，许某某就给李某某交代让其尽快给三人办理贷款，许某某将三人的资料给了李某某。在审核的过程中马某某说以公司的名义办不下来，只能以田某某的名义贷款，后就以田某某的名义贷款100万元。许某某安排信贷员李某某尽快办理该笔贷款，三人向李某某提供了贷款所需材料身份证、户口本和结婚证，李某某根据许某某的安排自己编造了三人贷款的相关资料，也没有进行实地考察，三人只是按照李某某的要求在需要签字的地方签字。在签字时张某某发现汪某某和马某某也是用他人名义贷款，还问了许某某，许某某说没事。贷款下放后，为答谢许某某，张某某说要请行长和办事人员吃饭，每人出一万元，汪某某、马某某每人向张某某打款一万元，但张某某只是请许某某吃了一顿饭。

第三，出示J农村商业银行南大街支行原行长张某证言，证实"三户联保"贷款有两种：一种是3户至5户农户自愿组成联保小组；另一种是3户至5户商户自愿组成联保小组。其中商户是指在S州区范围内从事合法经营，且经当地工商行政管理机关核准登记，持有合法有效经营证件，有固定的生产经营场所的中、小微企业和个体工商户。城市自然人不能办理"三户贷款"。许某某和李某某因违规向城市自然人发放贷款被下岗收贷，许某某是之前南大街支行的行长，张某是许某某离任行长后南大街的行长。张某陈述了农村商业银行贷款的制度和审批程序，城市自然人不符合该行贷款的政策，信贷员和负责贷款的行长都应该进行实地调查，谢某某和田某某的贷款资料大多都与实际不相符。

第四，出示书证《J农村商业银行贷款办理办法》《J农村商业银行"三户联保"贷款相关规定》《J农村商业银行贷款审批程序及相关规定》《J农村商业银行支行行长、信贷经理、信贷员各自工作职责划分规定》，证实J农村商业银行规定"三户联保"必须是中、小微企业和个体工商户，自然人不能成为贷款主体，并且工作人员必须进行实地调查，贷款发放后也要进行实地调查。许某某于2013年10月15日被J农村商业银行任命为南大街支行行长，负责南大街支行全盘工作。其中贷款管理职责主要是：依法合规发放贷款，对客户经理权限内发放的贷款负管理责任；对客户经理上报审批的贷款，按照信贷政策和制度进行合规审查和风险评估后进行审批或上报，负贷款业务决策和风险管理责任。李某某系J农村商业银行原南大街支行客户经理，其工作职责是负责所在网点各类业务的营销和推广，在信贷管理方面承担贷款的受理、调查、上报审批、发放、管理和清收工作，对权限内审批发放的贷款负全责，对上报审批的贷款从受理至发放全过程的真实性、合规性、合法性负责。

第五，出示向交警大队车辆管理所、S州区工商局、S州区不动产登记中心调取的相关证据。证实经核查，谢某某名下无车辆登记信息，名下有工商注册信息，但于 2014 年 5 月 13 日注销，名下东环南路 x-x-x 号有 67.9 平方米不动产，登记状态是注销；田某某在 S 州区无工商注册信息，名下无车辆登记，名下有不动产一套已抵押；张某甲名下无车辆登记信息，在 S 州区无工商注册信息，名下位于 J 市 S 州区的住宅现处于注销状态，且无抵押、查封情况。

第六，出示谢某某、田某某、张某甲申请贷款资料。证实资料里面无贷款人的营业执照，不符合三户联保的贷款政策。

第七，出示汪某某及马某某的银行卡交易明细，谢某某及田某某办卡资料及交易明细，张某甲与张某某银行交易明细，证实谢某某、张某甲、田某某在贷款发放后分别向汪某某、张某某、马某某转账的事实。

第八，出示 J 农村商业银行催收贷款资料，证实张某甲贷款本息已于 2017 年 5 月 2 日还清；截至 2019 年 1 月 19 日，J 农村商业银行损失谢某某贷款本金 983 577.30 元，田某某贷款本金 897 115.95 元。

（三）法庭辩论阶段

公诉人发表公诉意见指出，许某某、李某某二人系银行的工作人员，明知银行发放贷款需要经过严格审查、核实，在未审核的情况下，向不符合条件的贷款申请人违法发放贷款 300 万元，数额巨大且造成重大经济损失 1 880 693.25 元，其行为均构成违法发放贷款罪。同时，被告人许某某系银行支行行长，指使被告人李某某违法办理贷款，李某某具体实施编造虚假贷款资料、违法办理贷款的行为，二人在犯罪中所起作用相当，不宜区分主从犯。综上，应当以违法发放贷款罪定罪处罚。

被告人李某某及其辩护人辩称，本案属于单位犯罪，且李某某属于胁从犯，主观恶性小。被告人许某某辩称对犯罪事实有异议，且本案涉及未偿还的 188 万余元贷款设有抵押权，不存在损失。

针对被告人及其辩护人辩护意见，公诉人答辩：其一，本案二被告人身为金融机构工作人员，未按规定履行职责，其行为侵害了单位利益，而非单位实施危害社会法益的行为，不属于单位犯罪。其二，被告人李某某明知实际贷款人以他人名义贷款，主动编造虚假的贷款资料办理贷款，主观犯意明确，不符合胁从犯的构成要件。其三，被告人许某某虽拒不认罪，但通过被告人李某某供述及证人证言相互印证，足以证实被告人许某某明知贷款人与贷款实际使用人不相符，仍然交由被告人李某某予以办理，事实清楚，证据充分。其四，本案涉及未偿还的两笔贷款均设有抵押权，但因被告人的违法行为致使贷款合同无效，抵押权无法实现，故不存在损失辩护观点不成立。

法庭经审理认为，本案现有证据已形成完整锁链，能够排除合理怀疑，足以认定李某某、许某某构成违法发放贷款罪，被告人及其辩护人提出的本案胁从犯、单位犯罪、未造成损失的意见不予采纳。

三、处理结果

2019年11月29日，S州区人民法院作出一审判决，以违法发放贷款罪，分别判处被告人许某某有期徒刑3年6个月，并处罚金5万元；判处被告人李某某有期徒刑3年6个月，并处罚金5万元。贷款损失1 880 693.25元继续追缴。宣判后二被告人均提出上诉，2020年4月24日，J市中级人民法院作出二审裁定，驳回上诉，维持原判，一审判决已生效。本案追赃挽损工作仍在进行中。

四、指导意义

（一）银行业贷款审批发放规程是认定违法发放贷款行为的前提

《刑法》第186条规定，银行或者其他金融机构的工作人员违反国家规定发放贷款，数额巨大或者造成重大损失的，构成违法发放贷款罪。《刑法》第96条规定："本法所称违反国家规定，是指违反全国人民代表大会及其常务委员会制定的法律和决定，国务院制定的行政法规、规定的行政措施、发布的决定和命令。"虽然不同银行、不同种类的贷款会有不同的审批发放规程，但其规程均是根据法律、行政法规，作出一些细则上的规定，也应定为行为的违法行为。本案系农村商业银行"三户联保"贷款，所依据的《J农村商业银行贷款办理办法》《J农村商业银行"三户联保"贷款相关规定》《J农村商业银行贷款审批程序及相关规定》，均是对法律、行政法规关于具体贷款发放行为的细化，造成危害后果符合刑事立案和处罚标准的，可直接援引上述规程确定行为违法并定罪。

（二）银行工作人员的工作职责是认定其违法发放贷款责任的依据

本罪的犯罪主体是特殊主体，即银行或者其他金融机构及其工作人员，犯罪地位的认定必须以被告人的工作职责为依据。《贷款通则》第38条规定，贷款实行分级经营管理。各级行长应当在授权范围内对贷款的发放和收回负全部责任。行长可以授权副行长或贷款管理部门负责审批贷款，副行长或贷款管理部门负责人应当对行长负责。但这里的责任是管理责任，不是法律意义上的责任，更不是刑事责任。银行贷款分前、中、后台进行管理，就是为了防范风险，任何一个环节没有通过，贷款则无法发放。故在本案中，应当根据每个岗位职责情况承担自己相应的责任，被告人李某某虽辩称受行长许某某的指示，但其作为业务经理的职责，就是审核相关贷款材料的真实性，其明知实际贷款人以他人名义贷款，且具体实施编造虚假贷款资料、违法办理贷款的行为，主观上具有故意，犯罪地位是独立的，这是不宜认定其为从犯的主要因素。故李某某与许某某属于同等地位的犯罪主体。

（三）准确认定犯罪数额是打击犯罪的关键

中国人民银行《贷款风险分类指导原则》第4条规定，损失的定义是指在采取所有可能的措施或一切必要的法律程序之后，本息仍然无法收回，或只能收回极少部分。虽该指导原则已失效，但其对损失的定义依然值得借鉴。根据有利于被告人原则，只有穷尽一切手段仍无法实现的债权，才认定为"已经造成损失"。为此本案中公诉人调取J农村商业银行南大街支行与谢某某、田某某贷款纠纷案民事判决及案卷，查明法院认定谢某某、田某某贷款合同无效，依据此认定的损失数额客观公正。

王某某非法经营案[*]

一、案件起因

2020年8月4日16时许，G省J市S区烟草专卖局接到群众举报，有人在S区西郊工业园区推销卷烟。同日16时40分许，J市S区烟草专卖局工作人员在S区西郊工业园区将驾驶轿车的王某某查获。

二、案件事实

（一）经审查认定的事实

（1）2020年3月至9月，被告人王某某在未取得卷烟批发、零售许可证的情况下，使用QQ、微信等通信方式从G市、F省等地购进卷烟向他人出售。2020年8月6日，被告人王某某驾驶轿车在J市S区工业园区出售卷烟时，被G省J市S区烟草专卖局工作人员查获，当场从车内查获各类卷烟106.3条。后经调查又分别在其住宿的G省Y市J宾馆房间内查获卷烟161.6条，在Y市某物流部查获卷烟274.8条，在Y市某快递营业部查获卷烟30条，在G省J市S区中国邮政S区某营业部查获卷烟30条。在被告人王某某居住地X自治区J市家中查获卷烟964条，以上共查获卷烟28种1566.7条，共计价值人民币234 386.2元。经烟草质量监督检测站进行抽样鉴定，被查获的卷烟均系假冒注册商标且伪劣卷烟。

（2）2020年7月底至8月初期间，被告人王某某四次在Y市某烟酒店以人民币1530元的价格向店主李某某出售利群（新版）卷烟共计13条。其中收取现金人民币480元，通过微信收款人民币

---

* 陈卫华，甘肃省酒泉市肃州区人民检察院。

1050元。

（3）2020年7月26日8时许，被告人王某某在Y市某便利店以人民币250元的价格向店主王某某出售利群（新版）卷烟2条。

（4）2020年8月2日23时许，被告人王某某在Y市J区某超市出售利群（新版）卷烟6条、牡丹牌卷烟12条，收取人民币720元，剩余人民币1440元未支付。

（5）2020年8月4日18时许，被告人王某某在J市S区某餐厅以人民币125元的价格向店主吕某出售利群（新版）卷烟1条。

以上共查获各类卷烟价值人民币234 386.2元，向他人四次出售卷烟价值共计人民币4065元，涉案金额共计人民币238 451.2元。

（二）经审理认定的事实

（1）2020年3月至8月，被告人王某某在未取得卷烟批发、零售许可证的情况下，使用QQ、微信等通信方式从G市、F省等地购进卷烟向他人出售。2020年8月6日，被告人王某某驾驶轿车在J市S区工业园区出售卷烟时，被G省J市S区烟草专卖局工作人员查获，当场从车内查获各类卷烟106.3条，后经调查又分别在其住宿的宾馆房间内查获卷烟161.6条，在Y市某物流部查获卷烟274.8条，在Y市某快递营业部查获卷烟30条，在G省J市S区中国邮政S区某营业部查获卷烟30条。在被告人王某某居住地X自治区J市家中查获卷烟964条，以上共查获卷烟28种1566.7条，共计价值人民币234 386.2元。经烟草质量监督检测站进行抽样鉴定，被查获的卷烟均系假冒注册商标且伪劣卷烟。

（2）2020年7月底至8月初期间，被告人王某某四次在Y市某烟酒店以人民币1530元的价格向店主李某某出售利群（新版）卷烟共计13条。其中收取现金人民币480元，通过微信收款人民币1050元。

（3）2020年7月26日8时许，被告人王某某在Y市某便利店以人民币250元的价格向店主王某某出售利群（新版）卷烟2条。

（4）2020年8月2日23时许，被告人王某某在Y市J区某超市出售利群（新版）牌卷烟6条、牡丹牌卷烟12条，收取人民币720

元,剩余人民币1440元未支付。

(5) 2020年8月4日18时许,被告人王某某在J市S区某餐厅以人民币125元的价格向店主吕某出售利群(新版)卷烟1条。

以上共查获各类卷烟价值人民币234 386.2元,向他人四次出售卷烟价值共计人民币4065元,涉案金额共计人民币238 451.2元。

三、本案事实及证据认定分析

(一)关于涉案烟草的价值计算问题,以及涉案金额的认定

本案破获之后涉案金额如何认定是案件的主要难点之一,存在问题及认定方式如下:

(1)无法通过书证确定销售价值和购买价值。被告人王某某存在在未取得烟草经营许可证的情况下私自贩卖香烟的情况,其本人与上线联系购买香烟的时候具有一定的反侦查能力,欠款的转账未全部通过银行卡走账,部分通过微信、支付宝等方式打款,同时还存在退货的情况,经过核实微信聊天记录以及银行转账记录等,无法将每次购买香烟的品种、数量与打款一一对应。因此,本案通过书证的方式无法确定涉案金额,而是以查获卷烟和已经查实的销售出去的卷烟价格进行认定的。

(2)以查获卷烟的市场价格和少部分销售价格认定涉案价值。本案中查获的卷烟经过鉴定均系假冒注册商标且伪劣卷烟,对于其价值的认定存在一定的争议。对于查获的已经出售的卷烟,检察机关按照双方的交易价格进行认定,侦查、公诉、审判三家均意见一致。但是对于查获未销售的卷烟价格,三家认定上存在争议。侦查机关和公诉机关依据的是最高人民法院、最高人民检察院《关于办理非法生产、销售烟草专卖品等刑事案件具体应用法律若干问题的解释》第4条的规定,非法经营烟草专卖品,能够查清销售或者购买价格的,按照其销售或者购买的价格计算非法经营数额。无法查清销售或者购买价格的,按照下列方法计算非法经营数额:烟的价格,有品牌的,按照该品牌卷烟、雪茄烟的查获地省级烟草专卖行政主管部门出具的零售价格计算;无品牌的,按照查获地省级烟草专卖行政主管部门出具的上年度卷烟平均零售价格计算。本案烟草

价格均根据省级烟草专卖行政主管部门出具的上年度卷烟平均零售价格计算。故侦查机关和公诉机关均按照烟草部门提供的价格证明全部予以认定。但审判机关认为对于查获的未销售的卷烟中有部分曾经在本地进行销售，对于这些品牌的卷烟应按照曾经在当地销售的价格计算。因系假烟，因此销售价格低于市场价格，因此涉案价值存在争议。后公诉机关认为法院这种认定方式有利于被告人，故予以认可。

（二）关于非法证据排除的问题

本院在对被告人王某某进行讯问时，其在审查逮捕阶段对之前认可的犯罪予以否认，否认被扣押的香烟是其本人的；审查起诉阶段的讯问又对自己贩卖香烟和持有香烟的事实予以认可，但又对某运部的香烟予以否认，辩称货物不是自己的，上家让他去看看货物在不在，其供述前期存在不稳定的情况。同时，在对被告人王某某进行讯问时，其提出烟草局工作人员对其有诱供的行为，但被告人王某某在侦查机关介入案件后供述仍然稳定，不稳定的情况出现在对 J 市 S 区烟草专卖局的讯问笔录。经建议公安机关已将讯问视频备案，留待审理阶段查看。经核实后未发现存在需要排除的言词证据，且其部分辩解不合理，法院的审理也对所有证据予以了认定。

（三）本案涉及罪名的分析

本案涉及众多行政法和刑法以及相关的司法解释，法律适用较复杂。被告人王某某物证运输、贩卖假冒注册商标的伪劣香烟的行为涉及三罪名：《刑法》第 225 条非法经营罪，《刑法》第 140 条销售伪劣产品罪，《刑法》第 214 条销售假冒注册商标的商品罪，根据最高人民法院、最高人民检察院《关于办理非法生产、销售烟草专卖品等刑事案件具体应用法律若干问题的解释》第 5 条之规定，以上三罪名中择一重罪。

（1）非法经营罪：以上情节属于非法经营罪中情节特别严重的（超过 25 万元），处 5 年以上有期徒刑，并处违法所得 1 倍以上 5 倍以下罚金或者没收财产。

（2）销售伪劣产品罪：根据最高人民法院《关于办理生产、销售伪劣商品刑事案件具体应用法律若干问题的解释》第 2 条第 2 款的规定,"伪劣产品尚未销售,货值金额达到刑法第一百四十条规定的销售金额三倍以上的,以生产、销售伪劣产品罪(未遂)定罪处罚",本案中未销售金额已达 15 万元,但是销售金额未达 5 万元,已达立案标准,应处 2 年以下有期徒刑或者拘役,并处或者单处罚金。

(3)销售假冒注册商标罪:根据 2010 年最高人民检察院、公安部《关于公安机关管辖的刑事案件立案追诉标准的规定(二)》的规定,本案中未销售金额已达 15 万元,属于情节严重,处 3 年以下有期徒刑或者拘役,单处或并处罚金。综合以上,非法经营罪的罪刑最重,承办人认为本案应以非法经营罪定罪处罚。

(四)关于烟草鉴定的问题

根据《烟草专卖法》第 33 条及最高人民法院、最高人民检察院《关于办理非法生产、销售烟草专卖品等刑事案件具体应用法律若干问题的解释》第 7 条,办理非法生产、销售烟草专卖品等刑事案件,需要对伪劣烟草专卖品鉴定的,应当委托国务院产品质量监督管理部门和省、自治区、直辖市人民政府产品质量监督管理部门指定的烟草质量检测机构进行。本案鉴定机构合法。

四、处理结果

2021 年 2 月 9 日,J 市 S 区人民法院刑事判决书判决,被告人王某某犯非法经营罪,判处有期徒刑 4 年 6 个月,并处罚金 3 万元。被告人王某某后认罪,未上诉,本院未抗诉,判决生效。

朱某某、高某某等四人非法制造、买卖、运输、储存爆炸物抗诉案*

一、基本案情

朱某某、高某某等四人非法制造、买卖、运输、储存爆炸物一案于2018年1月5日被G省B区人民法院以非法制造、买卖、运输、储存爆炸物罪，判处朱某某5年有期徒刑、高某某3年有期徒刑缓刑4年、何某某3年有期徒刑缓刑3年、王某某1年有期徒刑缓刑1年。B市人民检察院在审查中发现判决存在错误，启动审判监督程序，向B市中级人民法院提出抗诉。

（一）犯罪事实

2017年3月某日，朱某某、朱某甲、高某某自制爆炸物300公斤向张某某、张某甲（另案处理）出售，并予以爆破，同年6月中旬某日，再次向张某甲出售自制爆炸物5吨，并部分实施爆破，案发后查扣爆炸物13.4公斤、起爆器2个；2017年5月至2017年6月17日，被告人朱某某、朱某甲、高某某自制爆炸物19吨，先后四次向被告人王某某出售，并实施爆破；2017年5月某日，被告人朱某某、朱某甲、高某某向被告人何某某出售2吨自制炸药，并实施爆破；同年6月某日，再次向被告人何某某出售1.5吨自制炸药，并部分爆破，案发后查扣爆炸物365.4公斤。

（二）诉讼过程

B区人民检察院于2017年11月14日起诉至B区人民法院，B区人民法院于2018年1月15日作出刑事判决，以非法制造、买卖、

---

* 郭成勋，甘肃省白银市人民检察院。

运输、储存爆炸物罪,判处朱某某 5 年有期徒刑、高某某 3 年有期徒刑缓刑 4 年、何某某 3 年有期徒刑缓刑 3 年、王某某 1 年有期徒刑缓刑 1 年。

二、检察机关监督履职过程

B 市人民检察院审查认为朱某某等人非法制造、出售炸药共 27.8 吨,属于《刑法》第 125 条第 1 款规定的"情节严重"情形,通过启动审判监督程序向 B 市中级人民法院提出抗诉。

三、案件分析

(一)案件争议焦点

以牟利为目的制造爆炸物,情节严重的,是否适用最高人民法院《关于审理非法制造、买卖、运输枪支、弹药、爆炸物等刑事案件具体应用法律若干问题的解释》(本案以下简称《解释》)第 9 条第 1 款之从轻处罚的规定。

(1)案件性质认定依据。《解释》第 9 条第 1 款规定:"因筑路、建房、打井、整修宅基地和土地等正常生产、生活需要,以及因从事合法的生产经营活动而非法制造、买卖、运输、邮寄、储存爆炸物,数量达到本解释第一条规定标准,没有造成严重社会危害,并确有悔改表现的,可依法从轻处罚;情节轻微的,可以免除处罚。"本案中的被告人制造、买卖、储存爆炸物的行为属于非法谋取利益,既不能认定为正常的生产、生活需要,也无法认定为从事合法的生产经营,显然不属于该条款规定的情形。

(2)刑事处罚依据。《刑法》第 125 条规定,非法制造、买卖、运输、邮寄、储存爆炸物的,情节严重的,处 10 年以上有期徒刑、无期徒刑或者死刑。本案中,朱某某等人非法制造、出售炸药共 27.8 吨,属于情节严重的情形。

(3)类案对比分析。刘某某等人非法制造爆炸物案。刘某某等人为牟取非法利益,生产成品炸药 2.6775 吨,至案发时,尚未向社会出售。经 H 省 S 市中级人民法院刑事裁定书裁定,刘某某因犯非法制造爆炸物罪,被判处有期徒刑 13 年。本案中被告人非法牟利的行为与已生效的刘某某等人非法制造爆炸物案类似。与该案相比,

朱某某、高某某等四人非法制造、买卖、运输、储存爆炸物抗诉案

朱某某等人制造的爆炸物数量高达27.8吨，且全部出售，情节更为严重。

综上所述，以牟利为目的制造爆炸物，情节严重的，不论其爆炸物售予的单位或个人是否从事合法的生产经营活动，都不能适用《解释》第9条第1款之从轻处罚规定。

（二）案件事实与法律分析

"非法制造、买卖、运输、储存爆炸物从轻减轻处罚"的前提只能是行为人为了合法的生产、生活目的。

（1）出台《解释》的目的在于严厉打击非法制造爆炸物，维护公共安全和社会稳定。将非法制造、买卖、运输、邮寄、存储爆炸物的原因和目的，作为是否适用"情节加重"处罚的重要事实依据，体现了罪责刑相适应的原则。"非法制造、买卖、运输、储存爆炸物从轻减轻处罚"的前提是行为人只能为了合法的生产、生活目的。如果将范围扩大到行为人非法的生产、生活目的，会造成对非法制造、贩卖爆炸物牟利者的打击力度的削弱，将形成严重的社会隐患，这显然是违背立法本意的。

（2）本案中的被告人非法制造爆炸物，其主要目的就是牟利，虽然爆炸物都出售给了从事合法生产经营活动的个人或单位，未造成严重后果，但这种行为破坏了对爆炸物的正常审批管理秩序，对社会秩序和公共安全造成了潜在的严重威胁，理应严厉打击。

四、再审结果

B市中级人民法院于2018年10月16日作出再审决定书，指令B区人民法院对本案进行再审。B区人民法院于2019年8月26日作出再审刑事判决，维持B区人民法院刑事判决。宣判后，B区人民检察院提出抗诉，B市人民检察院支持抗诉。

B市中级人民法院于2020年4月2日作出刑事再审判决，撤销B区人民法院刑事再审判决及该院初审刑事判决第一项中对被告人朱某某的量刑部分，以非法制造、买卖、运输、储存爆炸物罪，判处朱某某有期徒刑10年。

郝某某交通肇事案
——罪与非罪的法律分析*

一、基本案情

2019年6月19日10时20分许,郝某某受环境卫生管理局指派驾驶其单位市容督察无机动车号牌的"五菱宏光"牌小型客车(该车系单位公务用车,因区政府公车名额已满,故无法办理机动车牌照,多年来该单位无牌照车辆一直上路行驶,交通管理部门并未对该行为依法处罚或者监督整改)在市区内督察垃圾清理工作,在路口左转弯时,车辆与由东向西行驶的苏某某驾驶的"解放"牌轻型货车相撞,致无号牌五菱宏光小客车上乘坐的本单位工作人员郝某甲受伤,造成道路交通事故。经司法鉴定中心鉴定,郝某甲的伤情为重伤二级。经交警大队认定,郝某某负此次事故的主要责任。

二、争议焦点

郝某某的行为是否构成犯罪。

三、分歧意见

第一种观点认为,郝某某的行为构成交通肇事罪。理由如下:郝某某违反交通运输管理法规,驾驶无牌照机动车辆在道路上行驶,发生交通事故,致一人重伤。经交警部门认定,郝某某驾车时忽视行车安全,驾驶未登记的无号牌车辆上路行驶,转弯时未让直行车辆先行,其违法及过错行为是造成此次事故的主要原因,故其负此次事故的主要责任。郝某某对涉案车辆无牌照是明知的,虽然驾驶

---

* 孙迎春,甘肃省白银市白银区人民检察院;任连红,甘肃省白银市白银区人民检察院。

无牌照车辆是在执行公务,但其作为车辆驾驶人员具有安全驾驶的责任和义务。根据 2000 年 11 月 15 日最高人民法院《关于审理交通肇事刑事案件具体应用法律若干问题的解释》第 2 条第 2 款第 4 项"交通肇事致一人以上重伤,负事故全部或者主要责任,并具有下列情形之一的,以交通肇事罪定罪处罚:……(四)明知是无牌证或者已报废的机动车辆而驾驶的"之规定,郝某某的行为构成交通肇事罪。

第二种观点认为,郝某某的行为不构成交通肇事罪。主要理由如下:郝某某虽在道路上驾驶无号牌车辆,但是如前所述未悬挂车牌系因政府公车改革中公车名额已满,故无法悬挂机动车牌,且多年来交通管理部门放任该单位无号牌车辆在道路上行驶,对该行为从未作出处罚和监督整改,导致该单位及驾驶人员产生驾驶单位无号牌车辆上路行为系合法的认识,本案中郝某某没有违法性认识,故缺乏构成犯罪所必需的责任要素,不符合上述司法解释第 2 条第 2 款第 4 项之规定。故郝某某的行为不构成交通肇事罪。

四、评析意见

本案的关键点在于:一是本案涉案车辆未悬挂机动车牌照的原因及交通管理部门的默认态度是否对本案定罪产生影响;二是郝某某的行为是否具备构成犯罪所必需的全部要素;三是无牌照车辆上路行驶是否影响行车安全,其与本案事故的发生之间是否存在因果关系。

第一种观点貌似是严格依照司法解释规定对本案事实进行认定,但实质是对本案案件事实考虑不全面,忽视了交通肇事行为与行为发生的背景条件的一体关系,是对案件事实不全面的认定;司法人员审查案件时,应对全案事实予以全面综合考量和判断。本文赞同第二种观点,认为郝某某的行为不构成交通肇事罪,并从以下三个方面予以阐述。

(一)本案缺乏构成犯罪所必需的责任要素

1. 涉案车辆未悬挂机动车牌照的背景因素

本案之所以涉嫌刑事犯罪,关键在于郝某某驾驶的单位车辆未悬挂机动车牌照。但是卷内证据材料显示涉案的环境卫生管理局车辆无牌照是政府在单位公车改革过程中的遗留问题，环境卫生管理局自2013年以来就有136辆环卫作业车（包括市容督查车辆）因区政府公车名额已满，无法办理公务用车控办手续，导致上述车辆无法办理牌照。同时，该单位上述无牌照车辆因工作需要必须上路行驶，而该地区交通管理部门从未因该单位无牌照车辆上路行驶依法作出处罚或者督促其整改，对该行为持默认态度。

涉案车辆作为单位公务用车，行为人郝某某作为单位职工，其本人没有办理机动车牌照的责任、义务和能力，故涉案车辆未悬挂机动车牌的背景因素应作为处理本案考虑的因素之一，其与因个人原因未悬挂机动车牌照在道路上行驶发生交通事故的行为应当区别对待。

2. 违法性认识阻却责任

责任要素包括积极的责任要素和消极的责任要素，违法性认识是消极责任要素的内容之一。违法性认识，是指行为人对自己行为违反刑法的认识，即行为人认识到自己的行为是违法的。关于违法性认识在犯罪构成中的地位，国内外刑法理论界均有多种学说。本文借鉴张明楷教授所认同的限制责任说，其认为"违法性认识可能性是责任要素，但不是故意的内容；实施了符合构成要件的违法行为的行为人不具有违法性认识的可能性时，不能对其进行刑法的非难。即违法性认识的可能性，是独立于故意、过失之外的，故意犯与过失犯共同的责任要素；缺乏违法性认识的可能性时，不阻却故意、过失，但阻却责任"。

本案郝某某持有C1机动车驾驶证，作为一名机动车驾驶人员，在取得驾驶证时其就应知道无号牌的车辆在道路上行驶是违反道路交通法律法规的，发生交通事故后可能会触犯刑事法律，亦明知其驾驶的单位车辆没有悬挂车牌，即其对本人驾驶无牌证车辆在道路上行驶系明知的，然而正如前文所述本案涉案车辆无牌照系区政府在单位公车改革过程中的遗留问题，且多年来该地区交通管理部门对该单位无牌照车辆上路行驶持默认态度，致使该单位及驾驶人员郝某某等人误以为其驾驶单位无牌证车辆的行为系合法行为,其对"明知是无牌照"车辆的主观认识应不同于驾驶个人无牌照车辆在道路上行驶的情形。因此,本案涉案车辆未悬挂机动车牌的背景因素及交通管理部门的默认态度阻却了郝某某的违法性认识,进而使其缺乏构成交通肇事罪所必需的责任要素。

(二)应严格区分刑事责任与行政责任

1. 本案的交通事故责任认定结论有待商榷

交警部门的道路交通事故责任认定书认定,郝某某驾车时未遵守道路交通安全法律法规,驾驶无牌照车辆,忽视行车安全,转弯时未让直行车辆先行,未尽安全注意义务,负事故主要责任。显然,交警部门将无牌照作为本案事故责任认定的因素之一,然而《道路交通安全法实施条例》第 91 条规定:"公安机关交通管理部门应当根据交通事故当事人的行为对发生交通事故所起的作用以及过错的严重程度,确定当事人的责任。"从该条规定可以看出,道路交通事故责任的认定应该以当事人的行为对事故所起的作用为基础,但是我们可以看出无牌照的事实并不影响行车安全,无牌照行为对事故的发生并未起作用。因此,无牌照的行为不应该作为道路交通事故责任认定时应考虑的因素之一。根据 2011 年《道路交通安全法》第 95 条之规定,对于上道路行驶的机动车未悬挂机动车号牌的,公安机关应扣留机动车并通知当事人提供相应牌证或者补办相应手续,并可处警告或者 20 元以上 200 元以下罚款。故,基于本案的无牌照行为,从处罚的角度可以给予郝某某以行政处罚,而不是刑事处罚。

2. 本案无牌照与事故结果无因果关系

机动车牌照就是机动车的身份证,办理机动车牌照的主要目的是使交通管理部门对机动车实行统一管理,维护交通运输管理秩序,在发生交通事故发生逃匿的情况下,可以更快确定肇事人,有利于保护被害人的合法权益。另外,根据 2011 年《道路交通安全法》第 10 条的规定,申请机动车登记时,应当接受对该机动车的安全技术检验。即符合安全性要求的车辆才予以登记挂牌。车辆符合相关的安全性要求是机动车挂牌的必要条件。未办理机动车牌照的车辆可能不符合安全性要求,成为事故发生的潜在风险,对确实存在安全性不符合要求的车辆发生事故的,应将其无牌照作为事故责任认定的因素之一,亦可认定其未悬挂机动车牌照的行为与事故的发生存在刑法上的因果关系。但是在机动车符合上路所必需的安全性要求的情况下,是否悬挂机动车号牌其实并不影响行车安全。

根据刑法中的因果关系理论,行为人的危害行为与危害结果之间存在因果关系,是行为人对危害结果负刑事责任的根据。交通肇事罪的客观构成要件之一即为违反交通运输管理法规的行为与危害结果之间具有刑法上的因果关系。而本案中无牌照行为并不是事故发生的因素之一,二者不具有刑法上的因果关系。本案中,在事故发生后,交警部门对涉案车辆的制动系统、转向系统、灯光系统的安全性技术状况进行鉴定,认定其均符合 GB7258-2017《机动车运行安全技术条件》的要求,故涉案车辆不存在安全隐患,单纯的未悬挂机动车牌照的行为未影响道路公共安全,其只是扰乱了交通管理部门的车辆管理秩序,无牌照行为亦不是事故发生的原因。

综上,本案郝某某在道路上驾驶未悬挂机动车牌照车辆,违反了交通运输管理法规,但是无牌照的行为并不是事故发生的因素之一,其与事故发生之间并不存在因果关系。因此,评价郝某某的行为是否构成交通肇事时,不应将无牌照的事实作为构罪的考量因素之一,而是对其无牌照上路的行为依法给予行政处罚。去除未悬挂机动车牌的因素,本案郝某某驾驶机动车发生交通事故致一人重伤,负事故全部责任的行为,并不符合交通肇事罪的构成要件。故郝某某应当承担违反道路交通安全法律法规驾驶车辆的行政违法责任,而不应承担驾驶因单位、政府原因无法办理牌照的车辆导致的刑事违法责任。

五、最终处理结果

检察机关最终以郝某某的行为不构成交通肇事犯罪,对其依法作出法定不起诉处理。公安机关对该决定有异议,申请复议,经复议审查并请示上级检察院后,检察机关维持原决定。

邢某某、陈某某等人电信网络诈骗案

一、案件背景和起因

本案由B市P区被害人任某某报案，其在网上被骗，公安机关通过摸排线索到S省X市将涉案人员邢某某等人抓获，于2019年6月26日立案侦查。2019年8月1日，犯罪嫌疑人陈某某被公安机关上网追逃；2019年8月21日，陈某某在S省X市C区检查站被当地公安机关抓获。P区人民检察院受理后，依照《刑事诉讼法》的有关规定，于2019年11月22日告知犯罪嫌疑人依法享有的诉讼权利；告知被害人依法享有的诉讼权利；已依法讯问了犯罪嫌疑人，听取了被害人的意见，并审阅了全部案件材料，核实了案件事实与证据。P区人民检察院于2020年1月5日第一次退回侦查机关补充侦查，侦查机关于2020年2月5日补查重报；P区人民检察院于2020年3月20日第二次退回侦查机关补充侦查，侦查机关于2020年4月20日补查重报。

二、案件事实

2018年6月至2019年7月间，邢某某、马某某、陈某某以投资互联网金融为由在S省X市组建诈骗集团，招募社会闲散青年进行聊天话术（诈骗方式）培训，通过用微信搜索添加在网上购买的个人信息，从中筛选年龄在30岁至40多岁之间的女性作为目标客户，伪装成成功男士与其搭讪聊天，在骗取对方信任后，宣称投资玉石赚钱，向受害人推送投资玉石的微信公众号，并引诱对方向公众号充钱，充值后通过施以小恩小惠，时输时赢等手段诱使受害人继续

---

* 张婵娟，甘肃省白银市平川区人民检察院。

向该平台充值大量资金进行诈骗。该团伙组织构架严密，职能分工明晰，由一个总部和 A、B、C 三个市场部组成，每个市场部经理、主管、员工各司其职，根据层级、分工等按比例抽取"提成"，诈骗集团人员共涉及诈骗金额 6 601 178 元。

三、检察机关履职过程

（一）提前介入强化办案质效

本案被害人 140 人，涉案犯罪嫌疑人 74 人，为确保证据的客观性、关联性和合法性，检察机关在提前介入时就案件证据需要达到的证明标准及电子数据的提取等问题与公安机关进行沟通，提出提取、恢复手机、电脑聊天软件中的聊天记录、Excel 和 Word 文档、电话拨打记录清单等电子数据，并对电子数据进行无污损鉴定的意见。基于对证据事实的全面掌控，公安机关提请批准逮捕 70 人，检察机关仅用 5 天时间依法完成全部审查程序，经审查，以事实不清、证据不足不予逮捕 4 人；情节轻微，无逮捕必要不予逮捕 6 人；批准逮捕 60 人。逮捕后发出继续侦查提纲，对部分被害人进行取证，同时要求对遗漏的主犯陈某某进行追捕。

（二）围绕巩固证据体系，推动引导侦查与审查起诉无缝对接

在该案侦查期间，检察机关办案人员充分利用捕后诉前时间，积极深入开展引导侦查工作。引导侦查取证期间，专案组多次与侦查人员沟通取证情况，并召开两次补证工作碰头会，确保工作的精准性和全面性。公安机关很快完善了证据体系，实现了证据标准从批捕到起诉的转变。

（三）准确认定犯罪集团主从犯，确保罪责刑相适应

邢某某、陈某某以投资入股的形式成立公司化诈骗集团，邢某某提供诈骗软件，负责诈骗集团全面工作，统筹管理整个市场部，诈骗所得由邢某某统一分配，是犯罪集团的首要分子，按照集团所犯的全部罪行处罚。马某某负责提供电话号码资源、诈骗投资平台软件的日常维护，负责管理市场 A 部、市场 B 部，其应对其参与期间管理的整个行为负责，依法认定为主犯，其作用区别于邢某某、

属于作用相对较小的主犯。陈某某投资入股，负责管理市场 C 部，根据陈某某在诈骗集团中所起作用依法认定为主犯，对其行为区别于邢某某、马某某，其行为按照其所参与的全部犯罪评价。其他总监、主管、业务员辅助实施诈骗活动，在诈骗集团中起次要作用，依法认定为从犯。

四、指导意义

（1）提前介入引导侦查要与释法说理有机结合。不仅要指明补证方向，更要明确取证对象、证据载体、证明事项、证明程度等细节性问题，通过开展释法说理，加强与一线侦查人员的沟通和交流，传达检察机关的证据审查标准和证据论证思路，取得侦查人员的认可和支持。充分利用侦查机关的侦查期限，通过召开定期通气会、碰头会等方式，积极加强对侦查机关补证工作的引导和督促，争取在短时间内实现证据标准从批捕到起诉的转变。

（2）对电子数据应重点审查客观性。一要审查电子数据存储介质的真实性。通过审查存储介质的扣押、移交等法律手续及清单，核实电子数据存储介质在收集、保管、鉴定、检查等环节中是否保持原始性和同一性。二要审查电子数据本身是否客观、真实、完整。通过审查电子数据的来源和收集过程，核实电子数据是否从原始存储介质中提取，收集的程序和方法是否符合法律和相关技术规范。三要审查电子数据内容的真实性。通过审查在案言词证据能否与电子数据相互印证，不同的电子数据间能否相互印证等，核实电子数据包含的案件信息能否与在案的其他证据相互印证。

（3）紧紧围绕电话卡和银行卡审查认定案件事实。办理电信网络诈骗犯罪案件，认定被害人数量及诈骗资金数额的相关证据，应当紧紧围绕电话卡和银行卡等证据的关联性来认定犯罪事实。一是通过电话卡建立被害人与诈骗犯罪组织间的关联。通过审查诈骗犯罪组织使用的电话拨打记录清单、被害人接到诈骗电话号码的陈述以及被害人提供的通话记录详单等通信类证据，认定被害人与诈骗犯罪组织间的关联性。二是通过银行卡建立被害人与诈骗犯罪组织间的关联。通过审查被害人提供的银行账户交易明细、银行客户通知书、诈骗犯罪集团指定银行账户信息等书证以及诈骗犯罪组织使用的互联网软件聊天记录，核实聊天记录中是否出现被害人的转账账户，以确定被害人与诈骗犯罪组织间的关联性。三是将电话卡和银行卡结合起来认定被害人及诈骗数额。审查被害人接到诈骗电话的时间、向诈骗犯罪组织指定账户转款的时间，诈骗犯罪组织手机或电脑中储存的聊天记录中出现的被害人的账户信息和转账时间是否印证。相互关联印证的，可以认定为案件被害人，被害人实际转账的金额可以认定为诈骗数额。

（4）对于有明显首要分子，主要成员固定，其他人员有一定流动性的电信网络诈骗犯罪组织，可以认定为诈骗犯罪集团。实施电信网络诈骗犯罪的，大都涉案人员众多、组织严密、层级分明、各环节分工明确。对符合《刑法》关于犯罪集团的规定，有明确首要分子，主要成员固定，其他人员虽有一定流动性的电信网络诈骗犯罪组织，依法可以认定为诈骗犯罪集团。对出资筹建诈骗窝点、掌控诈骗所得资金、制定犯罪计划等起组织、指挥管理作用的人员，依法可以认定为诈骗犯罪集团的首要分子，按照集团所犯的全部罪行处罚。对负责协助首要分子组建窝点、招募培训人员等起积极作用，或加入时间较长，通过接听拨打电话对受害人进行诱骗，次数较多、诈骗金额较大的人员，依法可以认定为主犯，按照其参与或组织、指挥的全部犯罪处罚。对诈骗次数较少、诈骗金额较小，在共同犯罪中起次要或者辅助作用的人员，依法可以认定为从犯，并依法从轻、减轻或免除处罚。

陈某某贪污、受贿抗诉案*

一、案件起因

陈某某贪污、受贿一案，由 B 市监察委员会调查终结，B 市人民检察院指定 B 区人民检察院审查起诉，B 区人民法院作出刑事判决书，判决陈某某犯贪污罪、受贿罪的同时，认定其具有自首情节，被告人陈某某不服一审判决提出上诉。B 区人民检察院审查认为陈某某不具有自首情节，遂提出抗诉，B 市人民检察院发挥补充侦查权，进一步调查核实，提出支持抗诉意见。

二、基本案情及诉讼过程

2012 年 12 月至 2013 年 6 月，被告人陈某某在担任某县水务局副局长、给排水公司经理期间，安排由沈某某以某司的名义投标并中标县城区供水管网改扩建工程，后陈某某让沈某某将该工程交由王某某等人施工，并安排沈某某将工程款中的 156 万元交由卢某某保管，卢某某将其中 110 万元现金交给陈某某，被陈某某予以侵吞。

2012 年 4 月至 2017 年 12 月期间，被告人陈某某利用其担任某县水务局副局长、局长、给排水公司经理、人大常委会副主任的职务，先后收受何某某等 13 人财物共计 122.1448 万元。

陈某某贪污、受贿一案由 B 市监察委员会调查终结，B 市人民检察院受理后交 B 区人民检察院办理。B 区人民检察院向 B 区人民法院提起公诉。B 区人民法院于 2020 年 1 月 10 日作出刑事判决书，认定被告人陈某某主动到案、如实供述罪行，具有自首情节。以贪污罪判处陈某某有期徒刑 4 年，并处罚金 20 万元；以受贿罪判处有

---

* 郭成勋，甘肃省白银市人民检察院；赵小塂，甘肃省白银市人民检察院。

期徒刑 3 年，并处罚金 20 万元，决定执行有期徒刑 6 年，并处罚金 40 万元。一审后，陈某某以其不构成贪污犯罪为由提出上诉。

三、检察机关监督履职过程

（一）抗诉情况

B 区人民检察院审查认为，陈某某不构成自首情节，以刑事抗诉书对 B 区人民法院关于陈某某涉嫌贪污、受贿一案的刑事判决提出抗诉。B 市人民检察院审查认为陈某某在一审庭审中对其受贿犯罪事实予以翻供，直至一审判决前仍未如实供述，不构成自首，虽然其在二审中对受贿犯罪事实又予以供认，但根据最高人民法院《关于处理自首和立功具体应用法律若干问题的解释》第 1 条的规定，对其受贿罪，依法不能认定为自首，作出支持抗诉意见书。

（二）二审结果

B 市中级人民法院支持了检察机关关于陈某某不具有自首情节的抗诉意见，撤销 B 区人民法院刑事判决关于被告人陈某某犯贪污罪、受贿罪的量刑部分，对陈某某自首情节未予认定，并改判对其加重刑罚 1 年有期徒刑。

四、案件分析

（一）案件争议焦点：被告人被纪委监委传唤接受调查期间，自首情节如何认定

监察委员会调查阶段的自述材料在认定被告人自首情节中具有重要的证明作用。国家监察体制改革后，监察机关承担起了职务犯罪案件查办的职责，其调查职务犯罪案件所独具的办案模式与以往刑事案件的侦查有着明显的变化，侦办案件强制措施的形式、期限、取得证据的方式方法与普通刑事案件也有着明显的差别，以往侦查机关提供办案说明、到案经过等材料结合立案决定书、讯问笔录判断认定自首情节的办案方法已经不适应新形势下职务犯罪审查起诉和审判工作的需要。监察委员会调查阶段的自述材料在认定被告人自首情节时，需要客观、全面地反映整个阶段的供述。

本案中一审法院审理期间，认定被告人陈某某系主动到案，在接受调查期间如实供述了贪污、受贿的罪行，具有自首情节。抗诉

期间，检察机关充分发挥自行补充侦查权，通过调查核实被告人陈某某在留置期间的所有自述材料和相关证据，形成了是否具备自首情节的抗诉意见。将被告人在留置期间的自述呈现在法庭，从而使二审法院支持了其抗诉意见。

(二) 检察机关补充侦查权的作用

检察机关充分发挥办案主导作用积极开展补充侦查，全面了解核实被告人陈某某到案及供述罪行的过程及相关事实，调取被告人的全部自述材料，将之作为支持抗诉的重要证据提交法庭，使得抗诉意见获得法院采纳，充分说明了在抗诉案件审查过程中，对于一审争议事实、争议焦点积极开展自行补充侦查获得全新办案视角对于纠正法院错误判决具有积极的作用，突破案件争议焦点最为有效的途径是通过积极的自行补充侦查工作获取新的有利证据。

郑某甲、郑某乙等人组织、领导、参加黑社会性质组织、故意伤害等犯罪案[*]

一、基本案情和诉讼经过

2007年3月10日21时许,被告人郑某乙(15岁)因不满杜某某在网上骂其一事,纠集B市某中学高三学生被告人金某、刘某、武某、柏某(17岁)、陶某甲、陶某乙、贾某某及娄某(16岁)等人,至B区"某某酒吧"杜某某、高某某(16岁)、张某等人所在包厢内,持啤酒瓶等物对杜某某、高某某进行殴打,致高某某头部受伤。郑某甲(郑某乙之父)在得知高某某系郑某乙纠集他人殴打致伤后,积极联系其他被告人家属,组织各家属出钱垫付相关治疗费用。

在公安机关调查此事期间,郑某甲代表其余被告人家属出面花钱摆事,给被害人高某某家属赔付5.5万元,与被害人家属达成所谓"谅解协议",导致该案被长期搁置达12年之久,各被告人均长期逍遥法外。经法医鉴定,高某某外伤致左额硬膜外血肿,损伤程度评定为重伤二级;头皮血肿,头皮裂伤,左手背部软组织多处裂伤,损伤程度评定为轻微伤。此后,郑某甲因帮助所有参与犯罪人员逃避法律追究,在参与犯罪人员心中形成"大哥"形象,郑某甲借此机会,通过郑某乙介绍,召集、组织金某及金某同学张某、史某某等多人围绕在其身边,让金某等人跟随其开设赌场,从事放哨、抽头等赌场服务工作。郑某甲通过开设赌场攫取非法利益后,又以经济利益为诱饵,向参加人员发工资,金某、张某等人遂依赖郑某

---

* 董喜善,甘肃省白银市白银区人民检察院。

郑某甲、郑某乙等人组织、领导、参加黑社会性质组织、故意伤害等犯罪案

甲以供其驱使为生。同时,郑某乙向参加人员提供毒品及场所供部分参加人员吸食毒品。2007年至2018年十余年间,金某等人围绕在郑某甲、郑某乙身边,长期开设赌场,并多次实施故意伤害、寻衅滋事、非法拘禁等违法犯罪活动。

郑某甲等人犯罪团伙由B市公安局B分局于2019年4月20日立为黑社会性质组织犯罪,后通过征集线索陆续以涉嫌故意伤害、寻衅滋事、开设赌场、组织、领导、参加黑社会性质组织等罪将郑某甲等人抓获,侦查终结后以郑某甲等人组织、领导、参加黑社会性质组织、故意伤害、开设赌场等8个罪名移送B区人民检察院审查起诉。经公开开庭审理,B区人民法院于2019年12月4日依法作出判决,郑某甲获刑22年,郑某乙获刑20年,金某、张某等人分获18年至4年不等刑期。

二、检察机关监督情况

在B市公安局B分局侦查办理郑某甲、金某等人涉嫌寻衅滋事一案时,B区人民检察院发现郑某乙、金某等人还实施了殴打强某某的行为,该起犯罪事实在B地区造成了极其恶劣的社会影响,而公安机关却未对该案立案侦查。B区人民检察院于2019年1月24日,对该犯罪组织实施的无故殴打强某某一案依法立案监督,制发了《要求说明不立案理由通知书》,B市公安局B分局接到通知后,立即对案件进行立案侦查。但因该案的发生时间为2010年,距离侦查年代久远,案件的调查取证异常艰难,B区人民检察院通过院领导亲自参与、连续不间断多次与公安机关专案组办案人员沟通联系,提前介入引导公安机关侦查。经过近3个月的连续不间断提前介入,B市公安局B分局办理案件取得了重大进展。2019年4月30日,该分局根据已调取的证据将郑某甲等人犯罪团伙立为组织、领导、参加黑社会性质组织犯罪一案进行侦查。侦查机关将案件移送审查起诉后,B区人民检察院于2019年9月27日,对郑某甲等人以组织、领导、参加黑社会性质组织罪、故意伤害罪、开设赌场罪、容留他人吸毒罪等8个罪名27起犯罪事实提起公诉。

案件办理期间,B区人民检察院对案件中反映出的涉毒品犯罪、

涉赌博犯罪等社会问题，也依法制发了社会综合管理类检察建议，并送达B市公安局B分局。接收单位B市公安局B分局对检察建议中提出的对茶楼等娱乐场所加强监管、与街道、社区加强沟通及时掌握吸毒人员活动轨迹、联合社区防治毒品犯罪蔓延的问题等内容均予以采纳并及时进行了整治。B分局接到检察建议后，对辖区内茶楼等娱乐场所进行了进一步的检查，对相关娱乐场所负责人进行了警示教育；并与街道、社区等各级政府和相关职能部门全面加强沟通联系，协调相关部门及时给予吸毒人员回归社会后的帮教，隔绝毒品环境，扩大和巩固戒毒成果，加强禁毒宣传，各部门联合共同防治毒品犯罪，增强人民群众对毒品的防御力。

三、指导意义

郑某甲、郑某乙组织、领导、参加黑社会性质组织罪在认定的过程中给办案人员带来了一定的困扰，即对黑社会性质组织犯罪成立的标志性事件存在如何认定的问题。一种意见认为可以将高某某被殴打案认定为该郑某甲犯罪组织成立的标志性事件；另一种意见认为郑某乙故意伤害高某某时仅15周岁，黑社会性质组织领导者未达刑事责任年龄无法认定为犯罪，如果以此认定为该犯罪组织的成立时间，存在对黑恶犯罪认定拔高处理的问题，也不符合未成年人犯罪处理的刑事政策。最终，B区人民检察院以高某某被殴打案认定为黑社会性质组织成立的标志性事件。理由如下：

第一，该起犯罪案件的发生使郑某甲召集了多名骨干成员围绕在其身边。2007年3月10日，高某某在B区"某某酒吧"被郑某乙、金某纠集多人殴打致重伤，这本是一起恶性刑事案件，但郑某乙之父郑某甲为了使郑某乙逃避法律惩罚，强势介入成功摆事，将恶性刑事案件"和解私了"。郑某甲组织其他犯罪嫌疑人家属垫付赔偿款时，了解到金某等人在校读书期间，经常聚集惹是生非，且家庭情况特殊，无经济来源，无家人管束。同时，因郑某甲在该案案发前长期从事赌博活动，随着其赌场规模的扩大，急需培养多名放哨、催收赌场债务的工作人员。郑某甲便借此机会，为金某等人垫付故意伤害赔偿资金，招揽金某等人围绕在其身边，为其服务。随

郑某甲、郑某乙等人组织、领导、参加黑社会性质组织、故意伤害等犯罪案

着该起犯罪案件被郑某甲强势摆事成功，郑某甲在金某等中学生心中形成经济实力强、社会背景深的"大哥"形象。金某等人遂在此后的十年间，紧密跟随郑某甲多次作案，长期为非作恶、称霸一方。

第二，认定高某某被故意伤害案为黑社会性质组织犯罪成立的标志性事件，并非认定郑某乙为黑社会性质犯罪的组织者。高某某被故意伤害案发生时郑某乙为 15 周岁，依法对故意伤害致人重伤承担刑事责任，未被认定构成组织黑社会犯罪组织罪。组织、领导、参加黑社会性质组织罪是选择性罪名，郑某乙在 2007 年尚不具有组织黑社会性质组织的能力，但其父郑某甲以郑某乙为其纽带，通过郑某乙介绍，认识了郑某乙同学金某、张某、史某某等后来发展为黑社会性质组织成员的人员，郑某甲才是黑社会性质组织犯罪的组织者。郑某乙在 2007 年时，其无组织、领导黑社会性质组织犯罪的行为，故该认定并不能认定未达刑事责任年龄的郑某乙为黑社会性质组织犯罪的组织者。郑某甲通过插手该案，导致案件搁置，后组织召集人员，并通过其在高某某被故意伤害案中的影响力笼络金某等人围绕在其身边，形成组织关系。具体表现为：刚刚年满 18 周岁的在校学生金某等人得到郑某甲的帮助后，对郑某甲产生感恩、依赖心理，随后跟随郑某甲通过赌场放哨、抽头、索要高利贷等为生。

第三，该组织成立的认定符合黑社会性质组织对标志性事件的认定标准。根据最高人民法院、最高人民检察院、公安部、司法部《关于办理黑恶势力犯罪案件若干问题的指导意见》第 6 条的规定，黑社会性质组织的形成时间可以按照成立仪式或举行类似活动的时间、足以反映其初步形成非法影响的标志性事件的发生时间、首次共同实施该组织犯罪活动的时间三种方式依次认定。以郑某甲为首的黑社会性质组织没有举行成立仪式或类似活动，其形成时间，应以郑某乙、金某等人恶意实施，之后被郑某甲成功私了的高某某被故意伤害案的案发时间认定。将高某某被故意伤害案认定为黑社会性质组织犯罪成立的标志性事件，不仅仅是单纯的对该起案件的认定，而是根据该案的发生以及该案最终被强势摆事的处理结果来认定的。郑某甲在该案发生后，威胁被害人家属，且借机招揽在校学

生为其服务的行为，使得该组织具备了组织性特征。因此，B区人民检察院将该案的发生认定为黑社会性质组织成立的标志性事件。

  刑事案件的办理遵循罪刑法定原则是刑事司法最重要的原则，即使部分被告人在犯罪时系未成年人或未成年在校学生。但因该起涉黑犯罪案件的发展壮大源自一起未成年人在校学生间普通的斗殴事件，这给办案人员带来更多思考的是，涉未成年人犯罪案件的办理需要投入更多精力对未成年人心理健康和发展予以引导。该案最初发生时，仅是一起斗殴案件，此后的十年间，部分参与人员发展成为涉黑犯罪成员，最高获刑20年，最低获刑6年。通过这起案件的办理，笔者发现，2007年参与斗殴案件的9名在校学生，最终走上了两条不同的道路。郑某乙、金某、刘某、贾某等来自单亲等特殊家庭的参与人，在案发后未得到及时的引导和帮助，最终都走向了犯罪道路。其中，郑某乙成为黑社会性质组织的领导者，获刑20年；金某成为黑社会性质组织犯罪的骨干成员，获刑18年；刘某、贾某跟随郑某乙等人多次实施违法犯罪活动，分别获刑4年、7年。而陶某甲、陶某乙、武某、柏某等人在家庭及学校的正确引导下，回归社会，多年无任何违法犯罪记录，陶某甲甚至成长为B市一家科技公司的企业主。该案的办理让办案人员越发意识到未成年人检察工作的重要性。我们都熟知刑事司法的目的，即"惩前毖后，治病救人"，这对于未成年人刑事司法而言，则更加重要。未成年人，尤其是处于青春期的未成年人，具有处于成长阶段，心理、生理尚未成熟的特点，他们追求独立的个性，但又是非模糊，极容易被周围的环境所影响。这一阶段的未成年人可塑性非常大，处于一个需要塑造、教育、保护的时期，因此需要家庭、学校、社会给予其正确的引导。对该类案件的办理，需要家庭、学校、社会给予涉罪未成年人更多的帮助，及时纠正其不正确的世界观、人生观和价值观，帮助他们走上正确的道路，多一点心理干预和心理疏导，也许就能改变他们的人生。

马某某以危险方法危害公共安全案

——精神病人持械殴打公交车驾驶员的认定*

一、基本案情

2015年1月26日16时25分许,被告人马某某在A市B区公交车站乘坐公交车。公交车行驶至人员、车辆密集路段,被告人马某某持随身携带的铁球、菜刀砸砍正在驾车的司机刘某某,致使刘某某头部受伤,刘某某对车辆采取紧急制动措施后离开驾驶室,被告人马某某随后下车追赶,造成车上17名乘客滞留,严重危害了公共安全。侦查及审查起诉阶段,经司法精神病鉴定所鉴定,被告人马某某作案时及鉴定时患有偏执性精神障碍,辨认能力存在,控制能力下降,有限制刑事责任能力。法院审理阶段,因被告人马某某精神状态极不稳定,导致两次庭审活动无法进行。法院依法委托L市人民医院司法精神病鉴定所鉴定,被告人马某某患有精神分裂症、作案时处于发病期,评定为无刑事责任能力、无受审能力。

二、关键问题

(1)乘客在载有17名乘客的公交车行驶至人员、车辆密集路段时持械殴打驾驶员危害公共安全的认定。

(2)正在驾驶公共交通工具的驾驶人员遭到侵害时,为避免公共交通工具倾覆或者人员伤亡等危害后果发生,采取紧急制动或者躲避是否认定为紧急避险。

(3)被告人因患有精神疾病,刑事责任能力发生变化是否启动、

---

* 陶朝华,甘肃省白银市白银区人民检察院。

如何启动强制医疗程序。

三、分歧意见

对马某某的行为构成以危险方法危害公共安全罪没有异议，但对马某某行为造成的危害后果、公交车驾驶员刘某某采取制动措施并下车躲避是否构成紧急避险和对马某某采取强制医疗措施是否恰当，形成以下分歧意见：

关于马某某行为造成的危害后果：第一种意见认为，马某某的行为危害了公共安全，但尚未造成严重后果。第二种意见认为，马某某的行为虽未造成人员伤亡、财产损失等严重后果，但在人员、车辆密集的路段，车上有17名乘客的情况下持械殴打公交车驾驶员，应当从重处罚。

关于公交车驾驶员刘某某是否构成紧急避险：第一种意见认为，刘某某采取制动措施并下车逃离是为了自身不受到伤害，没有造成其他利益受损，不构成紧急避险。第二种意见认为，刘某某采取紧急制动和躲避措施，虽然导致公共交通工具暂时停运，但避免了公共交通工具、设施和乘客人身遭受损害，应当认定为紧急避险。

关于强制医疗程序的启动：第一种意见认为，马某某的首次精神病鉴定时间更接近作案时间和实际情况，应认定其为限制刑事责任能力人，不应当启动强制医疗程序。第二种意见认为，马某某精神状况在审判阶段发生变化，依法应当启动强制医疗程序。

四、评析意见

对于上述三个问题，笔者均赞同第二种观点。原因如下：

（一）马某某的行为具有危害不特定多数人生命和财产安全的紧迫性和现实危险性

以危险方法危害公共安全罪保护的法益是不特定人或多数人的生命健康和重大财产安全，目的是将生命健康、财产权益等个人法益抽象为社会利益并作为保护对象，旨在突出对社会化个人利益的总体保护。马某某持铁球、菜刀殴打正在驾驶公共交通工具的刘某某头部，其所持凶器和打击驾驶员身体部位（头部）的危险性，均可能导致驾驶员驾驶公共交通工具的方向产生偏离、失控甚至倾覆，车上乘坐的 17 名乘客极易因此在车辆行驶过程中产生骚乱和恐慌，进一步引发次生伤害。因此，马某某的行为可能侵犯的对象和可能造成的损害结果均无法确定，其对产生的后果既无法预料也无法进行实际控制，危险和侵害后果随时可能扩大和增加，具备危害公共安全犯罪危害对象"不特定"的条件。马某某实行殴打驾驶员行为时的外部环境为人员、车辆密集的闹市区，内部环境为正在行驶且封闭的公共交通工具，其行为如果导致车辆失控，可能危害车上乘坐的多数人的生命、身体安全，也可能危及周边不特定人员、车辆、公共设施的安全，也不符合人民群众对公众生活平稳、安宁的需求，因此侵害了危害公共安全犯罪对"多数人生命健康和财产安全"的法益保护。因驾驶员刘某某对公共交通工具采取制动措施并下车逃离，侵害后果没有进一步扩大，但其危险行为使危害后果发生的可能性大大增加。以危险方法危害公共安全罪系危险犯罪，行为人应受的处罚应与危险发生的概率成正比，因此应当对马某某从重处罚。本案虽发生在 2015 年，但对于是否从重处罚的认定，与最高人民法院、最高人民检察院、公安部《关于依法惩治妨害公共交通工具安全驾驶违法犯罪行为的指导意见》基本一致。

（二）驾驶员刘某某的行为应当认定为紧急避险

根据我国《刑法》第 21 条第 1 款的规定，为了使国家、公共利益、本人或者他人的人身和其他权利免受正在发生的危险，不得已牺牲其他较小或同等法益的行为称为紧急避险。紧急避险行为虽然造成了某种法益的损害，但避免了现实危险的发生，保护了较大或者同等的法益。紧急避险通常具有以下特点，即某一法益处于客观存在的危险威胁或可能遭受具体损害的危险之中；危险须正在发生；为保护当前法益不受损而不得不损害另一法益；避险人具有国家、公共利益、本人或他人人身、财产及其他权利面临危险须以损害其他利益的方式进行保护的意识；避险行为没有超过必要限度。本案中的公交车驾驶员刘某某拉载 17 名乘客将车辆驾驶至人员、车辆密集的路段时，在遭受来自马某某用菜刀和铁球对其头部砍、砸的情况下，及时对公共交通工具采取制动措施并下车逃离，将马某某的注意力和可能造成的危险转移到自身和公交车外,以公共交通工具的暂时停运和乘客的暂时滞留这一较小利益换取了本人、他人人身、财产安全免受损害这一较大利益,应当认定为紧急避险。

(三)法院有权对马某某强制医疗

强制医疗程序的启动方式有两种,一种是人民检察院对于符合强制医疗条件的案件向人民法院提出申请,另一种是人民法院在审理过程中依职权启动强制医疗程序。通常情况下,被告人的精神状态和刑事责任能力在案件起诉前已有明确认定,因此强制医疗程序的启动以检察机关向法院提出申请为主。本案被告人马某某的精神状态和刑事责任能力在侦查及审查起诉阶段符合继续进行诉讼的条件,但在审判阶段因其病情进一步恶化,其精神状态的不可控性导致两次庭审均无法正常进行。根据2012年最高人民法院《关于适用〈中华人民共和国刑事诉讼法〉的解释》第532条、第533条的规定,人民法院有权启动强制医疗程序,但须以对被告人进行司法精神病鉴定为前置条件。本案中,人民法院发现被告人马某某不具有受审能力时,依职权委托司法精神病鉴定机构对马某某的精神状况和刑事责任能力进行重新认定,是在案件实际情况发生变化的情况下对第一次精神病鉴定意见的合理否定。因此,法院在认定马某某系不负刑事责任的精神病人的情况下,依法作出强制医疗的决定并判决马某某不负刑事责任符合法定程序和案件实际。

五、处理结果

A市B区人民法院以马某某无刑事责任能力、无受审能力为由依法对其强制医疗,并判决认定马某某的行为危害了公共安全,因无刑事责任能力不负刑事责任。

路某某危险驾驶案
——关于醉驾案件中重新鉴定的问题*

一、案件基本情况

2018年11月16日19时50分许,犯罪嫌疑人路某某醉酒后驾驶小型轿车与钱某某驾驶的小型轿车发生碰撞,造成两车损坏的交通事故。经J县公安局交警大队道路交通事故认定书认定,路某某负事故的全部责任,当事人钱某某无责任。经呼气式酒精检测,路某某的酒精含量为132毫克/100毫升,涉嫌危险驾驶,遂对其提取血样。2018年11月17日,J县公安局委托G省W区司法鉴定所对路某某血液中的酒精含量进行鉴定。2018年11月19日,G省W区司法鉴定所鉴定送检的血样中的酒精含量为77.56毫克/100毫升。J县公安局认为路某某呼气式酒精检测结果与第一次血检结果相差较大,根据B市公安局《全市公安机关办理饮酒、醉酒驾驶机动车案件工作规范(试行)》关于"血样送检及鉴定"的规定:对于现场呼气式酒精测试酒精含量≥80毫克/100毫升,而初次血检结果≤80毫克/100毫升的,县级公安机关依据2012年《公安机关办理刑事案件程序规定》第246条第1款第6项"其他应当重新鉴定的情形"委托市公安局刑科所重新检验鉴定。2019年11月20日,委托B市公安司法鉴定中心重新鉴定其血液中的酒精含量,当日该鉴定中心鉴定,路某某血液中的酒精含量为224.1毫克/100毫升。

二、诉讼过程

本案由J县公安局侦查终结,于2019年1月15日移送J县人民

---

* 杨佑焕,甘肃省白银市景泰县人民检察院。

检察院审查起诉。审查起诉期间，分别于 2019 年 1 月 24 日、2019 年 2 月 27 日退回补充侦查。经两次退查后，该院认为本案事实不清、证据不足，于 2019 年 3 月 27 日对犯罪嫌疑人路某某作存疑不起诉。2019 年 4 月 8 日，J 县公安局提出复议。

三、案件争议的问题

本案的分歧在于犯罪嫌疑人路某某现场所测的酒精含量为 132 毫克/100 毫升，涉嫌犯罪，但第一次鉴定意见认定的其血液中的酒精含量低于 80 毫克/100 毫升的入罪标准，在此情形下，公安机关是否可以进行重新鉴定。为此，J 县公安局提供了 B 市公安局印发的《全市公安机关办理饮酒、醉酒驾驶机动车案件工作规范（试行）》，该工作规范规定此情形属于 2012 年《公安机关办理刑事案件程序规定》第 246 条第 1 款第 6 项"其他应当重新鉴定的情形"。据此，J 县公安局委托重新鉴定。而 J 县人民检察院在审查起诉时认为，重新鉴定没有法定事由，依据不充分，故对犯罪嫌疑人作存疑不起诉。

四、意见分析

笔者对该案审查后认为，J 县公安局重新鉴定的依据不能成立，理由如下：①B 市公安机关的规定系其针对公安机关的办案工作所作的内部规定，不具有普遍的法律效力；②其工作规范对 2012 年《公安机关办理刑事案件程序规定》第 246 条第 1 款第 6 项"其他应当重新鉴定的情形"的细化或明确，是否正确值得商榷。根据 2018 年《公安机关办理行政案件程序规定》第 97 条第 6 款的规定，对于鉴定意见，公安机关认为必要时，也可以直接决定重新鉴定。而《公安机关办理刑事案件程序规定》并未写入此款。如果公安机关可以主动发起重新鉴定，可以直接写入规定，但此处却并未提及。另外，笔者参阅了其他各地关于血样中酒精含量重新鉴定的规定，发现其都只规定了因申请启动重新鉴定的情形，未规定公安机关主动发起重新鉴定的情形。即使因申请，也只规定了鉴定机构或鉴定人不具备鉴定资格、鉴定样本错误、鉴定程序严重违法等有限情形，这与公安部的规定相一致。B 市公检法联席会议纪要也从此方面对申请重新鉴定符合的条件予以明确。③因血液本身的生物特性，提取量、盛装容器、是否封装、存储时长等因素都会影响鉴定结果的精准度，故而原则上对血样中的酒精含量不作重新鉴定。

五、案件处理结果

复议期间，J县公安局提供了G省W区司法鉴定所关于血样中的酒精含量鉴定结果有误的情况说明。对初次鉴定意见数据偏低作出说明，数据有误系操作人员没有使用新的模板，业务不熟练所致。笔者认为该份证据可以证实初次鉴定意见违反了相关专业技术要求，属于《公安机关办理刑事案件程序规定》第246条第1款第1项的规定，经县级以上公安机关负责人批准，应当重新鉴定。故本案应属发现新证据，重新移送审查起诉，对复议案件应维持原不起诉决定。但在重新移送审查起诉时，应提供证据证实备份血样的保存环境、送检过程是否合法。

本案从审查起诉到复议，虽分歧观点在于是否可以重新鉴定，但造成分歧的源头系鉴定机构工作不规范，危险驾驶类案件中鉴定意见作为定案的关键性证据，对案件的结果起到至关重要的作用，鉴定机构作为独立的第三方，应以合法、规范、专业的鉴定结论来保障案件处理结果的公平、公正。故而对鉴定机构的规范、监督需进一步加强。同时，对于是否可以由公安机关发起重新鉴定，什么情况下可以重新进行鉴定，应在法律规定上予以明确。

赵某某非法占用农用地行政非诉执行案[1]

一、基本案情

H县G镇F村F社村民赵某某非法采砂破坏位于G镇F村F社基本农田18 000.9平方米（折27亩），H县自然资源局于2018年10月8日作出行政处罚决定书，对当事人赵某某违法破坏18 000.9平方米基本农田的行为，处以每平方米10元罚款，合计180 009元，并于当日送达赵某某。赵某某在法定期限内既没有申请复议和提起行政诉讼，也没有自觉履行行政处罚决定的内容。H县自然资源局于2019年5月30日作出自然资源履行行政处罚决定催告书，同日送达赵某某，限10日内履行，赵某某仍未履行。H县自然资源局于2019年7月1日向H县人民法院申请强制执行国土行政处罚决定书。H县人民法院于2019年7月18日作出行政裁定书，裁定对申请执行人H县自然资源局申请强制执行的国土行政处罚决定书准予执行。H县自然资源局收到行政裁定书后，被口头告知，须持有准予执行的裁定书及相关申请材料，重新向法院申请强制执行。

二、关键问题

人民法院已经裁定准予强制执行的行政非诉执行案件应由审判庭移送执行部门执行，还是行政机关自行申请执行？

三、分歧意见

H县人民法院认为，依据2008年最高人民法院《关于人民法院执行工作若干问题的规定（试行）》（以下简称《执行工作规定》）第19条"生效法律文书的执行，一般应当由当事人依法提出申请。

---

[1] 王素，甘肃省白银市会宁县人民检察院。

发生法律效力的具有给付赡养费、扶养费、抚育费内容的法律文书、民事制裁决定书，以及刑事附带民事判决、裁定、调解书，由审判庭移送执行机构执行"的规定，H县自然资源局申请强制执行的国土行政处罚决定书不属于由审判庭移送执行机构执行的情形。

H县自然资源局认为H县人民法院要求其自行申请执行，没有法律依据，而且法院审判庭内部移送执行更高效，更节省司法资源。

四、评析意见

笔者认为，根据最高人民法院《关于适用〈中华人民共和国行政诉讼法〉的解释》第160条第1款"人民法院受理行政机关申请执行其行政行为的案件后，应当在七日内由行政审判庭对行政行为的合法性进行审查，并作出是否准予执行的裁定"，最高人民法院《关于执行权合理配置和科学运行的若干意见》（以下简称《执行权若干意见》）第13条"行政非诉案件、行政诉讼案件的执行申请，由立案机构登记后转行政审判机构进行合法性审查；裁定准予强制执行的，再由立案机构办理执行立案登记后移交执行局执行"等规定，非诉执行案件裁定准予执行的，由法院行政审判庭移送立案机构办理执行立案登记后移交执行局执行，不应由申请人再次申请强制执行。本案申请人H县自然资源局已按照最高人民法院《关于适用〈中华人民共和国行政诉讼法〉的解释》第155条"行政机关根据行政诉讼法第九十七条的规定申请执行其行政行为，应当具备以下条件：（一）行政行为依法可以由人民法院执行；（二）行政行为已经生效并具有可执行内容；（三）申请人是作出该行政行为的行政机关或者法律、法规、规章授权的组织；（四）被申请人是该行政行为所确定的义务人；（五）被申请人在行政行为确定的期限内或者行政机关催告期限内未履行义务；（六）申请人在法定期限内提出申请；（七）被申请执行的行政案件属于受理执行申请的人民法院管辖。行政机关申请人民法院执行，应当提交行政强制法第五十五条规定的相关材料。人民法院对符合条件的申请，应当在五日内立案受理，并通知申请人；对不符合条件的申请，应当裁定不予受理。行政机关对不予受理裁定有异议，在十五日内向上一级人民法院申请复议的，上一级人民法院应当在收到复议申请之日起十五日内作出裁定"和《行政强制法》第55条"行政机关向人民法院申请强制执行，应当提供下列材料：（一）强制执行申请书；（二）行政决定书及作出决定的事实、理由和依据；（三）当事人的意见及行政机关催告情况；（四）申请强制执行标的情况；（五）法律、行政法规规定的其他材料。强制执行申请书应当由行政机关负责人签名，加盖行政机关的印章，并注明日期"的规定，向H县人民法院提交相关的材料，且H县人民法院已作出行政裁定书，裁定对申请人H县自然资源局申请强制执行的国土行政处罚决定书准予执行。裁定书送达后立即执行。H县人民法院应当受理立案执行，且依法告知申请人。

《执行工作规定》与《执行权若干意见》都属于司法解释，都是对人民法院执行工作的专门规定、专门解释，虽然《执行工作规定》没有对行政非诉强制执行进行明确规定，但是《执行权若干意见》进行了明确，互相之间并不冲突，都应该遵照执行，不能以此为由要求行政机关二次申请。

五、处理结果

2019年9月，H县人民检察院向H县人民法院发出检察建议。H县人民法院回复称《执行工作规定》没有规定行政处罚决定书属于审判庭移送执行部门执行的类型，不予采纳检察建议内容。H县人民检察院跟进监督，向B市人民检察院上报相关情况。

2020年8月，B市人民检察院根据调查情况，向B市中级人民法院发出类案检察监督建议，建议B市中级人民法院向管辖基层法院发出通知，明确要求基层法院在行政非诉执行工作中严格按照《执行权若干意见》第13条的规定，规范行政非诉执行案件执行程序。2020年9月，B市中级人民法院向各县区人民法院下发《关于认真落实检察建议，加强非诉执行案件办理的通知》，要求严格依照《执行权若干意见》第13条的规定办理非诉执行案件，并要求H县人民法院按照检察建议内容依法进行了整改。

滕某某、李某某、张某甲、张某乙盗窃案
——动力公司职工偷换居民小区上水水表表芯、调高用水方量的行为如何定性*

一、案件事实

2018年12月25日凌晨0时许，犯罪嫌疑人滕某某为达到让B市B区Q小区二期物业办多交纳水费以完成B市动力公司任务指标的目的，获得每月的提成工资，指使犯罪嫌疑人李某某伙同张某甲、张某乙驾驶一辆白色皮卡车窜至B市B区Q小区东门北侧上水井周围下车后，用事先准备好的作案工具扳手、钳子等将井盖打开后下至井内，将Q小区二期上下水井内流量为2394立方米的一个总水表（经L市水表鉴定有限公司鉴定该水表精度合格）拆卸后偷换为流量为8501立方米的总水表，虚增用水量6107立方米，经核算虚增用水量水费为19 237.05元。

二、诉讼经过

本案由B区Q小区二期物业工作人员李某于2018年12月25日报案至B市公安局B分局，报称发现动力公司员工偷换Q小区水表，并将李某某、张某甲、张某乙扭送至B市公安局B分局，B分局经审查于当日立案侦查。并于同日将滕某某传唤到案，滕某某、李某某、张某甲、张某乙到案后对偷换水表的事实供认不讳。2019年4月16日，B分局以滕某某、李某某等人涉嫌诈骗罪向区检察院移送审查起诉。区检察院审查后，经检委会讨论，以滕某某不构成犯罪

---

* 于宏发，甘肃省白银市白银区人民检察院；王茹，甘肃省白银市白银区人民检察院。

作不起诉处理,以李某某、张某甲、张某乙构成盗窃罪,但情节轻微作相对不起诉处理。B市公安局B分局认为滕某某的行为涉嫌犯罪,于同年6月14日向区检察院提请复议,区检察院维持原决定后,B分局又向B市检察院提请复核。经复核,B市检察院认为滕某某构成盗窃犯罪,指示区检察院改正。根据B市检察院指示,区检察院于同年8月8日对滕某某作出相对不起诉决定,承办人向滕某某宣布不起诉决定书后,滕某某表示不要求申诉。

三、争议焦点

涉案4名犯罪嫌疑人使用更换水表表芯、调高水表数据的方式虚增用水量的行为如何定性?未实际收取水费即被抓获属于什么犯罪形态?

(一)关于案件定性争议

第一种观点认为,本案4名犯罪嫌疑人以偷换水表表芯的方式虚增居民小区实际用水量,如果行为人没有当场被抓获,则小区物业将会按照水表显示的虚假用水量自愿支付水费,其行为符合虚构事实、隐瞒真相使被害人陷入错误认识,从而自愿交付财物的规定,应当认定为诈骗罪。

第二种观点认为,本案4名犯罪嫌疑人偷偷更换水表表芯、虚增用水量的行为只是为多收水费创造条件,其更换表芯的真实目的还是要多收水费,即以平和且秘密的方式非法获取他人财物,故其行为符合秘密窃取的规定,应当认定为盗窃罪。

第三种观点认为,动力公司作为供水单位,与居民小区之间是民事合同关系,4名犯罪嫌疑人作为动力公司员工以更换居民小区水表表芯、调整水表方量的方式多收水费,其行为符合以非法占有为目的,在签订、履行合同过程中,骗取对方当事人财物的规定,应当认定为合同诈骗罪。根据2010年5月7日最高人民检察院、公安部《关于公安机关管辖的刑事案件立案追诉标准的规定(二)》第77条"以非法占有为目的,在签订、履行合同过程中,骗取对方当事人财物,数额在二万元以上的,应予立案追诉"的规定,本案中虚增用水量6107立方米,水费为19 237.05元,数额未达到2万元以上立案标准,故4名犯罪嫌疑人的行为不构成犯罪。

笔者同意第二种观点,认为涉案4名犯罪嫌疑人的行为构成盗窃罪,原因如下:

根据《刑法》第264条,盗窃罪是指以非法占有为目的,秘密窃取他人占有的数额较大的财物,或者多次盗窃、入户盗窃、携带凶器盗窃、扒窃的行为。根据《刑法》第266条的规定,诈骗罪是指以非法占有为目的,使用欺骗方法,骗取数额较大的公私财物的行为。

第一,虽然诈骗罪和盗窃罪都是以非法占有为目的的犯罪,但两罪的主要区别在行为特征上。诈骗是指行为人使用虚构事实或者隐瞒真相的欺诈方法,使财物的所有者、保管者或者经手者产生认识错误,从而"自愿"将财物交于行为人。盗窃是指行为人采取自认为不为财物的所有者、保管者或者经手者发觉的方法,秘密将财物取走。对既采用秘密窃取手段又采用欺骗手段非法占有财物行为的定性,应从行为人采取主要手段和被害人有无处分财物意识方面区分诈骗和盗窃。如果行为人获取财物时起决定作用的手段是秘密窃取,诈骗行为只是为盗窃创造条件或作掩护,被害人也没有"自愿"交付财物,就应当认定为盗窃;如果行为人获取财物时起决定作用的手段是诈骗,被害人基于错误认识而"自愿"交付财物,盗窃行为只是手段行为的,就应当认定为诈骗。

第二,两罪的区别还在于被害人是否基于认识错误而处分财物。盗窃罪违背被害人的意志,将被害人占有的财物转移至自己或者第三人占有;诈骗罪是以欺骗手段使行为人产生错误认识,自愿交付财物,如果不存在被害人处分财产的事实,则不构成诈骗罪。

本案表现形式是虚增用水量,采用的方式是秘密更换表芯、调大数据来实现其犯罪目的,但受害人根本不知情,并不是采取虚构事实、隐瞒真相的方式,使被害人产生错误认识,从而自愿给付财物的行为,因此本案应认定为盗窃犯罪。

根据最高人民检察院《关于单位有关人员组织实施盗窃行为如何适用法律问题的批复》,单位有关人员为谋取单位利益组织实施盗窃行为，情节严重的，应当依照 2001 年第二次修正的《刑法》第 264 条的规定以盗窃罪追究直接责任人员的刑事责任。本案系 4 名犯罪嫌疑人采取秘密的方式，偷偷更换被害单位 Q 小区的上水水表的表芯，将该小区的实际用水量由原来的 2394 立方米，变换成 8501 立方米，给该小区虚增用水量 6107 立方米，价值 19 237.05 元，属于盗窃数额较大，应当以盗窃罪追究其刑事责任。

（二）本案犯罪形态分析

第一种观点认为本案属于犯罪未遂。侵财类犯罪的目的是占有他人的财物，本案中虽然行为人实施了更换表芯、调大数据的行为，但是随即被被害单位的工作人员发现，未造成被害单位任何损失，属于因行为人意志以外的原因未得逞，故应认定为犯罪未遂。

第二种观点认为本案属于犯罪预备。犯罪预备，是指为实施犯罪准备工具、制造条件。盗窃犯罪既是数额犯，也是结果犯。本案行为人虽然实施了更换水表、调高用水量的行为，但其仍需要被害单位的"配合"才能实现获取虚增的水费的目的，但犯罪嫌疑人更换完水表随即被当场抓获，案件尚未发展到下一环节就已结束，即犯罪行为还未进入实行阶段，故应当认定为犯罪预备。

笔者同意第二种观点，认为本案属于犯罪预备，原因如下：

犯罪未遂与犯罪预备都属于犯罪的未完成形态，即都没有既遂，二者都是由于意志以外的原因没有既遂。区别的标志是是否"着手"实行行为。预备是进行了犯罪准备，但是由于意志以外的原因而没有能够"着手"；而未遂是已经"着手"实行犯罪，由于意志以外的原因而没有既遂。所谓"着手"，是指行为人的行为是否具有法益侵犯的紧迫的现实危险性。

盗窃犯罪行为人的目的是非法获取他人财物，即只有当被害人的合法财物有被行为人非法占有的现实的紧迫危险时才是犯罪着手。本案中，无论水表显示的是小区居民实际用水量还是被偷换表芯后调高的用水量，其只是一个客观存在的"数字"，并不会导致被害单位实际的财产损失，只有当被害单位 Q 小区二期物业公司按照虚高的用水量向动力公司交纳水费时，才有实际遭受财产损失的现实紧迫危险。即本案中，产生法益侵犯的现实的紧迫危险的"时间点"是被害单位按照调整后的水表方量向动力公司支付水费的时候。但是本案中犯罪嫌疑人更换完水表就被被害单位工作人员当场抓获，行为人尚未着手就已经结束，因此偷换水表、调高用水方量的行为只是预备行为。

四、指导意义

本案犯罪嫌疑人滕某某等人作为国有市政企业工作人员，为个人私利，以更换居民小区水表表芯、调整用水方量的方式实施盗窃行为，作案手段隐蔽、恶劣，不抓获现行的情况下难以发现犯罪行为，在人民群众中造成极其恶劣的影响，严重破坏市政企业信誉，破坏国家倡导的诚实信用原则，社会危害性大，情节严重。故对滕某某等人的行为作有罪评价，有利于增强司法公信力，提高群众对国家机关、市政企业的信任度，同时也是预防犯罪的重要举措。

宋某某、张某某盗伐林木案，李某某非法收购盗伐林木案[*]

一、基本案情

2015年8月M县、Z县地震后，村民整体搬迁至G省B市J县B镇X村。为帮助该村脱贫致富，G省农牧厅、J县及B镇政府制定《M、Z两县移民新村产业扶贫支持方案》，要求从2017年至2019年每年在X村采用先建后补的方式建设土墙全钢骨架高标准日光温室300座。

2018年6月14日、8月17日，宋某某在X村一号、二号地建设蔬菜大棚过程中，发现施工现场有树木阻挡大棚建设，经B镇政府上报，县林业局两次发放《林木采伐许可证》，允许采伐B镇X村农田耕地352株杨树和柳树、515株杨树和槐树，采伐面积共计0.84公顷。

2019年3月初，宋某某在三号地建设日光温室大棚时，仍存在区域内生长的杨树影响施工的情况，遂向X村村委会多次口头汇报。4月12日，J县B镇人民政府以文件形式向县林业和草原局上报了砍伐720棵树木的报告。4月15日、16日，宋某某在未取得林草局的许可且未办理《林木采伐许可证》的情况下，通过建设大棚工人何某某联系到张某某，在施工现场商量伐树事宜。宋某某告知张某某建设大棚是市、县重点工程，砍伐手续已经上报，商定由张某某负责砍伐树木，清理现场伐桩，承担伐树一切费用，采伐后的树木归张某某所有。后张某某向宋某某支付2万元保证金。4月18日至4

---

[*] 石榴倩，甘肃省白银市白银区人民检察院。

月 25 日，张某某雇佣 Z 籍伐树工人王某某、尹某某、金某某等六人在三号地内使用两台油锯砍伐树木，并清理了部分伐桩。4 月 21 日，张某某认为清理伐桩费用太高，两人再次商定，张某某再向宋某某支付 2 万元，由宋某某自行负责清理伐树现场伐桩。

4 月 17 日，张某某通过田某某联系到李某某到 X 村三号地伐树现场收购杨树。4 月 18 日，李某某明知张某某没有《林木采伐许可证》，仍以每吨 480 元至 510 元不等的价格收购张某某等人伐倒的杨树，并约定木材装车离开 J 县驶入高速后，李某某再向张某某支付木材款。4 月 20 日、21 日、23 日、24 日，李某某联系车辆将收购的四车木材共计 120 吨（折合材积 159.7870 立方米）运往 S 省 L 市 R 县 C 镇木材市场销售，后李某某分四次向张某某支付木材款 59 300 元。剩余木材由张某某于 4 月 19 日、25 日安排刘某甲驾驶小型货车运输两车（分别为 5.8 吨、6 吨）至 Z 市田某某的木材加工厂临时堆放待销售，后被公安人员扣押。4 月 25 日，张某某联系申某某的车辆准备将伐树场地最后剩余的木料运至 Z 市，起运前被公安人员查获，扣押至 J 县 B 公益林管护站。

2019 年 4 月 25 日，B 市森林公安局 J 县分局经现场勘验，三号区域内上报需砍伐的 720 株树木中，260 株树木未被砍伐，区域内留有新鲜伐桩 408 个，另外 52 株树木伐桩已经灭失。

2019 年 5 月 26 日，B 市森林公安局 J 县分局委托 B 市林业调查规划设计队对涉案林木材积等情况进行调查分析。经计算，J 县 B 镇 X 村三号地内被伐树木每株蓄积为 0.4089 立方米，408 株合计蓄积为 166.8496 立方米。李某某非法收购的 120 吨木材按照杨木单位材积重量 0.751 吨折算，林木材积为 159.7870 立方米。

二、诉讼过程及处理结果

2019 年 4 月 25 日 16 时许，B 市森林公安局 J 县分局接到报案称 X 村大棚建设场地有人盗伐林木，该局成立专案组调查，次日立为行政案件查处，4 月 28 日转立为刑事案件。6 月 14 日、6 月 17 日，宋某某、张某某投案自首。7 月 11 日，李某某被公安机关抓获。

2019 年 9 月 2 日，J 县分局将该案移送本院审查起诉。案件办理期间退回公安机关补充侦查2次,延长审查起诉期限2次。因案件涉及环境资源和脱贫攻坚,2019年12月17日,承办人将该案提交本院检委会谈论,因检委会会议未形成统一意见,报请B市人民检察院批示。2019年12月25日,B市人民检察院批复,宋某某、张某某的行为构成滥伐林木罪,李某某的行为构成非法收购滥伐的林木罪,但三人主观恶性小,犯罪情节轻微,根据《刑事诉讼法》第177条第2款的规定,作出不起诉决定。2019年12月30日,承办人向三人宣布不起诉决定,三人均表示不要求申诉。

三、争议问题

本案争议的问题是宋某某、张某某的行为构成盗伐林木罪、滥伐林木罪还是故意毁坏财物罪?承办人同意本案定性为盗伐林木罪,基于以下几点:

(1)盗伐林木罪,是指违反《森林法》及其相关保护森林和林木的行政法规,以非法占有为目的,未依法取得砍伐权而擅自砍伐森林或者其他林木,情节严重的行为。盗伐林木罪的主体为一般主体,单位也可以构成本罪,侵犯的是国家对林业资源的管理制度,主观方面表现为故意,并且具有非法占有他人林木的目的,客观方面表现为以非法占有为目的,盗伐国家、集体所有或者他人依法所有的森林或者林木,数量较大的行为。最高人民法院《关于审理破坏森林资源刑事案件具体应用法律若干问题的解释》(本案以下简称《解释》,已失效)第3条规定,以非法占有为目的,具有下列情形之一,数量较大的,以盗伐林木罪定罪处罚:①擅自砍伐国家、集体、他人所有或者他人承包经营管理的森林或者其他林木的;②擅自砍伐本单位或者本人承包经营管理的森林或者其他林木的;③在林木采伐许可证规定的地点以外采伐国家、集体、他人所有或者他人承包经营管理的森林或者其他林木的。行为人只要具有三种行为之一,即可构成本罪。在最高人民法院《解释》出台之前,最高人民法院、最高人民检察院印发《关于办理盗伐、滥伐林木案件应用法律的几个问题的解释》(已失效)、《关于盗伐、滥伐林木案件几个问题的解答》(已失效)两个司法解释,后一解答第3条规定:

"……因进行营利性生产，违反森林管理法规，毁坏林木，影响林木正常生长，致使林木死亡，情节严重的，依照刑法第一百五十六条故意毁坏公私财物罪定罪处刑……"因前一解释已被废止，在生态文明意识还相对薄弱的1991年，最高人民法院、最高人民检察院的以上解答精神没有可过多批评之处。但随着生态文明意识的逐渐增强，在1997年及之后的《刑法》里，第345条第1款规定的盗伐林木罪被调整到分则第6章第6节破坏环境资源保护罪之中。可见，其主要立法目的既非维护社会主义市场经济秩序，也非保护财产，而是保护资源环境。以上体系结构与立法目的变化说明，对于破坏森林资源的行为，不单要从破坏社会主义经济秩序罪调整到破坏环境资源保护罪来评价，更重要的是，在评价盗伐林木罪时，生态法益应作为主要评价因素，财产法益次之。

（2）故意毁坏财物与盗伐林木罪根本的不同在于行为人主观上是否以非法占有为目的。司法解释虽然列举了以非法占有为目的的盗伐林木行为，但在司法实践中又该如何掌握和理解"以非法占有为目的"这个条件呢？笔者认为，林木是森林法规保护的特种对象，一旦伐倒就不能恢复。行为人不论动机如何，擅自将他人林木砍倒时，其行为就已实施完毕。不能以事后木材归谁处分来确定是否具有非法占有的目的。事后将擅自砍下的木材交归所有人处分，从中获得部分非法利益，只不过是行为人采取的手段而已，其仍具有非法占有林木部分价值的目的。

盗伐林木罪中的盗伐行为为什么必须以非法占有为目的？《解释》第3条规定的结论是：三种擅自砍伐林木的行为可分为两类，其一是以非法占有为目的的砍伐，其二是不以非法占有为目的的砍伐，只有以非法占有为目的的砍伐行为才可以认定为盗伐林木罪。《刑法》第345条并未规定盗伐林木罪必须以非法占有为目的，《解释》第3条的规定是把盗伐林木罪解释成目的犯，但这一解释理由并不充分。"所谓目的犯中的'目的'，是实现一定事项的意欲。"在通常的故意犯中，行为人只要对符合客观的构成要件要素的事实有认识就够了，但在目的犯中，仅有该种认识还不够，还必须具有超过这种认识的特别的意欲，故笔者认为将盗伐林木罪解释成目的犯是不恰当的理由如下：

第一，从盗伐林木的实行行为角度看，盗伐林木行为应具备三个基本要素。首先，砍伐林木行为未经林业主管部门或其他有关部门允许，即擅自砍伐。其次，砍伐林木的行为人对所砍伐林木没有所有权，即砍伐非自己的林木。最后，砍伐的林木必须是正常生长的活的林木。当活的林木被伐倒之后，盗伐林木的实行行为即告结束。根据盗伐行为的特征，首先，本罪的保护法益应包含两个方面：其一，国家的森林资源。无论林木所有权归属何人，林木都属于国家的森林资源，都承载了生态环境利益。其二，林木所有权人的所有权。《解释》把非法占有目的作为盗伐林木罪的成立条件，那么该非法占有目的就必须对本罪的法益侵害有实质性的影响。无论以什么样的目的砍伐林木，都会导致森林资源同等的损失。所以，从森林资源保护角度看，非法占有目的不影响盗伐行为的实质违法性的大小。其次，盗伐林木罪保护的是活树的所有权，而不保护作为木材的死树的所有权。活树存在很多经济形态，其一旦被砍伐倒，就变成了木材，对于木材而言就是一种单纯的财物，作为木材的死树的所有权应归侵财犯罪来保护。盗伐林木罪从其实行行为的特征来看，对他人林木所有权的法益侵害就体现在把他人的活树砍伐成了死树，而非法占有目的显然不是针对活树的非法占有，对活树根本无法用盗伐的方式非法占有，所谓的非法占有针对的是被砍倒的死树，即木材的非法占有。既然盗伐林木罪保护的法益是作为活树的所有权，其实质违法性就自然表现为把他人的活树变成了死树，行为人对死树即木材的非法占有目的不会影响盗伐行为对被害人活树所有权侵害的大小，即不会影响侵害活树所有权的实质违法性的大小，无论行为人有无对死树即木材的非法占有目的，盗伐行为都会把被害人的活树变成死树，所以从森林资源和林木所有权两种法益角度考察，非法占有目的对于盗伐行为的实质违法性大小均不发生根本性的影响，故把非法占有目的解释成盗伐林木罪的构成要件缺乏理由。

第二，盗伐林木罪的立法目的是更好地保护森林资源进而更好地保护生态环境，如果把非法占有目的解释成盗伐林木罪的成立条件，可能导致放纵破坏森林资源的行为。如果行为人不以非法占有为目的，但大量盗伐林木对森林资源构成严重破坏，同时对林木所有人的活树的所有权也造成严重侵害，仅因为行为人无非法占有目的而不认定为盗伐林木罪显然是不恰当地缩小了盗伐林木罪的规范范围。从盗伐林木罪的保护法益看，无非法占有目的的盗伐行为对法益侵害与有非法占有目的的盗伐行为对法益的侵害无差别。非法占有目的一般是针对财产犯罪所加的入罪限制条件，其不合理的根源就在于《解释》把用于限制财产犯罪成立的非法占有目的用来限制破坏环境资源的犯罪。

第三，行为人有无非法占有目的，其行为都是盗伐林木的实行行为，对法益的客观侵害均无不同，但是按《解释》的规定，无非法占有目的的盗伐行为不构成盗伐林木罪，如果要定罪也只能在故意毁坏公私财物罪或破坏生产经营罪中寻找评价的法条，即使这两个罪名能够实现评价，那么也会出现这样的情况：有非法占有目的的盗伐定盗伐林木罪，无非法占有目的的盗伐定毁坏公私财物罪，这两个罪的处罚相差很大。对于客观行为相同，主观罪过相同，只有目的不同的两个行为却评价为两个完全不同的罪，在生态文明建设纳入中国特色社会主义现代化建设"五位一体"总布局的今天，如果将破坏森林资源行为解释为故意毁坏等侵财犯罪，或以财产法益为主来评价盗伐林木罪，显然不合时宜。

本案中，犯罪嫌疑人宋某某并不是为了追求伐倒的杨树的财产价值，而是为了伐倒树木，清理场地后，实现自己建设蔬菜大棚的利益。犯罪嫌疑人张某某是为了实现将伐倒的树木变卖后，收取木材款的利益，因此两人的行为不应当以故意毁坏财物罪来评价。

（3）盗伐林木罪与滥伐林木罪的区别。两罪属于同类性质的犯罪，在犯罪构成的形式上也有许多相似之处，主要区别在于：首先，犯罪对象的属性区别。盗伐林木的对象是盗伐人既无所有权也无采伐权的森林和其他林木；而滥伐林木的对象是滥伐人具有所有权或者采伐权的森林和其他林木。擅自砍伐属于国家、集体和他人自留山上的或他人经营管理的森林或者其他林木，或本人或他人依法承包经营管理的国家、集体所有的林木，定盗伐林木罪；如果砍伐的林木是属于集体所有的林木、国家所有但由某国营林场管理的林木，以及本人所有的自留山上的林木，则构成滥伐林木罪。其次，前提不同。盗伐林木罪以侵犯他人财产所有权以及违反森林法规为前提，客观行为包括有采伐许可证而不按照其规定要求的采伐行为，以及无证任意采伐具有所有权的森林或其他林木的行为。根据《森林法实施条例》第3条至第5条，森林资源属于国家所有，国家所有和集体所有的森林、林木和林地，个人所有的林木和使用的林地，由县级以上地方人民政府登记造册，发放证书，确认所有权或者使用权。国务院可以授权国务院林业主管部门，对国务院确定的国家所有的重点林区的森林、林木和林地登记造册，发放证书，并通知有关地方人民政府。森林、林木、林地的所有者和使用者的合法权益，受法律保护，任何单位和个人不得侵犯。也就是说，无论林木所有权归属何人，林木都属于国家的森林资源。国家对森林和其他林木实行特别的保护，对森林和其他林木的所有权、采伐作业、培育种植、分类经营管理活动和主管机关的职权，以及所有者和使用者的权利义务，均作出了明确规定，任何盗伐森林或者其他林木的行为，都侵犯了国家对林业资源的管理制度。《森林法》和《森林法实施条例》规定，对森林只能合理采伐，凡采伐林木都必须申请采伐林木许可证，不准进行计划外采伐和无证采伐。本案中，林木属于国家所有，是没有采伐许可的盗窃行为，因此不应当以滥伐林木罪定罪处罚。

张某某等人盗窃案*

一、基本案情

2012年10月中旬的一天，被告人张某某、毛某某预谋盗割中国电信股份有限公司Y县分公司位于Y县D镇S村X社附近的通信电缆线，被告人张某某打电话给被告人申某某并向其说明了盗割电缆线的事情。当晚11时许，被告人张某某、毛某某携带脚扣、钳子等工具，乘被告人申某某驾驶的出租车到D镇S村X社西侧，盗割型号为100×2×0.4的通信电缆线178米，价值2866元。由被告人申某某驾车拉运至Y县C镇Z村X社毛某某家中。次日上午，被告人张某某、毛某某将盗割的通信电缆线出售给Y县C镇H村X社农民朱某某，获赃款2800元，张某某分得1340元，毛某某分得1200元，申某某分得260元。

2012年11月1日晚11时许，被告人张某某、申某某伙同Y县L乡W村四社农民赵某某预谋盗割位于Y县D镇S村X社附近的通信电缆线。张某某、赵某某携带脚扣、钳子等工具，乘被告人申某某驾驶的出租车到Y县东寨镇上三坝村三社东侧，盗割型号为100×2×0.4的通信电缆线120米，价值1932元。被告人张某某将作案工具手钳丢失，被告人申某某拉张某某、赵某某及盗割的电缆线到赵某某家中取到作案工具钢锯，再次到D镇S村X社附近准备盗割电缆线时，被中国电信股份有限公司Y县分公司职工当场抓获。破案后，追回通信电缆线120米，已发还中国电信股份有限公司Y县分公司。

综上，被告人张某某、申某某盗窃作案2起，价值4798元；被

---

* 张健，甘肃省金昌市永昌县人民检察院。

告人毛某某盗窃作案一起，价值2866元。

二、诉讼过程

2013年3月4日，Y县人民检察院以起诉书对张某某、申某某、毛某某涉嫌盗窃一案提起公诉。

Y县人民检察院于2013年4月15日收到Y县人民法院刑事判决书。

Y县人民法院于2013年4月10日以刑事判决书对张某某、毛某某、申某某作出一审判决：被告人张某某犯破坏公用电信设施罪，判处有期徒刑3年6个月；被告人毛某某犯破坏公用电信设施罪，判处有期徒刑3年；被告人申某某犯破坏公用电信设施罪，判处有期徒刑2年6个月。

Y县人民检察院收到一审判决后，经审查，认为Y县人民法院刑事判决书对被告人张某某、毛某某、申某某的定性错误，适用法律错误，导致量刑明显不当，于2013年4月25日提出抗诉。

2013年8月7日，J市中级人民法院以刑事裁定书裁定撤销Y县人民法院刑事判决，将该案发回Y县人民法院重新审判。

2013年9月18日，Y县人民法院对该案重新审理后，于2013年10月22日以刑事判决书对三被告人作出判决：被告人张某某犯盗窃罪，判处有期徒刑7个月，并处罚金2000元；被告人毛某某犯盗窃罪，判处拘役6个月，并处罚金2000元；被告人申某某犯盗窃罪，判处拘役5个月，并处罚金1000元。

三、分歧意见

Y县人民检察院于2013年4月15日收到Y县人民法院刑事判决书后，经审查认为，该判决认定事实正确，但定性错误，适用法律错误，导致量刑明显不当，遂于2013年4月25日以刑事抗诉书向J市中级人民法院提出抗诉，主要理由如下：

（1）原判认定被告人张某某、毛某某、申某某以非法占有为目的，秘密盗割正在使用中的架空通信电缆，造成公用电信网间通信严重障碍，其行为危害公共安全，构成破坏公用电信设施罪。根据2011年《刑法》第124条的规定，以破坏公用电信设施，危害公共安全定罪处罚。

（2）原判依据最高人民法院《关于审理破坏公用电信设施刑事案件具体应用法律若干问题的解释》（本案以下简称《解释》）第 1 条第 4 项的规定，认定张某某、毛某某、申某某破坏公用电信设施达到危害公共安全的程度。《解释》第 1 条第 4 项规定："造成网间通信严重障碍，一日内累计二小时以上不满十二小时的。"2001 年《公用电信网间互联管理规定》第 5 条第 1 项规定："互联，是指建立电信网间的有效通信连接，以使一个电信业务经营者的用户能够与另一个电信业务经营者的用户相互通信或者能够使用另一个电信业务经营者的各种电信业务。互联包括两个电信网网间直接相联实施业务互通的方式，以及两个电信网通过第三方的网络转接实现业务互通的方式。"本案中张某某、毛某某、申某某切断的是中国电信股份有限公司 Y 县分公司与终端用户之间的通信电缆，影响的是网内 20 户用户的通信，不是不同通信公司的连接，不属于网间通信设施。另外，根据《解释》第 5 条的规定："本解释中规定的公用电信设施的范围、用户数、通信中断和严重障碍的标准和时间长度，依据国家电信行业主管部门的有关规定确定。"而依据国家电信行业主管部门现行《公用电信网间通信质量监督管理办法》第 5 条第 1 款第 3 项的规定，严重障碍，是指符合下列条件之一的情况："1. 发端网络的呼损：过网呼叫的发端网络呼损高于 40％，影响到发端网络 5000 以上用户；2. 受端网络的来话接通率：过网呼叫的受端网络来话接通率低于 60％，影响到发端网络 5000 以上用户（含异地用户）；3. 发（受）端网络的呼叫建立时延：过网呼叫在发（受）端网络中的呼叫建立时延，与发（受）端网络中同种可比业务的连接建立时延的差异大于 6 秒的发生概率超过 40％，影响到发端网络 5000 以上用户（含异地用户）；4. 发（受）端网络的断话等异常现象：过网呼叫在发（受）端网络中形成的断话、单通、错号、无回铃音、虚假回铃音等现象的发生概率超过 40％，影响到发端网络 5000 以上用户（含异地用户）；5. 网间互联中继电路的负荷：在本地网范围内，公用电信网间某一中继群连续三日忙时呼损均高于 40％，或者经电信监管部门监测系统监测,连续三日忙时每线话务量平均达到《网间通信障碍互联中继电路负荷表》中相应数值,影响到发端网络5000以上用户(含异地用户)……",即运营商之间通信出现异常或困难等障碍,且通信异常现象必须达到一定比例并影响到5000户以上方达到严重障碍标准。故原判认定造成网间严重障碍错误。

(3)本案中系电缆被截断,不存在通信的可能性,应为通信全部中断的情形。被告人张某某、毛某某、申某某破坏公用电信设施的行为,虽然造成了电话用户通信中断,危害了一定用户的安全,但是被告人造成的用户中断数仅为20户,远远不及《解释》第1条第2项所规定的"造成二千以上不满一万用户通信中断一小时以上,或者一万以上用户通信中断不满一小时的"标准。

综上所述,被告人张某某、毛某某、申某某盗割正在使用的通信电缆的行为,未达到破坏公用电信设施罪的定罪标准,不符合该罪的构成要件,Y县人民法院刑事判决书对原审被告人张某某、毛某某、申某某的定性错误,适用法律错误,导致量刑明显不当。为维护司法公正,准确惩治犯罪,依照2012年《刑事诉讼法》第217条之规定,特提出抗诉。

四、评析意见

Y县人民检察院收到Y县人民法院一审判决后,经审查认为,该判决认定事实正确,但定性错误,适用法律错误,导致量刑明显不当,遂组织检察官召开联席会,对《解释》《公用电信网间通信质量监督管理办法》的理解和适用进行了深入研讨,为提起抗诉奠定了基础。

为更好地理解"网间通信、网内通信、严重障碍"等电信行业相关术语,Y县人民检察院多次邀请电信部门工作人员就案件中涉及的具体情况进行了探讨,并会同公安机关、电信部门工作人员再次到案发现场进行了查看,走访了中断通信的群众,进一步核实了案发时造成通信中断的范围及时间。通过调查核实,明确在本案中,张某某等三人盗割通信电缆造成了20户用户的网内固定电话间的通话中断,并非对网间通信造成障碍,三被告人的行为造成的损失远远不及《解释》第1条第2项所规定的"造成二千以上不满一万用户通信中断一小时以上,或者一万以上用户通信中断不满一小时的"标准。

Y县人民检察院收到一审判决后,及时将判决审查意见向J市人民检察院汇报,通过调查核实、固定证据,J市人民检察院支持本院抗诉,J市中级人民法院裁定将本案发回重审,最终Y县人民法院对张某某等三人以盗窃罪定罪处罚。

盗割正在使用中的通信电缆会同时触犯盗窃罪与破坏公用电信设施罪两个罪名,但二者之间有明显的区别,盗窃罪侵犯的客体是公私财产的所有权,破坏公用电信设施罪侵犯的客体则是公共安全,是否构成破坏公用电信设施罪,关键要审查是否达到了危害公共安全的程度,而是否危害公共安全不能简单地以造成用户通信中断来判断,还要考量造成的损失达到何种程度、对多少用户造成了损失、损失的范围有多少、通话中断时间长短等情况,上述情节均应该全面详细进行核实,从而认定是否达到了危害公共安全的程度,反之,盗割通信电缆的行为只能以盗窃罪定罪处罚。

五、法院处理结果

2013年9月18日,Y县人民法院对该案重新审理后,于2013年10月22日以刑事判决书对三被告人作出判决:被告人张某某犯盗窃罪,判处有期徒刑7个月,并处罚金2000元;被告人毛某某犯盗窃罪,判处拘役6个月,并处罚金2000元;被告人申某某犯盗窃罪,判处拘役5个月,并处罚金1000元。

曹某某、张某诈骗、掩饰、隐瞒犯罪所得案
——共犯的认定[*]

一、基本案情

2016年4月至11月,曹某某向张某某、杜某某、张某称自己有保险公司相关人员提供的某某某加油站加油票,可以以相应折扣向其出售,三人同意后便从曹某某处购买面额100元的"某某某加油站假加油票"加油消费。2016年7月至11月,曹某某向张某提供某某某加油站假加油票,张某谎称加油票系保险公司所给或顶账所得,并以8折或不等价格向他人出售假加油票。

2016年11月xx日,某某某加油站发现他人持假加油票消费,停止使用加油票加油业务,曹某某指使张某先后从杨某、熊某某等人处收回假加油票共计1935张。

综上,曹某某单独实施诈骗作案3起,与张某共同作案30起,共诈骗作案33起,数额113万余元,既遂104万余元,未遂9万余元,非法获利95万余元。张某作案30起,出售假加油票14 173张,数额99万余元,既遂99万元,未遂2400元,非法获利8万余元。被出售的10 508张假加油票被张某某等人加油使用,造成加油站经济损失105万余元。

二、分歧意见

本案争议的主要焦点有两点:一是张某与曹某某二人是否构成诈骗罪共犯?二是张某的行为是否构成掩饰、隐瞒犯罪所得罪?

---

[*] 王克权,甘肃省人民检察院。

对此，办案人员有三种意见：

第一种意见认为，张某与曹某某事先并未合谋实施诈骗犯罪，张某是在利益的驱动下，代为销售伪造的加油票，从而为曹某某实现了非法获利的目的，并基于该目的实施了犯罪行为，故张某的行为不构成诈骗共同犯罪，应按照掩饰、隐瞒犯罪所得罪定罪处罚。

第二种意见认为，张某明知曹某某非加油站业主或工作人员，不具有出售加油票的资格和条件，为获取非法利益，仍帮助曹某某向他人出售数量巨大的假加油票，以掩饰、隐瞒犯罪所得罪对其定罪处罚正确。

第三种意见认为，张某未与曹某某事先合谋，但实质上张某对于加油票来源的非法性有明确认知，加油票支付方式、交易记录也是非正常的，被发现加油票是假票后，又在曹某某指使下回购加油票，二人之间逐渐形成了"虚构事实、隐瞒真相、骗取他人财物"的不谋而合、相互利用、补充配合的意思联络，其主观目的也由刚开始的赚取差价逐渐转化为非法占有他人财物的目的，因此，二人构成诈骗罪共犯；掩饰、隐瞒犯罪所得罪是诈骗罪的下游犯罪，假加油票在没有售出前不具有价值，不是该罪的赃物。

三、评析意见

笔者同意第二种意见，张某与曹某某二人不构成诈骗罪共犯，张某的行为构成掩饰、隐瞒犯罪所得罪。

第一，"加油票"来源非法并不能说明"加油票"本身系伪造，现有证据只能证明张某明知"加油票"取得来源非法，不能证明张某贩卖加油票时明知"加油票"系伪造。曹某某在 2016 年 11 月 xx 日供述称"张某问过加油票的来源，我就给他说是保险公司的一个领导为了赚外快偷偷弄出来的加油票，张某没有见过黄哥"。2017 年 3 月 xx 日又供述称"黄哥说是他从中国人民财产保险公司偷着弄下的。我听黄哥说是贪污了客户的"。张某 2017 年 2 月 xx 日供述称"曹某某说是保险公司的人给的，然后我又以 8 折或以上的价格卖的，在我那里买假加油票的人问我加油票是从哪来的，我就说是工程上顶了账或者说是保险公司的人给的"。可见,张某主观上对"加油票"来源的认知是"保险公司的人给的""贪污了客户的",并非伪造的。

第二,现有证据不能证明张某有非法占有他人财物的故意,因此,张某与曹某某没有构成诈骗罪共犯的共同的犯罪故意。2016年11月xx日,曹某某供述,"2016年7月、8月份开始向别人销售某某某加油站的油票的"。"2016年11月xx、xx左右,张某问我说某某某加油站的油票怎么不用了……"张某供述,"2016年7月份……我当时不太相信,还问他加不上油咋办……我便拿着加油票去某某某加油站加油了,因为加油票某某某加油站是认可的""我贩卖了某某某加油站的油票,三四天前买过我加油票的司机说加油站不让使用油票了"。2016年11月xx日,杨某报案称,"近日我到某某某加油站去加油,某某某加油站的工作人员告诉我拿的加油票是假的,我就来报案","11月头上,张某……出售给我的,某某某加油站的工作人员将加油票核实无误后,将这些加油票上到了我的加油本上",2017年2月xx日,王某某供述称,"某某某加油站的工作人员不给我加油,我就问张某为什么用你的加油票加不上油了,张某说加油站在做账,等几天再加。结果到了后来张某被公安机关逮捕了,我才知道那些加油票是假的"。从上述供述、询问中可见,张某是在加油站拒绝"加油票"使用,向公安机关投案说明情况后,才开始意识到"加油票"的真伪问题的。且从加油票的使用情况看,加油票具有可转让性质,在某某某加油站使用频繁,在2016年7月至当事人报案,加油站亦未发现其真伪问题,故张某与曹某某没有伪造"加油票"的共同故意。

张某的行为构成掩饰、隐瞒犯罪所得罪,并且,张某构成该罪并非根源于诈骗罪,而是形成于其他犯罪所得。由于本案曹某某的灌输,张某没有认识到加油票系伪造的客观事实,而是认为"加油票"是"保险公司的人所给""贪污了客户的"犯罪所得的主观认知。张某对自己行为的认识错误与掩饰、隐瞒犯罪所得罪的法定构成要件一致,故本案中在张某的认知中,不是掩饰、隐瞒"伪造的票据"和"诈骗"所得,而是掩饰、隐瞒贪污等其他犯罪所得,将张某的行为认定为掩饰、隐瞒犯罪所得罪并无不妥,相反,认定为诈骗罪共犯则超出张某的主观认定范围和行为范围,违背刑法主客观相一致原则。

L 市 xx 公司与王某劳动争议纠纷案

——劳动关系认定*

一、基本案情

2017 年 3 月,王某因与 L 市 xx 公司劳动争议纠纷,向 L 市某劳动仲裁委员会申请仲裁,L 市某劳动仲裁委员会作裁决书。L 市 xx 公司不服该裁决书,向 L 市某区人民法院提起诉讼。2017 年 12 月,L 市某区人民法院作出民事判决,判决:①原告 L 市 xx 公司作出的《关于解除王某劳动关系的决定》合法有效,予以确认;②驳回被告人王某的仲裁请求。王某不服一审判决,向 L 市某人民法院上诉,L 市某人民法院作出民事判决,判决驳回上诉,维持原判。王某不服二审判决,向 G 省某人民法院申请再审,G 省某人民法院作出民事裁定,提审本案,2019 年 11 月,作出民事判决,判决:①撤销 L 市某人民法院民事判决、L 市某区人民法院民事判决;②驳回 L 市 xx 公司的诉讼请求。L 市 xx 公司不服再审判决,向检察机关申请监督。

二、分歧意见

本案在法院、检察院内部也具有较大意见分歧,争议的焦点是:L 市 xx 公司与王某之间是否存在劳动关系?主要有两种意见:

第一种意见认为,王某与 L 市 xx 公司之间不存在劳动关系。理由是:王某与 L 市 xx 公司应属于"挂名"职工劳动关系,不属于劳动法律意义或者事实上的劳动关系。L 市 xx 公司的前身 xx 厂与王某

---

* 王克权,甘肃省人民检察院。

之间既未签订劳动合同，又未签订《停薪留职合同书》，王某自始未接受 xx 厂管理并提供劳动，该厂亦未向其支付工资。企业依法向有关社会保险经办机构代为缴纳企业职工社会保险金的行为，不是确定用人单位（企业）与劳动者（职工）之间劳动关系的实质要件。王某提出 xx 厂、L 市 xx 公司为其缴纳社会保险金、办理社会保障卡的事实证明其与 xx 厂、L 市 xx 公司之间存在劳动关系的抗辩理由不能成立。

第二种意见认为，王某与 xx 厂之间存在劳动关系。L 市 xx 公司向检察机关提交的新证据中，形成于 1996 年 9 月的某省职工养老保险基金转出申报单中记载王某的用工形式是固定工。在早期的计划经济体制下，固定工是根据国家计划指标由劳动部门分配到国有或县以上集体单位工作的正式职工。1986 年，国务院发布《国营企业实行劳动合同制暂行规定》（已失效）和《国营企业招用工人暂行规定》（已失效），规定企业在国家劳动工资计划指标内招用常年性工作岗位上的工人，除国家另有特别规定者外，统一实行劳动合同制。劳动合同制工人与所在企业原固定工人享有同等的劳动、工作、学习、参加企业的民主管理、获得政治荣誉和物质鼓励等权利。自 1995 年施行《劳动法》以来，全民所有制企业开始实行劳动合同制度，企业与职工签订劳动合同。本案中双方当事人对王某系原 xx 厂职工的事实（调入）无异议，且 L 市 xx 公司《关于解除王某劳动关系的决定》也充分说明其认可与王某的劳动关系，原劳动和社会保障部《关于确立劳动关系有关事项的通知》第 2 条规定，用人单位未与劳动者签订劳动合同，认定双方存在劳动关系时可参照下列凭证：工资支付凭证或记录（职工工资发放花名册）、缴纳各项社会保险费的记录。基于 L 市 xx 公司为王某缴纳社会保险金的事实，确定王某的劳动关系应该综合当时的社会环境和用工制度等因素全面认定。

三、评析意见

本案办理过程中，为了更好化解矛盾纠纷，检察机关与双方当事人经过了充分的协调沟通，但是和解工作最终并未完成。经过综合审查，笔者倾向于同意第一种观点。理由如下：

首先，王某与L市xx公司之间不存在劳动法律意义或者事实上的劳动关系。王某与L市xx公司之间的劳动关系涉及时间跨度长，历经计划经济与市场经济转制、企业经营模式改制等，既有调动关系、社会保险金的代缴，又有破产安置、停薪留职，错综复杂。根据原劳动和社会保障部《关于确立劳动关系有关事项的通知》的规定，对于事实劳动关系，应根据劳动者是否实际接受用人单位的管理、指挥或者监督，劳动者提供的劳动是否为用人单位业务的组成部分，用人单位是否向劳动者提供基本劳动条件，以及向劳动者支付报酬等因素综合认定。本案中，王某在xx厂、L市xx公司从未上过班，也未签订过劳动合同或者停薪留职协议，xx厂、L市xx公司亦未发过工资。同时，2002年9月12日至2017年8月21日期间，王某与他人开办L市某科技公司，并担任法定代表人及执行董事兼总经理。根据有关政策规定及本案事实，王某与xx厂之间应属于"挂名"职工劳动关系，并不符合劳动关系的基本法律特征。

其次，xx公司作出的《关于解除王某劳动关系的决定》应认定为合法有效。王某虽经调动进入xx厂，但是xx厂已经破产改制且王某也未参与过xx厂、L市xx公司的生产劳动。2003年1月至2016年6月期间，王某拖欠L市xx公司代为全额垫付缴纳的社会保险金共计71 207.24元。王某此种"拖欠""空享"行为已严重损害了该公司广大职工的合法利益。L市xx公司经征得该公司工会同意后向王某作出并送达《关于解除王某劳动关系的决定》，以解除原"挂名"职工劳动关系，实质是要求王某办理人事档案和社会保险关系转移手续，目的就是维护企业职工合法权益。虽然《关于解除王某劳动关系的决定》提出的解除事由及引述法律条文存在瑕疵，但是该决定的主要内容及目的符合本案客观事实和当时国有企业破产改制政策规定，亦不违反法律和行政法规的强制性、禁止性规定。

最后，xx厂、L市xx公司给王某代为缴纳和垫付缴纳社会保险金的事实不应作为认定王某与xx厂或L市xx公司之间存在劳动关系的事实依据。工资是反映企业职工向企业创造劳动价值的根据，也是企业为职工代扣代缴社会保险金的最基本依据。xx厂、L市xx公司基于历史遗留问题,先后给王某代缴和垫付缴纳社会保险金的行为,应当视作积极解决问题的行动和态度,不能据此简单解释为双方建立劳动关系的实质要件或必要要件。

对事前未共谋的帮助杀人行为如何定性

——未事前共谋的帮助行为主观内容的判别*

一、基本案情

孙某某原系赵某某的女婿、赵某的姐夫。2016年,孙某某与妻子离婚后,多次到赵某某家中打闹、砸玻璃、骚扰赵某某。2020年2月19日凌晨2时许,赵某某听到家中卧室和厨房窗户玻璃被砸破,怀疑是孙某某,但未敢确定,便打电话将情况告诉儿子赵某,并报警。赵某让其父准备防身工具并赶到赵某某家楼下,因听到砸玻璃的声音,并看见有人从赵某某家阳台方向逃跑,便追上去将其抓住,认出被抓住的人是孙某某,气愤之下便踢打被害人。这时,赵某某从其家中拿了一把水果刀赶到现场,边喊"我今天把你弄死",边在被害人孙某某胸、腹、腿部连捅数刀,致孙某某当场死亡。当赵某发现赵某某手中有匕首并发现孙某某已经受伤后,即打电话向110报警并打120求救。公安人员赶到现场时,将手持带血匕首的赵某某带到派出所,在讯问过程中,赵某某交代了犯罪事实。当晚,赵某怕事件牵扯自己,将案发时所穿衣服扔掉。

二、分歧意见

本案并无证据证实赵某与赵某某有事前故意伤害或故意杀害孙某某的预谋,赵某虽实施了殴打孙某某的行为,但孙某某死亡的后果是赵某某的行为直接造成的,故赵某与赵某某有无共同犯罪的故意,在什么样的故意范围内成立共同犯罪,是认定赵某行为性质的

---

* 陈晨,甘肃省人民检察院;金文浩,兰州大学。

关键。对赵某某的行为定性为故意杀人罪无异议，但对赵某的行为如何定性，有以下三种意见：

第一种意见认为，赵某的行为不构成犯罪。理由是：赵某与赵某某事先并无通谋故意伤害或杀害孙某某，在赵某某故意杀死孙某某的过程中，赵某与赵某某也没有共同犯罪的意思联络，不存在明知赵某某持刀捅刺孙某某而实施帮助犯罪的行为。当得知其父用刀捅了被害人并发现被害人已经死亡的情况下，赵某及时向110报警并打120求救，这一行为也间接印证了其没有杀人故意和共同伤害故意，故其行为不构成故意杀人罪。赵某某实施了赵某意图范围以外的过限行为，赵某对赵某某的过限行为不应承担责任。另外，就其殴打被害人的行为来看，没有证据证明达到了构成故意伤害罪的程度，故赵某的行为不构成犯罪。

第二种意见认为，赵某的行为构成故意杀人罪。理由是：赵某虽与赵某某无故意杀人或故意伤害的预谋，但客观上与赵某某共同实施了殴打孙某某的行为，并帮助赵某某实现了杀害孙某某的意图。虽然案发时是晚上，但在近距离接触中，赵某不可能看不见赵某某手持利器，且赵某某实施杀人行为时，喊叫要杀死孙某某，赵某在听见赵某某喊叫且看见赵某某实施杀人行为时，并未予以制止，说明其有放任赵某某杀死孙某某的故意。事后赵某虽然打电话报警、将孙某某送去医院，但这只是赵某的悔罪表现，不影响其故意杀人罪的成立。

第三种意见认为，赵某的行为构成故意伤害罪。理由是：赵某虽与赵某某有故意伤害孙某某的事中意思联络，但其却无故意杀害孙某某的主观故意，赵某某的行为超出了赵某的主观意图范围。对此，应依照其主观故意内容予以定罪，故赵某的行为构成故意伤害罪。

三、评析意见

本案中，赵某的行为构成故意伤害罪。理由是：

第一，赵某与赵某某没有杀害孙某某的共同故意。本案中，赵某与赵某某事前谋议的内容不明，不能确定其事前是否共谋侵犯他人的人身权利，但赵某和赵某某是分别从各自家中出发来到现场，从现有证据看，并无证据证明赵某知道赵某某持刀具来到现场；赵某某是从后面赶上来，在瞬间向孙某某连捅了几刀，从日常经验上推断，存在赵某在黑夜没有看清身后的赵某某手持水果刀并实施捅刺行为的可能性；即使赵某看见赵某某手中持有凶器，对孙某某实施捅刺行为，并听见赵某某要杀死孙某某的喊叫，也存在来不及制止赵某某行凶的可能性，不能排除其关于未看见赵某某手持凶器并实施杀害孙某某行为的辩解的合理可能性。另外，赵某在得知其父将孙某某捅刺后，积极实施救助行为，也证明赵某对孙某某的死亡结果是持否定态度的，因此，赵某某的杀人行为是过限行为，超出了二人的共谋范围，可以确定赵某与赵某某无故意杀人的共同故意。

第二，赵某与赵某某具有伤害孙某某的共同故意。赵某作为赵家的家庭成员，应当知道孙某某与赵家的纠葛，其在接到赵某某的电话时，应明知砸赵某某家窗户玻璃的是孙某某，但其仍让赵某某带上防身工具；在抓住孙某某时，作为一个智力健全的成年人，赵某已经意识到赵某某与自己一起殴打孙某某，对二人共同殴打孙某某可能导致孙某某受伤的结果也是能够预见的，但其并未对其认识到的赵某某的"徒手殴打"行为表示拒绝或制止，反而也实施了对孙某某拳打脚踢的行为，且在赵某某将孙某某捅倒后，又继续对孙某某踢了几脚，符合以默示行为共谋的事中共犯的特征，在其认识到的故意伤害的范围内形成共同犯意。

第三，赵某实施了故意伤害孙某某的行为。赵某的行为在客观上没有导致孙某某受伤的后果，但不能以此推断赵某不具有故意伤害孙某某的故意。因为拳打脚踢可能致人受伤，而赵某对孙某某持续殴打，从其殴打的时间、力度和方式来看，其对自己行为的后果是积极追求的，即使其未看见赵某某手持凶器，但在赵某某对孙某某实施杀害行为时，其也积极实施了帮助行为，只不过其认为自己帮助赵某某实施的是"殴打"行为罢了，因此，赵某对其主观故意范围内的行为后果负相应罪责，成立故意伤害罪。

四、指导意义

共同犯罪首先要形成共同犯意，然后，各共同犯罪人的犯罪行为才可能围绕这一共同犯意展开。共同犯意是共同犯罪人承担刑事责任的主观基础。各共同犯罪人只要通过意思联络，把个人意志联结起来，认识到共同犯罪行为将发生危害社会的结果，希望或放任这种结果发生，并在共同犯意的支配下，共同实施有着内在联系的、危害社会的行为，即应对共同犯罪后果承担共同的刑事责任。

这里，认定行为人之间有无"意思联络"，是否具有共同犯意可以从以下几个方面进行判别：

（1）行为人之间有无共谋。共谋的方式可以是概括的，也可以是确定的，如果在共谋中本身就存在默示行为或谋议内容具有模糊性、不明确性，且不超出所能预见的范围，共同犯意的成立就毋庸置疑。共谋的内容可以是完全一致的，也可以是表面一致、实质不同，或相互包含的，区别在于完全一致的，依照一种犯罪定罪处罚，不一致的，依照各自主客观方面符合的犯罪构成分别定罪处罚；犯意表示的形态可以是语言上的通谋，也可以是一行为人以行为明示或暗示，其他行为人以明示或默示表示接受。只要能认定行为人对实施某一犯罪行为彼此心领神会，明白对方的真实意思，在犯罪过程中存在"心理上的趋同和一致，即共同的不正当需要"，即可确定行为人之间已形成共同犯意表示。

（2）行为人对犯罪的危害结果均能否预见并参与。在认识因素上，各行为人对犯罪可能造成的危害结果均能否预见；在意志因素上，各行为人对犯罪可能造成的危害结果是否追求或放任。这里的"预见"是指行为人对共同策划决定的犯罪行为的基本性质和由该行为基本性质决定的发展趋向方面有大体一致的认识，并对此积极追求或放任，而不要求对犯罪进行过程中的一切具体情节都有相同的认识。如果有的行为人对犯罪可能造成的危害结果不能预见，或对犯罪可能造成的危害结果持否定态度，则其主观上不具有该罪所要求的罪过，便不能认为行为人之间具有共同犯意。

（3）行为人能否认识到不是自己一个人单独实施犯罪，而是和他人共同实施犯罪。行为人应当认识到自己与其他行为人在犯意上的呼应性和行为上的配合性、心理上的相互支持性。

另外，根据我国刑法理论，行为人只有在对某一危害结果主观上具有罪过的情况下才能负刑事责任。共同犯罪中，如果犯罪的危害结果是各共同犯罪人在一致的共同犯意内容支配下，相互配合，共同形成的，则各共同犯罪人对危害结果负共同罪责无异议；如果犯罪的危害结果是某个行为人超出了共谋的范围实施相应的行为造成的，则其他行为人知情并接受或即使没有表示接受但以行为表示呼应或不反对、不制止的，是犯罪过程中新的共同犯意的形成，应由各共同犯罪人为实施超出原犯意内容的行为人的行为后果共同承担罪责，其他行为人不知情的，或有反对、否定意思表示的，是实行犯过限的行为，过限行为的刑事责任只能由该行为实施者承担，其他共同犯罪人只承担共谋之罪的刑事责任。

刘某某的行为应如何定性

——关键是危害对象是否特定和主观故意如何认定*

一、基本案情

刘某某因琐事与伯母杨某某关系不和。2017年3月25日,原租住其家中的温某某、胡某某被刘某某责令搬出,搬往杨某某家(其家开旅店)。在搬家过程中,二人不慎将土掉进了盛有剩饭的锅内,刘某某听胡某某说:"这剩饭不能吃了。"此时,刘某某认为,此饭因掉进了土不能吃,将会倒给杨某某家的鸡吃,便产生给锅内投放鼠药,将杨某某家的鸡毒死的念头,刘某某趁温某某、胡某某不备,将鼠药投进二人盛有剩饭的锅内,温某某、胡某某食用后中毒,经抢救无效死亡。

二、分歧意见

第一种意见认为,刘某某的行为应构成投放危险物质罪。理由是:杨某某家开旅店,住店的人很多,刘某某趁温某某、胡某某不备,将鼠药投进二人盛有剩饭的锅内,其行为将危害在杨某某家住店的不特定人的生命或财产安全。因此,刘某某的行为符合投放危险物质罪的犯罪构成要件,其行为应构成投放危险物质罪。

第二种意见认为,刘某某的行为应构成过失致人死亡罪。理由是:刘某某因与杨某某有矛盾而欲投毒毒死杨某某家的鸡,刘某某应当预见其行为会造成温某某、胡某某二人死亡的结果,但其因过失而未预见,致使温某某、胡某某二人中毒死亡,其行为应构成过

---

* 陈晨,甘肃省人民检察院;金文浩,兰州大学。

失致人死亡罪。

第三种意见认为，刘某某的行为应构成故意杀人罪。理由是：刘某某犯罪的主观故意非常明确，其为了达到毒死杨某某家鸡的目的，故意将鼠药投放进被害人温某某、胡某某装有剩饭的锅内，是明知自己的行为可能会造成他人死亡的结果，却采取放任的态度，故其行为应构成故意杀人罪。

本案中辨别刘某某的行为是构成投放危险物质罪还是故意杀人罪、过失致人死亡罪的关键在于刘某某对致死二被害人的结果在主观上是放任还是过失，其行为是否客观上造成了对二被害人所居住旅店中不特定多数人生命、健康的威胁，由此需准确把握投放危险物质罪与以投毒为手段的故意杀人或过失致人死亡犯罪的特征，以及间接故意与过于自信过失的区别。

三、评析意见

本案中，刘某某的行为构成故意杀人罪。理由是：

（1）刘某某的行为不构成投放危险物质罪。根据2001年全国人大常委会通过的《刑法修正案（三）》和最高人民法院、最高人民检察院的司法解释，投放危险物质罪是指故意投放毒害性、放射性、传染病病原体等物质，危害不特定多数人的生命、健康或者重大公私财产安全的行为。本罪的危害对象是不特定的多数人或不特定的公私财产。本罪的主观罪过形式是故意犯罪，多表现为直接故意，但不排除间接故意实施此类犯罪的情况。因为投放危险物质罪所侵犯的客体是公共安全，即不特定多数人的生命、健康或者重大公私财产的安全。因此，行为人对犯罪行为侵害的对象和可能造成的危害结果在事先是无法确定的，即行为人对犯罪行为侵害的对象和可能造成的危害结果既无法预料，也难以控制。然而本案中，刘某某将鼠药投进被害人温某某、胡某某盛有剩饭的锅内，而使用这个锅、吃这个锅内剩饭的人却是相对确定的人，锅内仅有的一点剩饭不可能对除二被害人以外的其他不特定多数人造成危害，故从刘某某的主观故意和客观行为的危害后果可以推知，其不具有投放危险物质侵害不特定多数人的生命、健康或重大公私财产安全的目的与行为。

（2）刘某某的行为亦不构成过失致人死亡罪。本案中，刘某某对自己的行为将会造成什么样的危害结果是明知的，只不过不能确定剩饭究竟会被杨某某家的鸡吃掉，还是会被二被害人吃掉，但其在明知剩饭可能会被二被害人吃掉的情况下，并未考虑并采取措施避免，因此，刘某某对被害人吃有毒剩饭致死的结果是放任的态度，而不属于应当预见自己的行为会发生危害社会的结果，因疏忽大意而没有预见或者已经预见而轻信能够避免。这从其投药后的表现可以看出。

（3）刘某某的行为应构成故意杀人罪。行为人主观方面的表现是客观存在的，并通过客观行为表现出来，行为人的主观方面应当而且只能根据行为人的客观表现来查明和认定。本案中，刘某某供述其不希望二被害人死亡，但案件事实证明，是其将鼠药投进二被害人吃饭用的锅内，此时剩饭虽然掉进了土，刘某某也听到被害人说剩饭不能吃了，但剩饭仍旧在被害人的锅里，而非在盛鸡食的用具里，因而二被害人可能吃也可能不吃这个剩饭，作为一个智力健全的成年人，刘某某应当认识到这一点。但其出于报复杨某某而毒死杨某某家鸡的动机，而放任二被害人可能会吃投放有鼠药的剩饭而死亡的结果，且在客观方面，刘某某将鼠药投进二被害人盛有剩饭的锅内，造成二被害人食用含有鼠药的剩饭而中毒死亡的严重后果。刘某某的行为符合故意杀人罪的主客观构成要件，其行为应构成间接故意杀人。

四、指导意义

投放危险物质罪由原投毒罪修正而来。为适应打击恐怖活动犯罪的需要，全国人大常委会第二十五次会议于2001年12月9日通过了《刑法修正案（三）》，对修正后的《刑法》作了若干修正和补充。《刑法修正案（三）》共有9个条文，其中第1条、第2条主要是针对《刑法》原第114条、第115条第1款规定的投毒罪所作的修正。根据《刑法修正案（三）》第1条、第2条的规定，所谓投放危险物质罪，是指故意投放毒害性、放射性、传染病病原体等物质，危害公共安全的行为。

司法实践中,对一些以杀害特定少数人为目的而实施投放危险物质行为的案件的定性常常会产生争议,本案即是如此。对这类案件的定性,关键在于要对下列事实形成准确判断,即行为人所实施的投放危险物质行为,是否具有同时威胁或危害其他不特定人生命、健康或者财产安全,即危害公共安全的危险性质。具体而言,如果行为人所实施的投放危险物质的行为,除了可能造成其意图杀害的特定少数人死亡的结果,还可能威胁或危害到其他不特定人的生命、健康或者财产安全,且行为人对此又有认识,则说明行为人在积极追求特定少数人死亡结果发生的同时,还存在放任危害公共安全结果发生的心态,此时,行为人的行为属于(间接故意)投放危险物质罪与(直接故意)故意杀人罪的想象竞合犯,依照想象竞合犯之"从一重处断"原则,应当对其以投放危险物质罪论处;这里需要说明的是,投放危险物质罪与故意杀人罪的法定刑虽然完全相同,但是,由于危害公共安全罪在整体上要重于侵犯公民人身权利、民主权利罪(一般认为,我国《刑法》分则章节基本是按由重至轻的顺序排列的);故意杀人罪的减轻构成(属于结果犯)要比投放危险物质罪的基本构成(属于危险犯)相对更为严格;在观念上,一般认为投放危险物质罪要比故意杀人罪更为严重,因此,在上述两罪发生竞合的情况下,按照"从一重处断"的原则,应当对行为人以投放危险物质罪论处。反之,如果行为人的投放危险物质行为在客观上并不具有威胁或危害其他不特定人生命、健康或者财产安全的性质,或者虽具有这种性质,但行为人对此没有认识,则其行为不符合投放危险物质罪的构成,应当认定其构成故意杀人罪。

本案还涉及对于间接故意与过于自信过失的辨别,对此,应从以下三方面把握:一是看危害结果的发生是否符合行为人的意志,符合行为人意志的是间接故意,违背行为人意志的是过于自信的过失;二是看行为人是否考虑过避免危害结果的发生,间接故意的行为人是为了实现其他意图而实施行为,主观上根本不考虑是否可以避免结果的发生,客观上也没有采取避免结果的措施,而过于自信过失的行为人之所以实施其行为,是因为考虑到可以避免结果的发生；三是看行为人是否"明知"危害结果发生的可能性，间接故意是"明知"结果发生的可能性，过于自信的过失是预见结果发生的可能性，间接故意的行为人认识到结果发生的可能性较大，只不过对结果的发生漠不关心，或者内心决定结果发生与否由决意实施的客观行为任意确定。

劫取财物并杀人的行为如何定性

——"为劫取财物而预谋故意杀人"与"为灭口而故意杀人"的鉴别*

一、基本案情

周某曾给家住市工行家属楼的张某家装修过房子,认为张某家有巨款。周某纠集董某预谋白天当街抢夺张某的手提包,取得包内钥匙后进入张某家劫财。当天等候张某未果,二人决定于次日直接到张某家抢劫。次日上午,周某、董某二人乘隙进入工行家属楼内,敲开张某家门后,张某认出周某是装修过其屋的装修工。二人闯进宅内,以扼颈、刀逼等手段将张某拖至卧室床上并将宅门紧锁,搜遍所有房间,二人劫得现金、财物价值共计人民币12 000余元。其间,二人用刀逼张某说出了建行存折密码,周某、董某二人吸了一会烟后,周某让董某把张某杀死,董某仅答应捂住张某的眼睛,周某用刀在张某的前左颈猛抹一刀,致张某死亡。

二、分歧意见

第一种意见认为,周某、董某的行为构成抢劫罪。理由是:周某、董某的犯罪目的是抢劫,为抢劫而杀人的个人意向在共同预谋前已经形成。周某供述,"预谋时我没给董某说过杀人,只是心里想着要把人杀了"。据董某供述,"进入楼道后,周某就对我说,进去后,如果有男人在,就把男人捆住,实在捆不住的话就给杀了"。且周某携带的3条捆绑绳是准备在张某一家3人齐在时捆绑和杀人用

---

* 金石,甘肃省人民检察院。

的，只是户主玩牌未归，其女在外就学而幸免于难。故周某、董某在作案前就有杀死张某及其家人的想法，应当属于"行为人为劫取财物而预谋故意杀人"的情形，故二人的行为应构成抢劫罪。

第二种意见认为，周某、董某的行为构成抢劫、故意杀人两罪，应实行数罪并罚。理由是：周某、董某是劫得财物后才杀人的，此时，张某已失去反抗能力，周某、董某的抢劫行为已完成，张某对其二人劫得财物并不构成阻碍，因此，周某、董某是为灭口而杀人，构成两罪。

本案审查的难点在于周某在抢劫前形成了如被害人丈夫反抗，阻碍其实施犯罪，就将其杀害的通谋，但作案现场的情形与周某预谋时想象的情形并不相同，但周某、董某二人仍旧实施了抢劫杀人的行为，因此，界定周某、董某行为性质和罪数的关键在于厘清是"为劫取财物而预谋故意杀人"还是"为灭口而故意杀人"，需要根据法律和司法解释的相关规定结合司法实践的具体情形进行。

三、评析意见

本案中，周某、董某的行为构成抢劫、故意杀人两罪，应实行数罪并罚。理由是：本案中，虽然周某自己供述在作案前就想杀死张某宅内家人，但一是周某并未将自己的想法告诉董某，二是作案现场的情形与周某预谋时设定的情形并不同，并未出现张某的丈夫，张某在周某、董某实施了杀人以外的暴力胁迫行为后就失去了反抗能力，周某、董某的抢劫犯罪已得逞，周某让董某帮助自己杀害张某，是因为被害人张某认识周某，为掩盖罪行才实施的，因此，周某、董某故意杀害张某的行为不是作为便于劫取财物的一种手段，不是服务于劫取财物这一犯罪目的的。事实上，二人也是在抢劫实施完毕后进行的杀人灭口。二被告人出于两个犯意，实施了两种独立的犯罪行为，属于两个独立的犯罪构成，抢劫行为并不能涵盖故意杀人行为，故意杀人行为与抢劫行为不具有任何牵连性。

四、指导意义

关于在抢劫过程中实施杀人行为应如何定性的问题，2001年最高人民法院《关于抢劫过程中故意杀人案件如何定罪问题的批复》

(以下简称《批复》）规定："行为人为劫取财物而预谋故意杀人，或者在劫取财物过程中，为制服被害人反抗而故意杀人的，以抢劫罪定罪处罚。行为人实施抢劫后，为灭口而故意杀人的，以抢劫罪和故意杀人罪定罪，实行数罪并罚。"《批复》规定的情形可以归纳为三种：一是行为人为劫取财物而预谋故意杀人的，以抢劫罪定罪处罚；二是行为人在劫取财物过程中，为制服被害人反抗而故意杀人的，以抢劫罪定罪处罚；三是行为人实施抢劫后，为灭口而故意杀人的，以抢劫罪和故意杀人罪实行数罪并罚。从形式上看，《批复》似乎是以杀人故意产生的阶段来确定罪名的，对事前（即第一种情形）、事中（即第二种情形）产生杀人故意的，以一罪认定；对事后（即第三种情形）产生杀人故意的，以两罪认定。据此，实践中有观点认为，预谋抢劫并杀人灭口的，因杀人故意产生在实施犯罪之前，故应以抢劫罪一罪认定。

第一，关于是否属于"为劫取财物而预谋故意杀人"，关键在于预谋故意杀人及实施该行为是否为劫取财物而服务，二者之间是否具有牵连性。也就是说，从时间上看，是否行为人劫取财物的目的在先，故意杀人的手段在后；从手段与目的之间的关系看，是否故意杀人的手段服务于抢劫财物的目的，抢劫财物与故意杀人之间是否存在明显的目的与手段的关系。行为人为劫取财物而预谋故意杀人，其主观要件表现为，行为人通过杀人而达到劫取财物的目的，杀人并不是行为人的根本目的，其根本目的在于劫取财物；其客观要件表现为，行为人通过杀人而劫取财物的行为。究其实质，杀人只是手段，劫取财物才是目的，杀人只不过是服务于劫取财物这一目的行为的一种手段。因此，主客观要件的有机统一，决定了为劫取财物而预谋故意杀人的行为，符合抢劫罪的构成要件，应当以抢劫罪而不是以抢劫罪和故意杀人罪定罪处罚。

第二，行为人劫取财物后杀人灭口的，其杀人的目的不是当场劫取财物，而是掩盖已经实施的抢劫罪行。在这种情况下，行为人杀人的故意与抢劫的故意之间已经不存在共同的犯罪目的，杀人行为也非劫取财物所必需，两者虽然在时间上紧密相连，但在犯罪构成上已经彼此独立。因此，对于此种情形，无论行为人的杀人故意产生于抢劫预谋之时还是抢劫终了之后，均应当认定为抢劫罪和故意杀人罪两罪。但需要指出的是，如果行为人预谋抢劫后杀人，但劫取财物过程中因被害人反抗而先杀后劫的，此时杀人目的已经转化，应当按照其转化后的主观故意和客观行为，以抢劫一罪定罪。

第三，根据我国刑法理论，罪名的确定必须是主观要件和客观要件的有机统一。对于确有证据证明行为人预谋劫取财物并杀人灭口，之后按预谋内容在抢劫行为实施完毕后，又杀人灭口的情形，从主观要件来看，行为人在预谋时具有两个明确的犯罪故意：一是以暴力、胁迫手段实施劫取财物的故意；二是为灭口而杀人的故意。从客观要件来看，行为人也具有两个客观行为：一是以杀人行为以外的暴力、胁迫手段劫取财物，这里必须强调劫取财物的手段是直接剥夺他人生命以外的行为，否则便无"灭口"之说；二是以"灭口"为目的实施的直接剥夺他人生命的行为。该行为只能发生在抢劫行为实施完毕之后，否则应视为为制服被害人反抗而实施的杀人行为。因此，根据主客观相统一的定罪原则，此种情形下，行为人前后实施的两个行为分别符合抢劫罪和故意杀人罪的犯罪构成，应以抢劫罪和故意杀人罪两罪认定。

王某的行为是否构成职务侵占罪

——如何准确认定联通分公司与王某之间的关系*

一、基本案情

2016年5月，王某被招聘为联通分公司员工，2017年1月被录用为该公司合同制职工。2017年3月，联通分公司下发《关于联通综合楼物业管理招标的通知》，决定对联通综合楼物业管理、院落及剩余楼层的经营出租采用内部员工承包方式进行招标。2017年6月，联通分公司下文成立物业管理中心（隶属分公司综合部），明确物业管理中心对联通大厦实行以"经济责任承包"的方式，以"包死基数，包定职责，自主经营，自负盈亏"为原则的管理模式。同时通知王某所提方案中标，并聘用王某为物业管理中心经理，其工资福利由物业管理中心支付。2017年7月，王某与联通分公司签订了《联通大厦物业管理承包合同》（以下简称《承包合同》）。《承包合同》规定，王某承包对联通分公司自用办公用地进行物业管理以及对大厦13层至22层出租经营，承包期限为3年，承包费584万元，自2017年7月×日至2020年6月××日；同时约定了双方的责、权、利，联通分公司收取王某履约保证金10万元。2017年8月，王某在该市商业银行另开设一账户，使用的印鉴是其母刘某某和王某的私人印章，经力生会计师事务所对这一账户的审计鉴定，该账户自2017年8月至2018年12月××日共发生收入119笔，金额为140余万元，均为转账收入；支出35笔，金额为140余万元，截至2018年

---

* 金石，甘肃省人民检察院。

12月××日,账户余额为零。2018年3月×日、7月××日,联通分公司在未与王某协商的前提下,单方变更物业管理中心管理机关,将物业管理中心划归联通分公司新成立的科贸有限公司并通知王某停止出租其承包楼层的房屋。王某认为联通分公司违约,2018年7月××日通过其律师与联通分公司解除了《承包合同》。根据立信会计师事务所审计鉴定,王某在2017年7月×日至2018年6月××日经营一年中,除了收取这一年的各项费用与应上缴的第一年承包费120万元相抵,还预收承租人2018年7月以后的承租费、物业管理费等费用156万余元,联通分公司认为这156万余元属联通分公司所有,要求王某予以返还,王某认为联通分公司违约,给其造成重大经济损失,不同意返还。双方经多次协商未果,联通分公司以王某贪污公款为由,将王某控告于该市检察院。在此期间,王某也将联通分公司诉诸该市中级人民法院,要求联通分公司赔偿因违约给其造成的经济损失。

二、关键问题

本案中,王某是联通分公司员工,王某虽然与联通分公司签订经济责任承包合同,成为涉案物业管理中心经理,且根据双方合同,该物业管理中心以"包死基数,包定职责,自主经营,自负盈亏"为管理模式,但该物业管理中心仍为联通分公司下属机构,王某仍为联通分公司职工,根据我国有关劳动法律,"承包"只是王某与联通分公司在法律规定范围内就王某的劳动方式与劳动报酬所作的一种自主处分,王某的身份并不因此而改变,因此王某具有职务侵占罪主体身份无异议。本案争议的焦点是王某履行其与联通分公司之间的经济责任承包合同期间,预收的承租人2018年7月以后(王某与联通分公司解除合同后)应缴的承租费、物业管理费等费用156万余元,是否为王某以非法占有为目的,非法占有的联通分公司的公共财产,由此需要准确理解职务侵占犯罪主观故意内容和客观手段特征。

三、分歧意见

第一种意见认为,王某作为联通分公司正式员工,在内部委托承包期间，私设账外银行账户，脱离公司监管。承包经营满一年，在联通分公司提出房屋另有安排时，王某单方终止合同，宣布解散物业管理中心。且在与联通分公司对账后，除去其他费用，签字多拿联通分公司156万元，又拒不归还。王某实际上对多拿联通分公司的这156万元已经自己控制、使用，故其行为构成职务侵占罪。

第二种意见认为，王某与联通分公司签订《承包合同》，依合同规定承包期为3年，但《承包合同》只执行了1年，联通分公司先期违约，王某预收的承租费、物业管理费等156万元究竟归谁所有，应由法院按经济纠纷处理，本案不宜按犯罪论处。

四、评析意见

本案中，王某的行为不构成职务侵占罪。理由是：王某没有非法占有本单位财物的故意，争议的156万元的权利归属不清，不能确定王某侵犯了联通分公司的财产所有权。

第一，争议的156万元包含王某在经济责任承包合同存续期间根据合同约定付出劳动的对价。该156万元虽然是王某与联通分公司解除经济责任承包合同后公司财产应取得的收益，但该156元收益是王某在履行其与联通分公司的经济责任承包合同过程中根据该经济责任承包合同依法向承租方预收的2018年7月以后的房租和承租人交纳的各种押金。由于该经济责任承包合同的承包期为3年，且规定"包死基数，包定职责，自主经营，自负盈亏"，而王某并不能预见到联通分公司在自己未违反合同义务的前提下根本违约，因此该款由王某占有，必然是王某在经济责任承包合同有效期内与承租方履行双方关于租赁物的合同的结果，而王某与承租方是该合同的相对人，该156万元中的押金涉及王某根据其与承租方签订的合同所得的合法权益（含其与联通分公司经济责任承包合同存续期间）能否得到实质性保障，王某与承租方签订的合同也必然以王某与联通分公司的经济责任承包合同为依据，对王某来说，是王某权衡其根据经济责任承包合同在租赁物上可得利益的结果，是有关承包期规定的3年的合同，也应包含王某在经济责任承包合同存续期间在租赁物上履行的义务的对价，因此，争议的156

万元并非全部是联通分公司的财产，还应包含王某个人的合法私有财产。

第二，王某扣留该156万元基于维护自己合法权益的目的，未有"非法占有"单位财物的主观故意。本案中，王某与联通分公司签订经济责任承包合同，约定合同期限为3年，任何一方违约，对方有权要求违约方赔偿损失、限期整改，并有权终止合同；合同在履行中如发生争议，双方应协商解决，协商不成的，提请有关部门调解。之后，王某按合同的规定，交纳了10万元的履约保证金。自2017年7月×日至2018年6月××日，王某为联通分公司垫付了2017年7月×日至2018年6月××日的物业管理费、水电费等108万余元，向联通分公司交纳履约保证金10万元，承包费与垫付费、履约保证金相抵，王某只欠该年承包费1万余元，即王某实际上已基本交清了第一年的承包费，在合同存续期间并未有违约行为，而联通分公司在未与王某协商的前提下，却于2018年3月×日单方发出《变更物业管理中心行政隶属关系的通知》，2018年7月××日又发出通知，要求王某停止出租大楼的房屋，单方变更物业管理中心的管理机关和阻止王某按合同出租房屋，违反了其与王某签订的经济责任承包合同的约定，使王某无法正常经营，迫使王某无奈与之解除了合同。之后，双方就善后事宜经多次协商未果，王某将联通分公司诉诸该市中级人民法院，要求联通分公司赔偿因违约给其造成的经济损失。可见，王某与联通分公司存在因履行和解除双方经济责任承包合同而产生的经济纠纷，王某并不认为该156万元是联通分公司财产，虽然在双方合同解除之后，王某拒不退还该156万元，但王某认为联通分公司应赔偿违约给其造成的损失，其占有此156万元是维护自己的合法权益，因此，即使王某对此156万元是"非法占有"，也不是刑法要求的"明知的"和"恶意的"非法占有，主观上也不具备职务侵占罪要求的故意内容。对于王某在承包经营期间私立账户的情形，按照《承包合同》的规定，其自主经营，自负盈亏，在经营活动中，根据经营的需要另设账户的行为并无不可，况且《承包合同》并未注明王某不能另设账户，因此，王某的这一行为亦不能看成是为了侵占联通分公司的财物而采用的手段。

五、指导意义

我国《刑法》第271条第1款规定:"公司、企业或者其他单位的工作人员,利用职务上的便利,将本单位财物非法占为己有,数额较大的,处三年以下有期徒刑或者拘役,并处罚金;数额巨大的,处三年以上十年以下有期徒刑,并处罚金;数额特别巨大的,处十年以上有期徒刑或者无期徒刑,并处罚金。"这是《刑法》以叙明罪状的形式对职务侵占罪所作的定义。根据该条的规定,本罪成立,行为人主观上必须要有非法占有本单位财物的故意,客观上必须实施了利用职务之便以侵吞、窃取、骗取等非法手段将本不属于自己的单位财物非法"私有化"的行为,因此,主观故意的非法占有性和手段的非法性是本罪成立的关键。

(一)职务侵占罪主观故意中"非法占有"的含义

厘定职务侵占罪主观故意中"非法占有"的含义,须在明确刑法中"非法占有"与民法中"非法占有"的区别和联系中,从以下三方面准确把握:

第一,把握职务侵占犯罪中"非法占有"的"明知"性和"恶意"性。不论是我国民法抑或我国刑法,财产的非法占有均是非所有人没有法律的规定或合同等其他依据占有;不同的是,民法中,非法占有既包括非法占有人在占有他人财产时,主观上不知道并且不应当知道其占有是非法的善意占有,也包括非法占有人明知或应知缺乏合法根据而占有他人财产的恶意占有,而我国刑法中职务侵占罪要求的"非法占有"则因职务侵占犯罪是行为人对单位财物的一种故意侵害,仅指民法中非法占有中的恶意占有。因此,刑法中的"非法占有"故意必须是明知或应知不应占有本单位财物,占有本单位财物会损害单位财物的所有权而故意积极追求,主观上要求行为人对其非法占有的意图和后果"明知"并且"恶意"。

第二,把握职务侵占犯罪中"非法占有"主观故意的事实内涵。刑法是通过处罚对财产的不法侵害行为来保护财产权利的,因此职务侵占犯罪中行为人"非法占有"故意的内容是行为人意欲对单位所有的财物事实上非法支配、管理，是事实上占有，不似民法中的占有还包括观念上占有。

第三，把握职务侵占犯罪中"非法占有"的"占有"属性。民法上的占有仅是所有权的一种权能，行为人意图非法占有，并不意味着行为人意欲转移财物的所有权，而刑法上的占有具有排他性，与民法上的"所有"含义基本一致，意味着行为人"非法占有"本单位财物的目的是使其他人不能支配或控制财物，也就是排除了其他人对财物的支配或控制。

（二）职务侵占犯罪中手段"非法"的内容

关于职务侵占罪的手段"非法"内容，从《刑法》第271条的条文来看，并没有体现出具体的方法或手段，可以说对侵占的手段是没有限制的。最高人民法院于1995年12月25日颁发的专门针对1995年2月28日全国人大常委会《关于惩治违反公司法的犯罪的决定》的司法解释《关于办理违反公司法受贿、侵占、挪用等刑事案件适用法律若干问题的解释》规定：侵占是指行为人以侵吞、盗窃、骗取或者以其他手段非法占有本公司、企业财物的行为。可见，一般认为职务侵占罪和贪污罪的侵占手段或方法是相同的，即职务侵占罪中的非法占有手段为侵吞、窃取、骗取或者其他手段。司法实践中，常见的侵吞手段有将合法管理、使用、经手的单位财物予以扣留，应上交而隐匿不交或少交，应支付不支付、应入账而不入账，应入库而不入库；转卖、擅自赠送他人或者挥霍等；常见的"窃取"手段有出纳员将自己保管的现金据为己有，仓库保管员将自己保管的财物窃为己有等；常见的"骗取"手段有会计、出纳员开假支票到银行提取现金，单位的出差人员伪造、涂改单据、虚报差旅费等，至于其他手段是指侵吞、盗取、骗取之外的其他利用职务上的便利将本单位财物非法占为己有的行为。这是一种概括性规定，常见的有吃回扣、吃差价、巧立名目私分单位财物等。

六、处理结果

王某与联通分公司签订《承包合同》,依合同规定承包期为3年,但《承包合同》只执行了1年,联通分公司先期违约,王某预收的承租费、物业管理费等156万元究竟归谁所有,应由法院按经济纠纷处理,本案不宜以王某构成职务侵占罪论处。

刘某某危险驾驶案*

一、基本案情

犯罪嫌疑人刘某某酒后从T县M镇无证驾驶小型轿车行至T县城区路段时，被T县公安局交警大队民警查获。经司法鉴定所检验，被鉴定人刘某某血液中检出酒精，平均含量为178.5毫克/100毫升。根据中华人民共和国国家标准GB 19522-2010《车辆驾驶人员血液、呼气酒精含量阈值与检验》，犯罪嫌疑人刘某某血液中的酒精含量超过醉酒驾驶临界值80毫克/100毫升，属醉酒驾驶机动车。

二、诉讼过程

该案由T县公安局侦查终结，以犯罪嫌疑人刘某某涉嫌危险驾驶罪，向T县人民检察院移送审查起诉。T县人民检察院审查发现，2018年6月××日××时××分刘某某在县中医院抽取血样2毫升和5毫升，县交警大队于6月××日委托司法鉴定所对抽取的2毫升血样进行鉴定，6月××日经检验，被鉴定人刘某某血液中检出酒精，平均含量为178.5毫克/100毫升。血样送检时间超过3日，送检程序违反了公安部《关于公安机关办理醉酒驾驶机动车犯罪案件的指导意见》这一程序性限制性规定，并且未经上级公安机关交通管理部门负责人批准。故本案血样送检程序违法，T县人民检察院先后两次退回公安机关补充侦查，公安机关补查重报。公安机关称延期送检的原因是"因查获时刘某某当场未能出示机动车驾驶证及身份证信息，且编造虚假姓名，办案民警在2018年6月××日、××日对其进行

---

* 高旺顺，甘肃省定西市通渭县人民检察院；陈真平，甘肃省定西市通渭县人民检察院。

口头传唤时,刘某某称其妻子在医院临产,未及时到案核实其真实身份,6月××日办案民警再次对刘某某进行口头传唤到案后如实供述了自己的真实身份,办案民警将其身份核实清楚后,对其血样依法向司法鉴定所进行送检"。2019年3月××日,T县人民检察院依照《刑事诉讼法》第175条第4款之规定,决定对刘某某不起诉。

三、关键问题

其一,超期送检这一程序性瑕疵是否可以补救,经退查补正后是否可以将鉴定意见作为证据使用;其二,核实犯罪嫌疑人身份是否成为违反程序性限制性规定的阻却事由。

四、分歧意见

第一种意见认为,公安部《关于公安机关办理醉酒驾驶机动车犯罪案件的指导意见》第二部分"进一步规范办案期限"第5条规定,提取的血样要当场登记封装,并立即送县级以上公安机关检验鉴定机构或者经公安机关认可的其他具备资格的检验鉴定机构进行血液酒精含量检验。因特殊原因不能立即送检的,应当按照规范低温保存,经上级公安机关交通管理部门负责人批准,可以在3日内送检。本案中,县交警大队血样送检时间超过3日,送检程序违反了上述指导意见的程序性限制性规定,并且未经上级公安机关交通管理部门负责人批准。故本案血样送检程序违法,司法鉴定意见书不能作为定案的证据使用,因关键性证据缺失导致犯罪事实不清,不符合起诉条件,应依法作出存疑不起诉决定。

第二种意见认为,血样送检程序违反公安部《关于公安机关办理醉酒驾驶机动车犯罪案件的指导意见》和《G省公安交通管理部门办理醉酒驾驶刑事案件若干规定》限制性规定的原因是犯罪嫌疑人身份没有确定,不能进行血样送检,待犯罪嫌疑人身份核实后再去送检是符合程序性规定的,取得的鉴定意见可以作为定案依据。

第三种意见认为,最高人民检察院《关于在审查逮捕和审查起诉工作中加强证据审查的若干意见》第3条规定,如果因客观条件限制确实无法重新收集、调取证据,也无法采取其他补救措施,如不影响证据的客观性、关联性,可以在向侦查机关提出纠正违法意见的同时，作为指控犯罪的依据。本案中，因为办案民警核实犯罪嫌疑人身份导致送检时间超期，两次退查后作出的说明显示鉴定意见无法补救，该鉴定意见虽然送检程序违法，但是不足以影响其客观性和关联性，对该鉴定意见应判定具有证明力，可以作为案件证据使用。

五、评析意见

本案是因程序违法导致关键性证据存疑，进而导致全案存疑不起诉。针对本案的两个关键性问题作如下分析：

（1）本案的关键性证据即鉴定意见要作为证据使用，必须符合证据的合法性和客观性要求。2012年《刑事诉讼法》将鉴定结论修改为鉴定意见，从此将该类证据变为意见性证据，必须经过司法者审查才能作为证据使用。公诉阶段审查该鉴定意见时，未遵守3日内送检的程序性限制性规定，同时血样在超期送检后作出的结论是否客观显然存疑，该鉴定意见不具有证据的客观性、合法性，所以该鉴定意见不能采信。

（2）涉案鉴定意见不具备客观性、合法性条件，应依法排除。2010年7月1日施行的最高人民法院、最高人民检察院、公安部、国家安全部、司法部《关于办理死刑案件审查判断证据若干问题的规定》对意见性证据的审查作了规定，其第23条第4项规定了对"送检是否符合法律及有关规定"内容的审查，第24条第1款第7项规定"违反有关鉴定特定标准的"不能作为定案的根据。公安部《关于公安机关办理醉酒驾驶机动车犯罪案件的指导意见》关于送检时间的规定，属于醉酒驾驶机动车犯罪案件办理时鉴定意见的特定标准。故而，办理醉酒型危险驾驶案件时，鉴定意见送检程序必须符合鉴定特定标准，如违反特定标准，应依法予以排除。

（3）犯罪嫌疑人身份核实不是送检程序的前置程序，该事项不能成为程序性限制性规定的阻却事由。第一，公安部《关于公安机关办理醉酒驾驶机动车犯罪案件的指导意见》规定，提取的血样要当场登记封装，并立即送县级以上公安机关检验鉴定机构或者经公安机关认可的其他具备资格的检验鉴定机构进行血液酒精含量检验。

因特殊原因不能立即送检的,应当按照规范低温保存,经上级公安机关交通管理部门负责人批准,可以在3日内送检。该规定并没有规定送检的前置程序,而是要求立即送检,即便把核实犯罪嫌疑人身份作为特殊原因,本案中公安机关既没有经上级相关部门负责人批准,且超过3日,送检程序上亦不合法。第二,从《刑事诉讼法》第82条第6项规定可以看出,公安机关对于现行犯或者重大嫌疑分子,在不讲真实姓名、住址,身份不明的情形下可以先行拘留。就本案来看,公安机关对于醉酒驾驶机动车的犯罪嫌疑人应采取拘留的强制措施,而不是作为延迟送检的理由。第三,从证据的收集要求来看,收集证据必须主动、及时,离案件发生的时间越近,证据内容的变化就越小,从而可以提高收集证据的可靠程度。就本案来看,按照时间规定及时送检收集证据和核实犯罪嫌疑人身份并不冲突,完全可以同时进行,核实犯罪嫌疑人身份不能成为违反程序性限制性规定的阻却事由。

×省××公司与××银行××支行借款合同纠纷案
——保证人责任免除的规定能否适用于抵押担保责任^{*}

一、基本案情

2015年6月××日,××银行××支行与××公司签订了《小企业借款合同》一份,约定借款2000万元,借期1年。××公司向××银行××支行提供了抵押担保,×省××公司与××银行××支行签订了《最高额抵押合同》,约定×省××公司以其位于×省某地的商业用房提供抵押担保,担保借款本金2000万元,双方对上述抵押财产进行了抵押登记。借款合同签订后,××银行××支行于同日发放了贷款1450万元。××公司自2016年1月开始不能按时还款,截至2016年8月××日,××公司归还借款本金300万元,贷款欠款本金余额1150万元,欠款利息51.86万元。

2016年8月,××银行××支行向××中级人民法院提出诉讼请求,2017年5月,××中级人民法院作出判决,判令××公司于判决生效后10日内偿还××银行××支行借款人民币1150万元,支付利息及罚息51.86万元,并承担实际付清之日的全部罚息。××银行××支行对×省××公司抵押的商业用房享有优先受偿权。宣判后,×省××公司不服,向××高级人民法院提出上诉。××高级人民法院作出判决后,×省××公司不服向最高人民法院申请再审。2019年3月27日,最高人民法院以民事裁定书驳回了×省××公司的再审申请。×省××公司向检察机关申请监督。

---

* 王克权,甘肃省人民检察院。

二、分歧意见

本案在诉讼过程中，×省××公司有两个诉讼意图：一是证明1450万元贷款的放款和还款事实不存在，进而说明××公司与××行××支行之间恶意串通；二是证明××公司存在"借新还旧"的行为，从而免除×省××公司承担的抵押职责。对于第一个意图，诉讼前××公司总经理何某某已故，且二审法院调取的《企业信用报告》等证据显示，2015年6月18日，案涉1450万元贷款已经发放到××公司账户。综合分析，并无证据证明××公司与××银行××支行之间恶意串通。

对于第二个意图，达到免除×省××公司承担的抵押职责目的的法律依据是2000年最高人民法院《关于适用〈中华人民共和国担保法〉若干问题的解释》（以下简称《担保法解释》）第39条"主合同当事人双方协议以新贷偿还旧贷，除保证人知道或者应当知道的外，保证人不承担民事责任。新贷与旧贷系同一保证人的，不适用前款的规定"的规定。但是适用该条必须证明或者论证两点：一是该条适用保证担保情形的条款可以类比适用于抵押情形；二是贷款人存在新贷偿还旧贷行为，保证人不存在知道或者应当知道主合同当事人双方协议以新贷偿还旧贷的情形。

基于对事实和法律适用的不同理解，本案争议焦点是×省××公司承担抵押职责是否恰当？主要涉及两种观点：

第一种观点认为，×省××公司不应承担抵押责任。对于保证人责任免除的规定能否适用于本案中的抵押担保责任，最高人民法院已生效的民事判决书已经有了明确判例。民事判决书认为：抵押是担保的法定方式之一。在以第三人财产设定抵押的情形下，抵押担保法律关系在主体、内容、目的、效果等方面与保证担保的特征相近似。借贷关系的双方关于借款用途的约定，亦是担保人判断其风险责任所考虑的重要因素。无论是保证担保还是抵押担保，主债务双方在以固定资产投资为借款用途而设定担保后，又以"借新还旧"的真实用途发放并收回贷款，同样会改变担保人在提供担保时对担保风险的预期，加重其担保责任，导致对担保人不公平的后果。民事判决书认为:《担保法解释》第 39 条单纯从文义上看,是对保证担保所设,但在以第三人财产设定抵押的情形下,抵押担保法律关系在主体、内容、目的、效果等方面与保证担保的特征相近似,在司法解释未对"借新还旧"中抵押人的责任承担问题作出明确规定的情形下,《担保法解释》关于保证的相关规定可以比照适用于抵押。可见,上述已生效的判决充分阐明了最高人民法院的观点,即最高额抵押可以适用保证的规定。

第二种观点认为,×省××公司应当承担抵押责任。×省××公司为××公司借款向××银行××支行提供抵押担保时签订的是《最高额抵押合同》。2015 年 6 月 xx 日签订的《小企业借款合同》在涉案《最高额抵押合同》所限定的期间内,且借款数额、借款期限均未超出其确定的范围,也未加重×省××公司的抵押风险。

对于本案×省××公司主张××银行××支行将借款约定的支付货款用途改变为"借新还旧",改变了担保人对担保风险的预期,应按有关判例观点免除×省××公司抵押担保责任的问题。有以下不妥:首先,根据最高人民法院有关规定,只有经特定程序,被明确为指导性案例的,才应当在审理类似案件时参照。而×省××公司援引的相关案例,并非最高人民法院指导性案例;第二,×省××公司援引案例之所以在抵押情况下准用《担保法解释》第 39 条规定,在于认为借贷双方对借款用途的约定是判断其风险责任所考虑的重要因素,无论是保证担保还是抵押担保,"借新还旧"会改变担保人在提供担保时对担保风险的预期,加重其担保责任,导致对担保人不公平的结果。但就本案而言,×省××公司在 2015 年 6 月 xx 日与××银行××支行签订《最高额抵押合同》时对该贷款并非"支付货款"的用途是清楚的。虽然××公司在××银行××支行发放 1450 万元贷款的当日,结清了其在×省××公司的保理账户,但×省××公司作为独立的商事主体,在其明知担保的贷款用途与合同标明的用途不一致的情况下仍然提供担保,应当承担可能引起的风险。

三、评析意见

笔者同意上述第一种观点。该条是否可以类比适用于抵押情形。

×省××公司提交了最高人民法院已经生效的民事判决书,同时××高级人民法院审判实践中也存在类似同案不同判的情况。

在法律规定没有明确,又存在不同司法案例的情况下,法院具体负责审理的案件,用法庭庭审强化了对案件事实的亲历性,判决往往是综合了案件事实判断、利益分配的公正以及对社会影响的把握,单纯站在具体案件的法律和案件事实角度对是否可以类比适用于抵押情形进行论证,并不符合司法办案"三个效果相统一"的原则。本案办案法官认为:《担保法解释》中保证的规定不能适用于抵押,且×省××公司对贷款用途也知晓,并未超过其预期,×省××公司应当承担抵押担保责任。具体到本案,笔者认为应当结合×省××公司的担保意图、×省××公司与××公司具体利益分配、与本案主体类似情形下同类型案件的判决等角度综合考虑。

贷款人是否存在新贷偿还旧贷行为以及保证人是否存在知道或者应当知道新贷偿还旧贷的情形。

经过调取相关银行资金往来账目和查证相关金融法规,可以认定本案保理行为的性质属于实质贷款的一种形式。对于贷款人是否存在新贷偿还旧贷行为,司法实践中,主要从四个方面进行考察:一是涉及先后两个或多个借贷合同;二是新旧两笔贷款的主合同当事人相同;三是后贷的资金用于归还前贷的欠款;四是主合同当事人具有以贷还贷的共同意思表示。2015年6月xx日××公司的账户清单显示,××银行××支行将1450万元打入××公司在××银行××支行的借款账户,完成了××银行××支行的支付借款义务;然后又由××银行××支行通过转账汇入××公司保理业务的贷款账户,付清了××公司的保理贷款。法院认为,"即使将此行为视为借新还旧,但×省××公司作为独立的商事主体,在其明知担保的贷款用途与合同表明的用途不一致的情况下仍然提供担保,应当承担可能引起的风险"。此处,法院虽然含蓄表述了"将此行为视为借新还旧",但是对以新贷偿还旧贷的法律后果没有作出准确界定,以抵押担保人知晓贷款另作他用忽视了被担保的主债务本身具有的问题,放大了抵押担保人的责任。从证据的角度分析,在××银行××支行的配合下,××公司具有明显的新贷偿还旧贷行为。

此处也应当指出的是,相比于×省××公司对用途不一致的"知情行为",如果完全考虑"以贷还贷"的特殊性,从而彻底免除×省××公司的抵押责任不符合公平原则,在不能证明借款人与贷款人恶意串通的情况下,同样也不利于借款人利益保护。

姚某某、李某某抢劫赌博场所案

——王某某家中的赌博场所是否符合"户"的
功能特征和场所特征*

一、基本案情

2018年11月××日下午×时许,姚某某得知某乡有人在招赌,即产生抢劫赌场的念头。后遇上李某某,便告知李某某:"某乡有赌场,去一起抢赌场弄两个钱花花。"李某某表示同意,遂乘坐姚某某的摩托车到该村王某某家,通过玻璃窗看见王某某家房内多人正在赌博。姚某某站在该房门口,李某某用脚踹开房门,就地拣起一截钢筋在地上捣了两下,喊道"将钱掏出来",并将吴某某手中的60元钱夺走。朱某某、刘某某、罗某某见状,分别将身上的100元、200元、64元交给李某某。李某某又勒令朱某某、刘某某、罗某某脱去衣服,分别搜去朱某某500元、刘某某1736元、罗某某50元,共劫取现金2710元。姚某某、李某某在离开王某某家大门时,遇到王某某之弟王某,王某告知姚某某所抢的钱里有他和王某某的400元,姚某某、李某某便给了王某400元。后刘某某求他人从中说和,姚某某、李某某退还刘某某1100元。

二、分歧意见

对姚某某、李某某的行为构成抢劫罪没有异议,但二人的行为是否构成"入户抢劫"却存在以下两种意见:

第一种意见认为,姚某某、李某某的行为构成"入户抢劫"。理

---

* 金石,甘肃省人民检察院。

由是：最高人民法院《关于审理抢劫案件具体应用法律若干问题的解释》（本案以下简称《解释》）第1条明确规定，"入户抢劫"，是指为实施抢劫行为而进入他人生活的与外界相对隔离的住所，包括封闭的院落、牧民的帐篷、渔民作为家庭生活场所的渔船、为生活租用的房屋等进行抢劫的行为。《解释》从法律上界定了"户"的范围，即构成入户抢劫的"户"，实质上为住所。判定"户"的标准，从时间上看，应该是具备长期或相对固定生活的场所；从空间上看，要求具备专属于居住者，能给居住者的人身、财产带来安全感的私闭场所。从这个意义上讲，王某某家北房完全符合"户"的范围。李某某用脚踹开房门这个情节，也说明该场所并非来人可随意出入，与外界有一定的隔离性。虽然该住宅内当时聚集多人赌博，但不能以此否认该场所属于"户"的范围。姚某某、李某某主观上有"入户抢劫"的故意，客观上被抢场所承载了"户"的所有功能，故二人的行为完全符合"入户抢劫"的规定。

第二种意见认为，姚某某、李某某的行为不构成"入户抢劫"。理由是：姚某某、李某某经事先预谋，闯入村民王某某家，抢劫赌博人员现金2710元。因二人主观上是为了抢劫他人住宅内所开设的赌场，客观上也实施了抢劫赌场的行为，并未侵害住户的财产权、人身权及居住权，故二人的行为不构成"入户抢劫"。

三、评析意见

本案中，王某某在自家设置赌场，该住宅内聚集多人赌博，来人可随意出入，赌博期间内，王某某的住宅已在很大程度上丧失了其家居生活的功能，不具有与外界相对隔离的功能，系聚众赌博场所，具有非法经营的性质，此时的王某某家已不具备户的功能特征而不能认定为"户"。同时，姚某某、李某某二人在预谋抢劫时，就商量好是去抢赌场，姚某某、李某某的抢劫行为针对的是设在王某某家的赌场，抢劫的是赌资，而不是去抢劫居民财产，二人的行为并未侵害该住户的财产权、人身权及住宅安全权，其抢劫行为的实施场所不符合"入户抢劫"中"户"的功能特征和场所特征，故二人的行为不构成"入户抢劫"。

四、指导意义

《解释》对"户"的解释是："户是他人生活的与外界相对隔离的住所，包括封闭的院落、牧民的帐篷、渔民作为家庭生活场所的渔船、为生活租用的房屋等。"根据《解释》，户应具备以下两个本质特征：①功能特征——家居生活性。"户"的本义之一是指"人家"。因此，户的功能特征是指供人们日常居住、生活和栖息的地方。家居生活应是户最基本和最主要的功能，并且公民对户应有完全的占有、使用、支配和自由进出的权利。《宪法》第39条规定："中华人民共和国公民的住宅不受侵犯。禁止非法搜查或者非法侵入公民的住宅。"可见，住宅不受侵犯是公民的一项宪法权利。有了《宪法》赋予的这项权利，公民在户内能够享有家居生活的自由和安宁，不受他人的干扰和窥探，其日常生活的隐私权也同样受到保护。作为公民人身权利和财产权利最为依赖的庇护场所，户既是公民安身立命的地方，也是公民人身安全与财产安全的最后屏障。在考察户的功能特征时，必须指出的是，户不仅包括具有家庭关系的居住者的住所，也应包括单个居住者的住所和不具有家庭关系的居住者的住所。因为居住者人数的多少以及居住者之间有无家庭关系，并不能否定该场所相对于外界而言所具有的家居性。同时，只要是用于居住生活，一个公民也可以拥有两个以上的住所。②场所特征——相对封闭性。户的场所特征表现为户是一个相对封闭的场所，在安全防范上具有一定的措施和保障，他人未经同意不得擅入。在户内，公民一旦遭受入户抢劫的不法侵害，往往因不易向外界求救而处于孤立无援的境地，不能或不敢反抗，从而使人身和财产安全遭到危害的可能性大大增加。

根据最高人民法院《关于审理抢劫、抢夺刑事案件适用法律若干问题的意见》的规定，认定"入户抢劫"时，应当注意以下三个问题：一是"户"的范围。"户"在这里是指住所，其特征表现为供他人家庭生活和与外界相对隔离两个方面，前者为功能特征，后者为场所特征。一般情况下，集体宿舍、旅店宾馆、临时搭建工棚等不应认定为"户"，但在特定情况下，如果确实具有上述两个特征的，也可以认定为"户"。二是"入户"目的的非法性。进入他人住所须以实施抢劫等犯罪为目的。抢劫行为虽然发生在户内，但行为人不以实施抢劫等犯罪为目的进入他人住所，而是在户内临时起意实施抢劫的，不属于"入户抢劫"。三是暴力或者暴力胁迫行为必须发生在户内。入户实施盗窃被发现，行为人为窝藏赃物、抗拒抓捕或者毁灭罪证而当场使用暴力或者以暴力相威胁的，如果暴力或者暴力胁迫行为发生在户内，可以认定为"入户抢劫"；如果发生在户外，不能认定为"入户抢劫"。

据此，"入户"应当具有非法性。根据主客观一致的原则，"入户"主观上必须具有实施抢劫的犯意，客观上必须具有进入他人住所的非法侵入性，且入户的方法行为与抢劫的目的行为之间必须具有牵连关系。实践中，认定"入户"的非法性，主要涉及抢劫犯意及其产生时间的问题，应具体把握两点：

（1）必须有抢劫的犯罪故意或者包括抢劫在内的概括故意。只要行为人在入户前形成的故意内容中包含抢劫犯意，就可认定具备入户的非法性要件。这主要是指预谋型的入户抢劫，对于转化型入户抢劫，因为《解释》第1条第2款另作了特别规定，因此可不受此限制。"为实施抢劫行为而进入他人住所"要求入户前必须已经形成抢劫故意，但并不是说只能有唯一具体的抢劫故意。入户前形成的抢劫故意可以是概括的，如能偷则偷，能骗则骗，不能偷不能骗的就抢，也可以有两个以上的犯罪故意，但其中必须包括抢劫故意。"入户"的非法性强调的是行为人主观心理的不法性，即行为人是怀着抢劫等非法意图进入他人住所的。至于行为人采用的入户方式是否合法则不论。入户的方式有违法与合法之分。违法入户既包括采用暴力强行入户，也包括采用冒充军警人员、执法人员或亲友身份等欺骗手段入户。合法入户则是利用被害人的邀请或信任而进入他人住所，如利用煤气、水电抄表员的身份或送货上门的机会入户。虽然从形式上看，被害人是"自愿"让行为人进入其住所的，但这是由于认识错误所致，并非其真实意愿。行为人所利用的被害人的这种信赖，从根本上是违背被害人本意的。所以，这种以合法形式掩盖非法目的的入户行为，其本质当然具有非法性。

（2）抢劫犯意应形成在"入户"之前或"入户"之时。抢劫犯意的形成时间对于认定入户抢劫至关重要，可以说是"入户抢劫"与"在户抢劫"的分水岭。抢劫行为发生在户内，并不一定就是"入户抢劫"。如果行为人基于某种合法正当的理由进入他人住所，临时起意实施抢劫，就不能认定为入户抢劫，只能以普通抢劫罪定罪量刑。《刑法》规定对携带凶器抢夺的行为，按抢劫罪定罪处罚。根据这一立法精神，携带凶器进入他人住所实施抢劫的，应当认定为入户抢劫。因为携带凶器行为本身就表明行为人在入户前已经准备使用暴力或胁迫手段侵犯户内居住者的人身和财产安全，这是一种包含抢劫内容的概括故意，而是否真正实施暴力或胁迫手段则视具体情况而定。同时，携带凶器入户会给被害人造成心理恐惧或精神强制，不敢轻易反抗，而一旦反抗则会遭到暴力打击，人身安全处于极度危险的境地，户内财产更无安全可言。因此，对携带凶器进入他人住所实施抢劫的，应认定为入户抢劫。

综上，本案中，在自家设置赌场，聚集多人赌博，来人可随意出入，住宅已很大程度上丧失了其家居生活的功能，不具有与外界相对隔离的功能，系聚众赌博场所，具有非法经营的性质，此时的王某某家已不具备户的功能特征而不能认定为"户"。姚某某、李某某抢劫行为的实施场所不符合"入户抢劫"中"户"的功能特征和场所特征。

张某某滥用职权案

——如何准确理解和把握滥用职权罪中的"非物质性损失"*

一、基本案情

2018年6月,李某谎称自己远房侄女系超生人口,无户口,托时任某派出所所长的张某某办理入户手续,张某某安排所内工作人员以"补入遗漏"的方式,为生于2004年7月××日的被拐骗幼女丁某办理了入户手续,将丁某更名为王某,按李某提供的基本情况,将丁某的出生日期登记为1998年4月×日,并发放了户口簿。后李某将丁某卖于冯某某,冯某某持此户口簿为丁某办理了临时身份证,于2018年10月与丁某领取了结婚证,并办理了准生证。2019年11月×日,丁某生育了一男孩。

二、关键问题

本案中,张某某主观上具有滥用职权的故意,客观上实施了滥用职权的行为,但由于滥用职权罪是结果犯,而本案中并无物质损害结果,危害结果是幼女丁某被拐卖后与冯某某成婚并生子,因此认定本案中张某某行为性质的关键在于分析判断这一危害结果是否属于滥用职权罪中的"非物质性损失"。

三、分歧意见

对于张某某行为的性质,有以下两种意见:

第一种意见认为,张某某的行为构成滥用职权罪。理由是:张

---

* 金石,甘肃省人民检察院。

某某故意违规行使职权,致使丁某作为幼女被李某拐卖、被冯某某收买并奸淫育子的犯罪行为合法化,主观上有滥用职权的故意,客观上造成了严重损害丁某身心健康、扰乱国家户籍管理和计划生育制度的严重后果,其行为已构成滥用职权罪。

第二种意见认为,张某某的行为不构成滥用职权罪。理由是:张某某虽然故意违法行使职权,但张某某的行为与丁某被拐卖的行为之间无必然联系,且张某某的行为并未使公共财产、国家和人民利益遭受重大损失,也未使国家声誉受到损害或造成恶劣社会影响,故张某某的行为并未造成滥用职权罪所要求的重大危害后果,其行为不构成滥用职权罪。

四、评析意见

本案中,张某某的行为不构成滥用职权罪。理由是:滥用职权罪必须以滥用职权的行为给国家和人民利益造成重大损失为要件,但本案中,并无物质性损失发生;在非物质性损失方面,张某某的行为虽然为犯罪分子逃避侦查提供了条件,但张某某的行为不是发生在国家对外关系中,也无涉外因素,同时,也无证据证实其滥用职权行为有上述"严重损害国家声誉"或"造成社会恶劣影响"的表现,从一般人的常识出发,其行为也不应造成上述法律要求的滥用职权罪中的"非物质性损失"后果;现有证据反映丁某结婚后满意现在的生活,在生育后领丈夫和孩子回过老家,父母也认可并同意其现在的生活,故张某某的行为也未给丁某造成身心健康方面的严重损害。在张某某行为既未造成"物质性损失",又未造成"非物质性损失"的情形下,依法不应入罪。

五、指导意义

滥用职权罪中的"非物质性损失",是指行为人滥用职权的行为严重损害了国家声誉,或者造成了恶劣的社会影响,具体具有以下几个特点:

第一,规定的原则性。最高人民检察院司法解释对非物质性损失的规定较为原则、抽象,实践中较难把握,需要由办案人员根据具体情况自由裁量,诉诸法院的,往往成为诉辩双方争议的焦点。

第二，损失的严重性。尽管现行法律、司法解释对滥用职权罪中的"非物质性损失"的规定较为原则，但损失必须达到一定的"严重"程度是无异议的，行为人滥用职权的行为必须"严重"损害了国家声誉，或者造成了"恶劣"的社会影响，才能达到入罪的标准。

第三，内涵的丰富性。非物质性损失作为滥用职权罪的结果形态之一，其不同于经济损失、人员伤亡等物质性损失那样单一、易辨，司法实践中常包含声誉性损失、秩序性损害、公众性损害、权益性损害以及社会性危害等多种情形，需要在具体案件中综合考量。

第四，判别的常识性。非物质性损失不同于物质性损失的一个重要特点，就是认知标准的不同。物质性损失可以根据法律规定的数量标准去衡量，但非物质性损失则需要根据具体情况，依据社会公众的常识性认知来自由裁量其严重程度。

（一）"严重损害国家声誉"的认定标准

"严重损害国家声誉"是滥用职权罪中非物质性损失的内容之一，一般是指行为人滥用职权的行为，被国内外媒体广泛报道，严重影响我国政府在国内外的形象，或者损害了我国在国际上的威望和地位，或者引起了国内外社会秩序的恐慌混乱，在国际上给我国声誉造成了严重不良影响，或者严重损害了党和政府的对外形象等。司法实践中，认定行为人行为是否"严重损害国家声誉"，一般可参照以下标准：

第一，看行为人滥用职权的行为是否被国内外媒体报道，并引起国际社会对我国党和政府的负面评价。

第二，看行为人滥用职权的行为是否不利于我国对外交往，引起了我国与他国国际关系的恶化。

第三，看行为人滥用职权的行为是否在国内或国外较大范围内使国家机关及其工作人员的威信丧失或者信任度明显下降，造成一方的社会不稳定。

这里，行为人滥用职权的行为与国家声誉严重受损不必一定具有直接的因果关系。因为，在许多情况下，行为人的滥用职权行为与客观危害后果之间并不表现为必然和直接的因果关系，而是表现为偶然性和间接性。认定滥用职权行为与国家声誉受损的客观危害后果之间是否存在刑法上的因果关系,关键是确定行为人的滥用职权行为对国家声誉严重受损的客观危害后果的发生实际产生了作用,如其作用力达到一定程度就可以据此追究行为人滥用职权罪的刑事责任。

(二)"造成恶劣社会影响"的认定标准

滥用职权罪中的"造成恶劣社会影响",是指国家机关工作人员的渎职行为极大损害了国家机关工作人员的形象,引起了广大人民群众的强烈不满,甚至引发游行、示威、罢工等活动,对社会稳定形成一定不良影响。认定行为人的滥用职权行为是否"造成恶劣社会影响",一般可对照以下三个标准:

第一,滥用职权行为本身的恶劣性程度。可从滥用职权行为是否严重背离党和政府的要求、是否引发上级的关注和严厉问责以及侵害国家机关管理制度的程度大小、范围深广等方面来确定。

第二,滥用职权恶劣行为传播的范围。可从滥用职权行为在何种范围内被广为传播并为媒体所广泛报道、公众所知晓和关注等方面来考量。

第三,滥用职权恶劣行为引起的社会影响程度。行为人滥用职权引起恶劣社会影响,通常表现为大量媒体负面宣传报道、引起群体性事件或大规模上访、游行、示威、罢工等,可从这些方面评价行为人的滥用职权行为引起的恶劣社会影响程度。

当然,显现的恶劣社会影响较好判别,尚未显现的恶劣社会影响,则由于缺少"结果"证据,往往被认为没有造成恶劣社会影响。这类情况中,行为人滥用职权的行为并非不能造成社会影响,更非社会公众不认为其影响恶劣。这时,应以一般人的常识性认识来判断行为人滥用职权行为的社会影响是否恶劣,尤其是要注意那些政府和司法机关从国家利益和社会公众利益角度出发有意控制社会影响的情况。在这种情况下,行为人滥用职权的行为并非没有造成恶劣的社会影响,而是因公权力的控制使恶劣影响脱离了公众的视线,只能说明其恶劣影响已经达到需要公权力防控才能防止造成更大的社会危害性的严重程度,不能将其视为未造成恶劣社会影响。

王某抢劫出租车后前往现场杀人并以轿车碾压他人案
——牵连犯和想象竞合犯的实践认定*

一、基本案情

2009年7月××日晚,王某在与唐某、张某等人在某餐厅饮酒过程中,因言语不合与张某发生争执继而厮打,被唐某拉开,并安排出租车司机李某将王某送回其住处。王某回到住处后,取杀猪刀一把,胁迫李某驾车返回餐厅,要杀死唐某出气。途中,李某停车准备劝说王某时,被王某用其携带的刀具打晕,后王某独自驾驶李某的轿车返回餐厅找到唐某,即持刀朝唐某的左胸部猛刺一刀,在魏某等人上前救助唐某时,王某驾车冲向唐某等人,将唐某、魏某碾压在车底,并挥舞刀具阻止人群靠近,致唐某当场死亡,并致魏某轻伤,张某、谭某某轻微伤,后王某被众人制服抓获。

二、关键问题

本案认定王某的行为是一罪还是数罪,关键是厘清王某实施的数个行为之间的相互关系,由此需要准确理解和把握牵连犯与想象竞合犯的法律特征。

三、分歧意见

有以下三种意见:

第一种意见认为,王某的行为构成抢劫罪、故意杀人罪、故意伤害罪。理由是:王某采用暴力手段非法占有了李某的出租车,而

---

* 金石,甘肃省人民检察院。

后又故意实施了非法剥夺唐某生命的行为,在魏某、张某、谭某某等人对唐某实施救助的过程中,又故意伤害他人的身体健康,致魏某轻伤,这三个行为在时间上有间断性,对象亦不同,是三个独立的行为,已分别符合抢劫罪、故意杀人罪、故意伤害罪的犯罪构成要件,已构成抢劫罪、故意杀人罪、故意伤害罪。

第二种意见认为,王某的行为构成故意杀人罪。理由是:王某实施的抢劫、故意杀人、故意伤害的行为是三个主观故意同一、手段有牵连、内容相互涵盖的行为,抢劫李某出租车是为了实现到达杀人现场的目的,开车撞人的目的是进一步将唐某致死,阻止众人救助唐某,以致故意伤害魏某等人,对其行为应以故意杀人罪一罪定罪处罚。

第三种意见认为,王某的行为构成故意杀人罪、以危险方法危害公共安全罪。王某先后实施了三个行为,即持刀抢劫车辆的行为、持刀故意杀人的行为及驾车冲撞众人致魏某轻伤的行为。抢劫车辆是为了能够回到案发现场,以实施其预谋的下一步故意杀人的犯罪行为,二行为之间是手段与目的的关系,属刑法中的牵连犯,故应从一重罪处罚,以故意杀人罪一罪论处;其在故意杀人行为完成后,又驾车向人群冲撞,并声称"我把你们全弄死,一个都活不下",这时其主观故意发生了变化,从杀害被害人唐某转变、扩大为对在场其他人的故意施害,其行为符合《刑法》第114条之规定,构成以危险方法危害公共安全罪。

四、评析意见

本案中,王某的行为构成故意杀人罪和以危险方法危害公共安全罪。理由是:王某抢劫李某出租车不是为了非法占有他人财物,而是急于报复唐某,怕正在餐厅饮酒、随时可能离去的唐某离开,其犯罪不能得逞,抢劫出租车是在其杀人故意支配下实施的,是其犯罪目的达到的重要手段,是其实施故意杀人行为的准备条件,故王某的抢劫行为与其故意杀人行为有着紧密的牵连关系,构成牵连犯罪,应以二罪中的重罪故意杀人罪定罪。王某驾车冲撞唐某所处环境的不特定多数人时,主观上既有阻止众人救助唐某,并进一步采取手段将唐某致死的故意,又临时产生了不计后果为达杀害唐某的目的而侵害多数人的生命、健康安全的故意,这种故意已超出了故意杀人的故意,并且是在其用刀捅刺唐某后产生的(这时王某的意识里是谁上来阻止其行为,其就伤害谁),这时,王某杀害唐某的主要行为已经完成,车轮碾压只是延迟了唐某的救助时间,被锐器刺破心脏导致心脏大出血才是唐某死亡的直接原因。因此,王某故意杀人与以危险方法危害公共安全的客观行为在主要部分不重合,不是一个行为,故对王某驾车冲撞众人的行为不能因其含有阻止众人救助唐某的目的而认定为故意杀人和以危险方法危害公共安全的想象竞合,应以故意杀人罪和以危险方法危害公共安全罪分别定罪处罚。

五、指导意义

牵连犯和想象竞合犯在我国刑法中属拟制的一罪,其法律特征和认定标准简述如下:

(一) 牵连犯的概念和认定标准

牵连犯是指犯罪的手段行为或结果行为,与目的行为或原因行为分别触犯不同罪名的情况。牵连犯有两个特征:①必须是其手段行为或结果行为又触犯了其他罪名;②数行为之间存在手段行为与目的行为、原因行为与结果行为的牵连关系。

关于牵连关系的认定标准,理论上有客观说、主观说、折中说、类型说之分。客观说以客观上两种行为之间具有手段行为与目的行为、原因行为与结果行为之间的关系为具有牵连关系的标志;主观说认为成立牵连关系需要行为人主观上将某种行为作为目的行为的手段行为或者作为原因行为的结果行为;折中说认为必须是行为人主观上与客观上都具有牵连关系;类型说则认为,根据《刑法》规定与司法实践,应将牵连犯的手段与目的、原因与结果的关系类型化,亦即只有当某种手段通常用于实施某种犯罪,或者某种原因行为通常导致某种结果行为时,才宜认定为牵连犯。笔者认为,教条地采用任何一种学说标准,都可能导致放纵犯罪或定罪扩大化,每一个犯罪都有其发生的特殊背景、特定条件,因此应结合案件发生的具体情况，判别行为人的行为是否具有手段行为与目的行为、原因行为与结果行为的牵连关系。

（二）想象竞合犯的概念和认定标准

想象竞合犯，也称想象的数罪、观念的竞合、一行为数罪，是指一个行为触犯了数个罪名的情况。想象竞合犯具有以下两个基本特征：①行为人只实施了一个行为；②一个行为必须触犯数个罪名，即该行为符合数个犯罪的构成要件。这里的一个行为，是指基于自然的观察，在社会的一般观念上被认为是一个行为，但是当某个行为还能被分成两个行为时，要根据二者之间有无重合关系来判断是否为一个行为，至于达到何种程度的重合关系时，才能被认定为是一个行为，目前主流观点采取主要部分重合说，即符合构成要件的各自然行为至少其主要部分重合时，才是一个行为。

综上，本案中抢劫出租车是其犯罪目的达到的重要手段，是其实施故意杀人的准备条件，故王某的抢劫行为与其故意杀人行为有着紧密的牵连关系，构成牵连犯罪，应以二罪中的重罪故意杀人罪定罪。而王某驾车冲撞众人的行为不能因其含有阻止众人救助唐某的目的而认定为故意杀人和以危险方法危害公共安全的想象竞合，应以故意杀人罪和以危险方法危害公共安全罪分别定罪处罚。

村支书吴某某、村主任杨某某、村文书付某某贪污案*

一、基本案情

2009年初，在某村村支书吴某某、村主任杨某某、村文书付某某协助镇政府办理本村灾后重建工作时，该村重建户杨某在重建名额最终确定后自愿放弃重建，致该重建户名额空缺。吴某某将该户2万元的重建补助款存折从镇政府代领出来后，提议将该户补助款用于村干部的日常花销，杨某某、付某某均表示同意。随后，吴某某安排付某某出具该户重建验收情况的虚假证明，杨某某用该证明换取镇政府的《灾后重建补助资金审批发放通知单》，并由杨某某和付某某到信用社领取该户的重建补助款，由于该重建户在信用社有贷款，该款没有被领出来。

二、关键问题

本案某村村支书吴某某、村主任杨某某、村文书付某某的行为如何定性。

三、分歧意见

本案在侦查过程中，侦查部门认为该村3名村干部的行为涉嫌贪污，系共同犯罪。但是对本案的犯罪停止形态存在着不同的意见：

第一种意见认为，本案已经构成贪污罪既遂，因为在该重建户放弃重建的情况下，3名村干部采用骗取的行为方式已经使国家失去对该户2万元（2009年贪污罪的立案标准为5000元人民币）补助款

---

* 姚伟博，甘肃省陇南市宕昌县人民检察院。

的控制，虽然由于该重建户在信用社有贷款没能取出补助款。

第二种意见认为，本案属于贪污罪未遂，因为在本案中3名村干部并未实际控制其利用职务之便所骗取的公共财物，行为人只是拿到了存折和《灾后重建补助资金审批发放通知单》（以下简称《通知单》），但存折里面的补助资金并没有被行为人所实际占有、使用、收益、处分，因此属于贪污罪未遂。

四、评析意见

本案争议的焦点在于如何区分贪污罪既遂与未遂，贪污罪未遂是贪污罪的未完成形态。贪污罪是直接故意犯罪，属于结果犯，存在未遂形态，这一点在理论上争议不大。实践中，处罚贪污罪未遂的案例也不少见。笔者同意第二种观点，认为村干部的行为属于贪污罪未遂。理由如下：

（一）贪污罪既遂与未遂区分标准的分析

贪污罪既遂与未遂的区分标准在理论界主要有三种观点："失控说""控制说""失控加控制说"。笔者认为，第二种观点即"控制说"较为合理，理由是：学界中区分犯罪既遂与未遂的通说"犯罪构成要件齐备说"认为，区分犯罪既遂与否，应以行为人所实施的行为是否具备了《刑法》分则所规定的某一犯罪的全部构成要件为标准。此说的特点是强调主客观相统一。从主客观相统一的原理出发，贪污罪犯罪构成要件齐备的客观标志，是侵吞、窃取、骗取等犯罪行为造成了行为人非法占有公共财物的实际结果；贪污罪犯罪构成齐备的主观标志，是行为人达到了非法占有公共财物的目的。否则，就属于贪污罪未遂。只有"控制说"才能全面反映犯罪结果和犯罪目的两方面的因素。

至于"失控说"，只能反映犯罪结果的发生，即公共财物所有权受到侵犯的因素，而不能反映犯罪目的是否实现的因素，也不符合我国《刑法》第23条第1款关于犯罪"未得逞"文意表述侧重犯罪主观方面的立法本意。

"失控加控制说"貌似全面，既考虑到公共财物所有权受到侵犯的情况，又考虑到行为人的主观目的，但它忽视了财物的所有单位已经失控而行为人尚未实际控制的情况，公共财物的所有单位对财物失去控制，不意味着行为人必然已经控制了财物；但是反过来，行为人"实际控制"了财物，必然意味着受害单位对于财物的"失控"，逻辑上缺乏科学性。

正因为如此，最高人民法院于2003年11月13日印发的《全国法院审理经济犯罪案件工作座谈会纪要》也采纳了"控制说"的观点，明确指出：贪污罪是一种以非法占有为目的的财产性职务犯罪，与盗窃、诈骗、抢夺等侵犯财产罪一样，应当以行为人是否实际控制财物作为区分贪污罪既遂与未遂的标准。

（二）村干部的行为是否构成贪污罪未遂

本案中行为人在协助镇政府从事灾后重建工作过程中，明知有一重建户在重建名额确定后放弃重建，而利用职务上经手公共财物的权力及方便条件，以非法占有为目的骗取国家灾后重建补助款，其行为已构成共同贪污。

行为人利用虚假的重建验收情况证明骗取到政府出具的《通知单》后，只要持有存折和《通知单》就能够在信用社顺利地取得重建补助款，达到非法占有的目的，因此国家已经失去了对该财物的控制。根据"失控说"，行为人已经构成贪污罪的既遂，但是，此时不是犯罪的停止形态，且只能反映出贪污罪犯罪构成要件齐备的客观标志，即行为人的犯罪行为只侵害了公共财物的所有权，而不能反映行为人犯罪目的是否实现，这不符合我国《刑法》关于犯罪"未得逞"所侧重表述的犯罪主观方面。

行为人持存折和《通知单》到信用社领取补助款，由于该重建户在信用社有贷款而未能成功领取补助款时，行为人的犯罪行为才告停止。此时，行为人虽然客观上完成了贪污行为，但主观上并未达到非法占有的目的，属于由于意志以外的原因而"未得逞"。行为人的行为不能全面反映犯罪结果和犯罪目的两方面的因素，因此，只能认定为贪污罪未遂。

五、处理结果

本案中的3名村干部在协助镇政府办理灾后重建事宜时，利用职务之便骗取国家灾后重建补助资金，其行为已构成贪污，属共同犯罪，由于意志以外的原因行为人并没有实际控制财物，属于贪污罪未遂。本案移送起诉后，法院以贪污罪未遂分别对3名村干部判处刑罚。

祁某某与C县公安局城关派出所不履行法定职责纠纷检察监督案*

一、基本案情

2018年9月27日，祁某某向G省H县人民法院递交两份行政起诉状，一份起诉状请求人民法院依法责令C县公安局城关派出所对董某于2017年6月28日寻衅滋事的违法行为进行治安处罚，另一份起诉状请求人民法院依法责令C县公安局城关派出所对董某于2017年7月12日故意殴打他人的违法行为依法给予治安处罚。祁某某递交的这两份行政起诉状的落款日期均为"2018年9月17日"。

2018年10月10日，G省H县人民法院对祁某某起诉的两起案件分别立案。2018年10月23日，G省H县人民法院分别作出行政裁定，以祁某某提起行政诉讼的两件案件的起诉日期是2018年10月10日，明显超过法定起诉期限为由，裁定驳回起诉。

祁某某不服，向G省L市中级人民法院分别提起上诉。G省L市中级人民法院审理认为，上诉人祁某某向原审法院起诉的日期是2018年9月17日，祁某某向原审法院提起行政诉讼，已超过法定起诉期限，遂于2019年1月28日分别作出行终裁定，裁定：驳回上诉，维持原裁定。

二、检察机关监督情况

L市人民检察院经审查认为，祁某某对两起案件提起的行政诉讼均已明显超过法定起诉期限，G省L市中级人民法院行政裁定并无不当，根据2016年《人民检察院行政诉讼监督规则（试行）》第

---

* 潘露亚，甘肃省陇南市人民检察院。

27条的规定，决定对该两起案件分别作出不支持监督申请决定。

在办案过程中，L市人民检察院发现法院审判活动中存在错误认定当事人起诉日期的违法情形，遂根据2016年《人民检察院行政诉讼监督规则（试行）》第9条第1项之规定进行依职权监督。一是G省L市中级人民法院于2019年1月28日作出的行终裁定均错误地将当事人在起诉状上的落款日期认定为当事人的起诉日期。二是G省H县人民法院于2018年10月23日作出的行政裁定均错误地将人民法院的立案日期认定为当事人的起诉日期。根据该两起案件的相关案件材料，当事人在起诉状上的落款日期、当事人向法院递交行政起诉状的日期与人民法院的立案日期明显不一致。因为起诉人祁某某在行政起诉状上的落款日期均为2018年9月17日，而《受理案件通知书》《行政起诉登记立案书面凭证》《人民法院诉讼收费专用票据预收》载明G省H县人民法院收到祁某某行政起诉状的日期均为2018年9月27日，即祁某某实际上向人民法院递交行政起诉状的日期均为2018年9月27日。《行政一审案件立案审查、审判流程管理信息表》载明G省H县人民法院对该两起案件的立案日期均为2018年10月10日。

根据《行政诉讼法》第93条第3款的规定，针对G省L市中级人民法院在行政裁判中错误认定当事人起诉日期的问题，G省L市人民检察院于2020年11月26日向G省L市中级人民法院提出检察建议。G省L市中级人民法院于2020年12月18日回复并采纳检察建议。同时，根据2016年《人民检察院行政诉讼监督规则（试行）》第28条的规定，G省L市人民检察院将G省H县人民法院的这一审判活动违法案件交由G省H县人民检察院审查。G省H县人民检察院根据《行政诉讼法》第93条第3款的规定，于2020年11月26日向G省H县人民法院提出检察建议。G省H县人民法院于2021年12月18日回复并采纳检察建议。

三、指导意义

起诉期限是法律设定的起诉条件之一，解决的是起诉能否进入司法实体审查的问题，以维护社会关系的稳定，惩罚"权利的睡眠者"。超过起诉期限，当事人丧失的是提起诉讼的权利，即无权要求进入司法程序取得保护。司法实践中，对于原告因超过法定起诉期限且无《行政诉讼法》第48条规定情形，法院已经立案的，通常会裁定驳回起诉。但对于"超过法定起诉期限"的认定，往往涉及对原告"起诉日期"的确定。起诉日期的确定，对于准确认定当事人起诉是否超过法定期限、保护当事人的行政诉讼权利具有极其重要的作用。但司法实践中不同地域、不同层级的法院在裁定驳回起诉时，对"起诉日期"的认定有时存在较大差异。

本案中，针对一审、二审法院对当事人起诉日期认定不一且错误的情形下，两级检察院通过检察监督，使法院与检察院对行政诉讼中"如何认定当事人的起诉日期"达成共识，切实保障了法律的统一正确实施。即根据《行政诉讼法》第50条"起诉应当向人民法院递交起诉状，并按照被告人数提出副本。书写起诉状确有困难的，可以口头起诉，由人民法院记入笔录，出具注明日期的书面凭证，并告知对方当事人"的规定，当事人的起诉日期在一般情况下是当事人提起行政诉讼的日期，即当事人向人民法院递交行政起诉状的日期，既不是当事人起诉状上的落款日期，也不是人民法院的立案日期。

许某某等36人"套路贷"案*

一、基本案情

该犯罪集团组织结构严密、分工明确。被告人许某某出资450万元并提供犯罪场所,幕后操纵、实际控制该犯罪集团;被告人苏某涵出资25万元,担任某互联网科技服务有限公司法定代表人,负责犯罪集团经营管理、人员招募等事项,并兼任审核主管,对审核通过的被害人进行放款;被告人许某宝出资25万元并担任催收主管,监督、管理、招募催收人员。被告人段某负责犯罪集团财务管理;被告人梁某云受许某某指使,对犯罪集团的成员、财务等进行全面监督管理,从而达到替许某某出面管理、监督犯罪集团实施诈骗活动的目的。被告人许某某、苏某涵、许某宝、梁某云、段某五人参与筹建诈骗犯罪集团,控制、管理、操纵犯罪,应作为该诈骗犯罪集团的主犯。被告人阮某龙、张某鹏、陈某来、丁某宁、胡某辉、金某、孙某波、颜某杰、吴甲、吴乙、粟某、任某、李某君、丁某虎、王某、郑某举、李某祥、李某杰、贺某朋、陈某健、伍某春、蔡某梅、黄某、易某爱、张某、童某慧、严某依、刘某、韩某、刘某强明知该犯罪集团从事违法犯罪活动,但为了犯罪集团及本人利益,在被告人苏某涵、许某宝的指使下仍然利用各自分工负责的具体事项实施诈骗活动,使诈骗犯罪活动得以完成;被告人娄某斌明知他人实施网络诈骗,利用自己的编程特长,为犯罪集团编写用于实施诈骗的网络贷款软件并提供技术支持,均应作为诈骗犯罪集团的从犯。

---

* 摆凤琴,甘肃省华亭市人民检察院。

2018年12月3日至2019年3月6日，该犯罪集团利用网络贷款平台骗取125 570人下载贷款软件，收到50 960笔贷款申请，并向10 284人放款17 905笔，实际放款18 303 320.7元。以收取手续费为名骗取被害人4 673 730.3元，以收取续借费为名骗取被害人6 147 500元，以逾期收取滞纳金为名骗取被害人365 965元，共计通过网贷平台骗取被害人11 187 195.3元；2019年2月27日至3月6日，该犯罪集团利用被告人娄某斌编写的贷款软件骗取1248人申请贷款，审核通过112人，向106人放款，放款157 300元，通过网贷平台以收取手续费、续借费为名骗取被害人21 150元。通过网贷平台共计骗取被害人11 208 345.3元，经审计非法获利17 113 716元。

二、检察机关履职情况

（一）适时提前介入，提高办案效率

H市公安局于2019年3月6日一举破获本市安某某因网络贷款催债而自杀身亡一案，在Z省N市Z市抓获网贷平台犯罪嫌疑人23人。H市检察院同步跟进，在犯罪嫌疑人被拘留15日时提前介入，面对犯罪嫌疑人众多，案情复杂，卷宗达60多卷，时间紧迫的情况下，H市检察院成立专案组，由2名入额检察官带领3名助理检察官、2名书记员加班加点，采取分工负责，分类熟悉证据，并提前制作审查逮捕意见书，对发现的其他涉案人员追逃问题、电子证据固定问题、涉嫌的罪名及犯罪数额、法律适用问题及时和侦查人员沟通，并就继续侦查方向提出13条意见。侦查机关先后3次就抓获的36名犯罪嫌疑人全部提请批捕后，办案组着重对36名犯罪嫌疑人进行讯问，认真听取犯罪嫌疑人辩解以及是否认罪认罚，在提前介入熟悉案件的基础上，对提请的所有犯罪嫌疑人在办案期限内全部以诈骗罪批准逮捕。并且在起诉环节，实行捕诉一体化，由原办案组继续审查起诉，节约了诉讼资源，提高了办案效率，按期完成了起诉工作。

（二）成立办案团队，提高办案能力

H市检察院在案发时就对该案高度关注，及时跟进，在案件破获后加强和侦查机关的沟通协调，检察长亲自主办，并抽调办案经验丰富的业务骨干组成专业化办案团队，负责该"套路贷"案件的提前介入、审查逮捕、审查起诉工作。办案组在审查起诉期间，认真研究法律法规及司法解释，并对该犯罪集团的犯罪目的、犯罪数额的认定多次进行讨论，及时和兄弟院取得联系，在检察长带领下赴 J 市 S 区检察院取经，为办案工作顺利开展积累了宝贵的经验。在案件办理过程中，办案组就案件存在的问题加强和公安机关、法院的及时沟通协调，一次退回补充侦查后要求公安机关解决补充侦查问题 30 多条，对公安机关办案过程中存在的问题及时纠正，并参加法院组织的联席会议 3 次，在庭前会议结束后按照法庭的要求对审计报告进行补强，在办案中不断积累经验，确保了案件质量。

（三）注重证据审查，提高办案质量

在案件办理过程中，办案组着重就犯罪嫌疑人是否构成敲诈勒索罪、非法侵犯公民信息罪进行审查，认真听取 15 名辩护律师的意见，并对律师提出的关于个别犯罪嫌疑人自首、立功等问题要求侦查机关予以补充。办案组积极对犯罪嫌疑人适用认罪认罚从宽制度，在讯问过程中认真向犯罪嫌疑人解释法律法规以及认罪认罚从宽制度，经过检察官耐心细致的工作，36 名犯罪嫌疑人中有 31 名犯罪嫌疑人同意认罪认罚，并在律师的见证下签署了认罪认罚具结书。在办理该案件过程中，办案组着重根据犯罪集团实施犯罪活动的主观故意、客观行为全面判断，查找法律解释，最终经过办案组多次讨论认为该案应当以诈骗罪定罪起诉，敲诈勒索罪、侵犯公民信息罪属于牵连犯罪，不再予以追究。在案件办理过程中，办案组还就犯罪嫌疑人是否属于恶势力成员、犯罪数额及主从犯的认定问题认真审查，并要求公安机关对犯罪集团的犯罪数额及获利情况进行专业审计，从而对犯罪集团及犯罪嫌疑人犯罪数额的认定提供了参考。

（四）积极追赃挽损，提升办案效果

不论是在提前介入还是在批捕、起诉环节，办案组就查获犯罪嫌疑人财产多次与侦查人员协调会商，把减少被害人损失，追赃挽损作为一项重要的工作来抓。通过侦查人员的努力，查获扣押违法犯罪所得 400 多万元，车辆 3 辆，犯罪嫌疑人许某某房产 63 套及用于作为犯罪场所的房产一处，检察人员就查获的财产进行审查，提出合理化意见，对属于违法所得的建议法院依法返还被害人，对于犯罪嫌疑人合法财产建议返还给犯罪嫌疑人，以确保法律的公平正义。

（五）强化出庭力量，加强社会宣传

案件起诉法院后，办案组加强和法院的沟通协调，对案件需要补充的证据及时调取。在法院作出开庭前10日，办案组集中力量，按照由简及难的顺序制定出犯罪嫌疑人讯问提纲，按照证据的归类制定出证据的出示方式，对辩护人的辩护观点及法庭可能出现的问题提前进行研判，从法庭讯问到出示证据，发表公诉意见，答辩做到任务到人，以确保庭审顺利进行。在法庭上，公诉人面对45名辩护律师，36名被告人及其家属，不惧不畏，义正词严，从该犯罪集团假借民间借贷，利用网络采取虚假宣传诱骗被害人陷入"套路贷"之中，收取超高手续费、续借费及滞纳金，并采取辱骂、曝通讯录等软暴力手段进行催收及间接造成2名被害人自杀身亡严重后果的犯罪事实，从是否属于恶势力犯罪集团、是否属于"套路贷"、是否构成诈骗罪层层论述，用大量证据揭露了犯罪集团诈骗犯罪的事实及社会后果。并且在庭审现场办理宣传专栏，及时发布庭审信息，提醒广大市民树立法律意识，提高防骗意识，通过庭审取得了良好的社会效果。

三、评析意见

（一）如何认定"套路贷"

最高人民法院、最高人民检察院、公安部、司法部《关于办理"套路贷"刑事案件若干问题的意见》（以下简称《意见》）对"套路贷"的特征及如何与民间借贷相区别作了详尽的阐述。对于能体现《意见》中"套路贷"案件特征的案件无须赘述，但部分案件特征并不明显，还需我们认真甄别。例如本案，犯罪集团利用网络借贷平台以低息、无抵押、无担保、快速放款等为诱饵吸引被害人借款，犯罪集团审核部犯罪嫌疑人通过非法手段获取被害人通话记录、支付宝等公民信息，冒充保险公司人员核实被害人通讯录，在被害人不知情的情况下收取砍头息，催收部犯罪嫌疑人对到期未还款的被害人通过打电话威胁、曝通讯录逼迫、利用"轰炸机"软件不间断打电话、发送短信骚扰、制作、传播侮辱性 PS 照片等手段索取债务。因此,本案只存在《意见》规定的制造民间借贷假象、软硬兼施"索债"两种情形。另外,辩护人认为本案的1万多名被害人多次在网贷平台贷款,对网贷平台收取的砍头息、续借费、滞纳金及索债采取的手段是明知的,不存在被"套路"的情况,有的被害人借款后故意不还款,还存在骗取网贷平台贷款的情况,因此该案属于民间借贷。对此,我们要客观分析。①网贷平台是否以非法占有为目的。大多网贷平台都存在签订"借款协议"的情况,但是借款协议约定的借款期限仅为7天,利息是30%,表面上看符合法律规定,但是按照年利率换算实际已经超过了1500%,并且网贷平台在支付借款时提前收取了砍头息,实际上已经变相垒高了被害人的借款金额,并且在被害人不知情的情况下通过其他犯罪集团获取了被害人的个人信息,以为催债提供条件。②是否全部实施了"套路贷"的犯罪手法。《意见》规定,"套路贷"常见的犯罪手法和步骤包括但不限于五种情形,因此,五种犯罪手法或步骤并非缺一不可,仅实施了其中的一种或几种的,也不影响"套路贷"案件的成立。③判断被害人是否基于错误认识陷入"套路贷"之中。有的被害人虽然对对方收取30%利息是明知的,但对高额的续借费、滞纳金及犯罪嫌疑人采取软暴力催收方式事先并不明知,贷款后才得知自己被套路了。

(二)如何认定"套路贷"案件中的恶势力犯罪集团及恶势力犯罪成员

(1)关于恶势力犯罪集团的认定。按照最高人民法院、最高人民检察院、公安部、司法部《关于办理恶势力刑事案件若干问题的意见》《意见》的规定,首先认定是否属于犯罪集团,这主要从是否有三名以上的组织成员,是否有明显的首要分子,重要成员是否相对较为固定,是否组织成员经常纠集在一起,共同故意实施三次以上犯罪活动进行判断。其次认定犯罪集团是否属于恶势力犯罪集团,利用网络实施"套路贷"的案件,其中的暴力方式并不是针对被害人直接实施的,这就需要我们根据最高人民法院、最高人民检察院、公安部、司法部《关于办理实施"软暴力"的刑事案件若干问题的意见》的规定来分析是否存在软暴力、网络软暴力，着重从其软暴力方式是否严重影响了被害人及其亲朋好友的正常生活及生产秩序，是否对被害人心理造成心理恐惧和恐慌及造成的后果来进行判断，例如本案犯罪嫌疑人采取向被害人及其亲属、朋友、同事不间断打电话，P图制作淫秽图片来威胁被害人还债，通过2名被害人自杀可以看出对被害人造成的心理恐惧的严重性，因此，应当认定其诈骗犯罪集团为恶势力犯罪集团。

（2）关于恶势力犯罪集团成员的认定。对于犯罪集团的首要分子及主犯，认定为恶势力犯罪集团成员毫无疑问，但是对于进入犯罪集团时间比较短且作案次数较少的犯罪嫌疑人是否属于恶势力犯罪集团成员，首先要判断其主观上是否明知该犯罪集团属于恶势力犯罪集团，通过犯罪嫌疑人对犯罪集团的认知程度的深浅、对自己及其他犯罪嫌疑人实施的犯罪行为了解的多少来判断是否明知是恶势力犯罪集团；客观上审查其作案时间长短及本人采取软暴力次数、暴力程度、造成的人身损害后果、对亲朋好友骚扰程度等因素综合把握。例如，许某某等36人"套路贷"案件，法院最终将18名从犯认定为恶势力犯罪集团成员。

（三）"套路贷"案件罪名的认定

"套路贷"不是一个具体的罪名，而是一种犯罪行为或方式，涉及罪名比较多，应当根据具体案件事实，区分不同情况，依照《刑法》及有关司法解释的规定数罪并罚或者择一重处。因此，对"套路贷"案件如何定性，也是办理此类案件的难点之一，需要采取主客观相结合的方式判断。①犯罪嫌疑人实施犯罪的主要目的是判断定罪主观方面的依据。犯罪嫌疑人或整个犯罪集团在作案过程中采取多种手段实施犯罪，都是为其主要目的服务。例如，本案中，审核部的犯罪嫌疑人在犯罪过程中还涉及非法获取公民信息，催收部的犯罪嫌疑人在催收债务过程中还涉及敲诈勒索罪。但是，本案中非法获取公民个人信息、软暴力催债是犯罪手段，而使被害人陷入套路以非法占有其贷款是目的，因此，对所有犯罪嫌疑人均应按诈骗罪定罪。②还有的"套路贷"案件是通过网络自动审查通过贷款，而将催收外包给其他犯罪嫌疑人或犯罪团伙，在这个作案过程中，负责催收的犯罪嫌疑人和放贷的犯罪嫌疑人犯意联系不紧密，且属于不同的犯罪团伙，因此，应当按照各自的犯罪行为定罪。

（四）如何认定犯罪数额

（1）犯罪集团或犯罪团伙中首要分子犯罪数额的认定。辩护人认为犯罪嫌疑人最初投入的资金应当从犯罪数额中扣除。根据《意见》、最高人民法院、最高人民检察院、公安部、司法部《关于办理黑恶势力犯罪案件若干问题的指导意见》，在认定"套路贷"犯罪数额时，应当与民间借贷相区别，从整体上予以否定性评价，对收取的"利息""保证金""中介费""服务费""违约金"等名目被犯罪嫌疑人、被告人非法占有的财物，均应计入犯罪数额，犯罪嫌疑人最初投入资金不应当再从犯罪数额中扣除。例如，本案中，许某某等最初投入500万元，从2018年12月3日至2019年3月6日，犯罪集团收取手续费4 673 730.3元，续借费6 147 500元，滞纳金365 965元，共计骗取被害人11 187 195.3元，500万元作为犯罪的最初启动资金不应从犯罪数额中扣除。

（2）从犯的犯罪数额的认定。最高人民法院、最高人民检察院、公安部《关于办理电信网络诈骗等刑事案件适用法律若干问题的意见》第四部分第（二）段规定，多人共同实施电信网络诈骗，犯罪嫌疑人、被告人应对其参与期间该诈骗团伙实施的全部诈骗行为承担责任。"参与期间"是指从犯罪嫌疑人、被告人着手实施诈骗行为开始起算。但是，对于每个犯罪嫌疑人的具体诈骗数额，因为作案方法不同，需要区别对待。有的"套路贷"案件中，是谁放款谁催收，这样的作案方式犯罪数额很清楚；但是，有的"套路贷"案件属于分工负责，审核放款和负责催收属于不同的犯罪嫌疑人，因此，对每个犯罪嫌疑人的诈骗数额无法计算，对此，按照共同犯罪部分责任共同承担原则，对于从犯的犯罪数额应当其按照参与作案期间犯罪集团的犯罪所得计算，例如本案对于所有从犯的犯罪数额是按照每个人参与作案期间犯罪集团骗取的手续费、续借费、滞纳金计算的。

张某某盗窃案*

一、基本案情

2017年12月12日，犯罪嫌疑人张某某在受害人唐某某不知情的情况下，在唐某某手机上安装支付宝，并绑定受害人银行卡。张某某分两次通过支付宝将卡内8000元现金转入自己的支付宝账户内。2017年12月13日至12月31日，张某某两次以打电话为由骗取唐某某手机，将该银行卡内2900元转入自己支付宝账户。

2017年12月14日至18日，张某某骗取于某某手机利用其身份信息在蚂蚁借呗贷款5000元、在蚂蚁花呗套现1800元、在拍拍贷贷款2000元，后将这8800元转入自己支付宝账户。

2018年1月20日，张某某骗取巫某甲手机利用其身份信息在拍拍贷贷款1000元转入自己支付宝账户。

2018年1月至2月，张某某骗取巫某乙手机、身份证、中国农业银行卡及密码，多次利用其身份信息登录手机贷款平台，在蚂蚁花呗套现1000元、在拍拍贷贷款6000元、在现金借款贷款3000元、在中原消费金融贷款2000元、在信而富贷款1500元，后将合计13 500元转入自己账户。

二、关键问题

行为人分别实施了以下行为非法获取钱财：在他人手机上安装支付宝，并绑定他人银行卡后非法获取钱财；利用他人身份信息在网上贷款平台借款后转移钱财。以上获取钱财的手段各不相同，张某某的行为该如何定性？

---

* 董鹏君，甘肃省平凉市泾川县人民检察院。

三、分歧意见

第一种观点认为，行为人利用他人支付宝、其他贷款平台非法取财，实质是使平台受骗，自愿交付钱财，构成诈骗罪。

第二种观点认为，行为人均是利用非法手段获取的信用卡或信用信息在手机上使用，应认定为"冒用他人信用卡"，构成信用卡诈骗罪。

第三种观点认为，行为人基于非法占有的目的，以秘密形式获取他人钱财，且数额较大，构成盗窃罪。

四、评析意见

（一）诈骗罪之否定

主张成立诈骗罪的理由是，行为人通过操作手机冒充账户资金的实际所有人，利用非法获取的账户信息，骗取第三方支付平台的信任，从而作出资金转移的指令，非法占有他人钱财。这也是诈骗罪中常见的"三角诈骗"关系，行为人欺骗支付平台，而最终受损失的是用户。笔者认为成立诈骗罪的理由不足：其一，三角诈骗的"被骗人还必须具有处分受害人财产的权限或处于可以处分受害人财产的地位"。平台账户资金由账户所有者占有并使用，第三方支付平台、借款平台并无处分用户钱财的权限。其二，诈骗罪的受骗者只能是自然人，机器不能成为诈骗罪的受骗者。银行支付系统通过已设定的程序执行转账、付款等功能，这类技术性程序本身并不具有区分输入指令是否为真正权利人的功能。用户使用账号、密码登录第三方支付平台，通过验证后即认定为资金实际所有人，之后产生的转移资金的行为皆认为是实际所有人的处分行为，所以就不会陷入错误认识。因此，张某某通过支付宝、借款平台非法获取钱财并不是基于平台的错误认识，同时平台也没有处分财产的权限和地位，所以无法认定其行为构成诈骗罪。

（二）信用卡诈骗罪之否定

主张成立信用卡诈骗罪的理由是，根据 2009 年最高人民法院、最高人民检察院《关于办理妨害信用卡管理刑事案件具体应用法律若干问题的解释》，"窃取、收买、骗取或者以其他非法方式获取他人信用卡信息资料,并通过互联网、通信终端等使用的"应当认定为"冒用他人信用卡"的情形。在上述犯罪事实中,张某某有偷偷下载支付宝并绑定他人银行卡,将资金转出的行为,也有利用他人身份信息在网上贷款平台借款的行为。

笔者认为成立信用卡诈骗罪的理由不足:其一,张某某"骗取受害人的银行卡"不属于获取他人信用卡信息资料,单纯地通过银行卡也不能起到冒用他人的作用,因为银行最终还需通过密码进行身份验证。张某某的主要行为是将银行卡绑定到支付宝后秘密窃取银行卡内的资金,故无法认定为信用卡诈骗罪。其二,刑法意义上的"信用卡"是指由商业银行或者其他金融机构发行的具有消费支付、信用贷款、转账结算、存取现金等全部功能或者部分功能的电子支付卡,但是没有任何法规将"蚂蚁花呗"等信用消费形式认定为信用卡消费,在贷款平台借款更谈不上属于骗取"信用卡"范畴;所以,张某某利用蚂蚁花呗消费、冒用他人身份信息在网上借款的行为无法认定为信用卡诈骗罪。

(三)盗窃罪之肯定

盗窃罪作为常见的犯罪类型,其行为方式表现为以非法占有为目的,窃取他人占有的数额较大的财物。本案中,张某某具有盗窃的故意,秘密窃取他人财物仍是主要的犯罪行为。盗窃行为的核心特征在于行为人以自认为不为受害人所察觉的方式取财。在上述犯罪事实中,张某某通过秘密转账的方式窃取了受害人在第三方支付平台中的账户资金以及绑定的银行卡内资金。通过骗取方式获得受害人手机或身份信息并非行为人最后谋取的财物本身,而是获取他人财物的载体或工具,骗取只是盗窃行为的一个方式。透过行为看本质,张某某具有盗窃故意,并且实施了秘密窃取财物的行为,所以应当成立盗窃罪。

五、处理结果

本案由 J 县人民法院开庭审理,将张某某的行为认定为盗窃,结合其他盗窃罪行,以盗窃罪判处张某某有期徒刑 3 年,并处罚金 10 000 元。一审判决后,张某某未上诉,该判决现已生效。

王某等六人寻衅滋事、妨害公务罪案[*]

一、基本案情

2018年5月26日凌晨2时许，被告人王某、徐甲某、刘某、徐乙某等人在P市K区会所消费期间无故滋事，徐甲某在楼道内撒尿，并将会所陪酒女马某从楼道扛入包间内，欲使用手铐控制马某以强迫陪侍，遭对方强烈反抗而未得逞。其后王某等人因结账问题与会所服务员再次发生口角，服务员吕某等人将王甲某打伤，王某、刘某等人遂纠集徐丙某预谋报复，当日凌晨5时许，王某、刘某、徐丙某、徐乙某等人尾随会所服务员，徐丙某、徐乙某殴打罗某、周某、郑某，致三人受伤。次日凌晨3时许，王某、徐丙某、刘某、徐乙某等人在区一小酒馆喝酒，徐丙某中途离开后偶遇会所服务员罗某、王甲某下班回家，遂将二人挟持进行殴打，刘某电话纠集王某、徐乙某等人到场，王某、徐丙某、刘某、徐乙某再次殴打罗某、王甲某二人。经法医鉴定，罗某的伤情程度为轻伤二级，郑某、周某、王甲某的伤情程度为轻微伤。

此后，徐丙某独自一人再次至会所滋事，会所负责人报警后市公安局分局车站派出所民警处警到达现场对受伤人员进行身份登记时，徐丙某拒不提供身份信息，民警欲将其带回派出所核实身份后再让其到医院看病，徐丙某在警车内乱骂、乱嚷并用头撞击车顶和车侧玻璃，抡起胳膊乱打民警，此时王某纠集徐甲某、刘某、徐某、王乙某等人持钢管围堵警车，王某声称徐甲某被人殴打，警察不管反而抓徐丙某，如警察不管，其与同伙将自行到会所打人，被民警

---

[*] 柳小勤，甘肃省平凉市人民检察院。

劝阻制止，警车被强行拦截后，徐丙某声称要投诉警察，下车挡在警车前，多次用头部撞击车头和引擎盖，王乙某要求民警删除随身携带的执法记录仪上记载的处警经过录音录像，否则就投诉民警。处警人员被围堵约 1 小时后方在 110 巡逻队的协助下将王某、徐丙某、徐乙某、王乙某四人强行带至该局办案中心。

另查明：2017 年 2 月 22 日 22 时许，被害人田某驾驶轿车在 P 市 K 区村内道路上倒车时撞到路边木桩致车辆横停于路上，被告人徐甲某驾车载其友丁某途经此地时被车辆挡住去路，与田某之友王丙某发生争执，徐甲某先后持刀戳伤王丙某腹部和田某背部，又跳上田某轿车前引擎盖，脚踏引擎盖和前挡风玻璃，致车前引擎盖损坏、前挡风玻璃破碎。经法医鉴定，田某、王丙某的伤情程度为轻微伤。经价格认证中心认定，车前引擎盖、前挡风玻璃市场修复价合计 688 元。

二、诉讼经过及处理结果

王某、徐甲某、徐丙某、刘某、徐乙某、王乙某寻衅滋事和妨害公务案由 P 市公安局 K 分局侦查终结，于 2018 年 8 月 31 日移送审查起诉，同年 10 月 11 日退回公安机关补充侦查，同年 10 月 29 日公安机关重新移送审查起诉。审查起诉工作终结后 K 区人民检察院于同年 11 月 9 日向 P 市 K 区人民法院提起公诉，法院于 2019 年 6 月 18 日开庭审理，同月 20 日作出判决，以寻衅滋事罪和妨害公务罪对六名被告人分别判处刑罚，决定对徐甲某执行有期徒刑 3 年 6 个月，对王某执行有期徒刑 3 年，对徐丙某执行有期徒刑 2 年 8 个月，对刘某执行有期徒刑 2 年 6 个月，对徐乙某执行有期徒刑 2 年 6 个月，对王乙某执行有期徒刑 6 个月，六名被告人及其辩护人对判决结果不持异议，判决现已生效。

三、案件定性及法律适用

公安机关起诉意见书认定：王某、刘某、徐丙某三人自 2017 年来经常纠集在一起，为发泄情绪、逞强耍横、无事生非，多次在区公共娱乐场所无故滋事、随意殴打他人，至今先后多次实施违法犯罪行为致一人轻伤、五人轻微伤，造成了恶劣的社会影响，徐甲某、徐乙某积极参与犯罪,以上五人已形成以王某、刘某、徐丙某三人为首要分子的恶势力犯罪团伙。

审查起诉期间,承办检察官经仔细审查证据材料,以《刑法》及相关司法解释为判断标准,遵循"以事实为根据,以法律为准绳"的办案原则,综合全案证据,认为本案两起寻衅滋事犯罪和一起妨害公务犯罪中,王某等人的行为不符合恶势力犯罪团伙的认定标准。理由如下:

第一,王某等人虽均有前科劣迹,但并非六人伙同作案,而系各自单独实施违法犯罪。两起寻衅滋事犯罪中,一起系徐甲某单独所为,与其余五人丝毫无涉,一起系王某等人在娱乐会所消费期间无故滋事与服务员发生口角,王某被对方打伤,其遂纠集多人对会所服务员进行殴打报复,致对方轻伤一人、轻微伤三人的后果。会所报警后,车站派出所民警出警,王某等人拒不配合民警执法,围堵、拦截警车,徐丙某在警车内乱骂乱嚷并用头撞击车顶和车侧玻璃,抡起胳膊乱打民警,其余五人持钢管围堵警车,徐丙某下车挡在警车前,多次用头撞击车头和引擎盖,王乙某要求民警删除执法记录仪上记载的视频,否则将投诉民警,处警人员被围堵约1小时后方在110巡逻队的协助下将几名被告人带至办案中心。王某等人的上述行为完全符合寻衅滋事罪和妨害公务罪的犯罪构成要件,应当以寻衅滋事罪和妨害公务罪追究其刑事责任。

第二,王某等人虽有殴打他人并造成相应伤情结果的行为,但结合案件起因和发展进程可看出,其暴力行为系寻衅滋事犯罪中借故生非、随意殴打他人的表现形式,且其暴力针对的是特定对象,并非不特定的多数群众,更未达到为非作恶、欺压百姓、扰乱经济、社会生活秩序,造成较为恶劣社会影响的程度。

第三,认定恶势力犯罪团伙要求行为人经常纠集在一起,在一定区域或行业内多次实施违法犯罪活动。本案中王某等人除殴打娱乐会所服务员时系伙同作案,现有证据并未显示其在一定区域或行业内曾结伙多次实施违法犯罪活动。根据《刑法》和相关司法解释的规定,应将本案定性为寻衅滋事和妨害公务犯罪,而非恶势力犯罪团伙实施的寻衅滋事和妨害公务犯罪。

四、指导意义

认定恶势力团伙应当严格依据恶势力犯罪集团的认定标准，既要符合恶势力的全部认定条件，又要符合犯罪集团的法定条件。行为人仅采用暴力、威胁或其他手段实施寻衅滋事、聚众斗殴、故意伤害、非法拘禁、敲诈勒索等犯罪，并非三人以上经常纠集在一起多次实施上述犯罪，亦未在一定区域或行业内为非作恶、欺压百姓，扰乱经济、社会生活秩序，造成较为恶劣社会影响的，不应当认定为恶势力团伙，仅以行为人具体实施的犯罪定罪即可。

在扫黑除恶专项斗争工作中，检察机关应当充分发挥法律监督职能，坚持依法办案，坚持法定标准，坚持"打准打实"，本着实事求是的态度，在准确查明案件事实的基础上，构成什么罪，就按什么罪起诉，"是黑恶犯罪一个不放过，不是黑恶犯罪一个不凑数"，通过办案，既震慑违法犯罪分子，又彰显法治权威，实现法律监督效果的多赢共赢和法律效果、政治效果、社会效果的有机统一。

梁鹏某、梁星某、侯某故意杀人、故意伤害案

——审慎推定无重罪实行行为共同犯罪人的主观罪过*

一、基本案情

2017年某日晚，梁鹏某邀请朋友梁某、薛某、金某等人与弟弟梁星某、手下侯某在其经营的KTV二楼包厢喝酒为自己庆生。次日凌晨2时许，梁鹏某、梁星某、侯某及梁某、薛某等人先后下楼来到KTV一楼门厅外。梁鹏某因琐事谩骂薛某、梁某，指使梁星某、侯某殴打薛、梁二人，双方发生厮打。随后梁鹏某对侯某说"拿刀来，砍死他"，侯某便从KTV一楼操作间拿出一把菜刀，用刀背在薛某背部击打数下。薛、梁二人上车准备离去时，双方再次发生争吵，梁星某拦住梁某，从侯某手里要来菜刀，将汽车右倒车镜砍掉，又向已下车的梁某左颈部砍了一刀，梁某随即倒地。梁星某将砍伤梁某之事告诉梁鹏某，梁鹏某捡起菜刀，称要再砍已躺在地上的梁某，被金某、薛某拦住。梁某被送到医院时已失血过多死亡。

二、关键问题

能否认定梁鹏某、侯某存在杀人故意。

三、分歧意见

第一种意见认为，梁星某、梁鹏某、侯某成立故意杀人的共同犯罪。梁星某明知刀砍他人颈部这一要害部位会造成死亡后果而积极实施，致梁某当场死亡；梁鹏某指使侯某取刀对他人生命造成危险，梁星某持刀杀人未超出其犯罪故意；侯某应知菜刀可能致人死

---

* 车晨刚，甘肃省平凉市人民检察院。

亡仍听从梁鹏某指使取刀，并交予梁星某，故三人有剥夺他人生命的共同故意和行为。

第二种意见认为，梁星某、梁鹏某、侯某成立故意伤害的共同犯罪。梁鹏某故意伤害他人；梁星某砍击一刀致被害人倒地后未继续实施伤害行为，事后积极救治，并非希望或放任死亡后果的发生，系故意伤害；侯某明知梁星某借刀可能伤害他人而提供作案工具，三人均无杀人动机、目的和犯意。

第三种意见认为，梁鹏某、侯某在故意伤害的范围内成立共同犯罪，梁星某属于实行过限，单独构成故意杀人罪。

四、评析意见

笔者赞同第三种意见。理由如下：

第一，关于梁星某的犯罪定性问题。梁星某刀砍被害人颈部致其过量失血死亡。综合工具、部位、力度这三个区分故意伤害和故意杀人的关键要素，足以认定梁星某具有杀人的犯罪故意。若因"未继续伤害""事后积极救治"而评价为伤害故意，排除杀人故意，那么当着医生的面向躺在手术室病床上的被害人心口开一枪然后立即抢救也能被评价为故意伤害了！

第二，关于梁鹏某主观罪过的认定。虽然梁鹏某指令取刀的行为与死亡结果的发生存在因果关系，但还不足以认定为故意杀人，必须按照主客观相一致的原则，分析判断其主观上是否存在杀人故意。纵观全案，可能反映梁鹏某杀人故意的只有指示侯某"拿刀来，砍死他"和梁某倒地后捡刀欲砍的举动，这些都需要运用逻辑和经验法则来分析，而从现有证据和事实看，梁鹏某的主观罪过仍限于故意伤害的范畴，尚不足以认定或者推定为故意杀人。

其一，"刀"对于死亡危险的意义。有人认为，梁鹏某明知"刀"可能致人死亡还下达指令，因而存在杀人故意，至少是间接故意，笔者认为不妥。刀当然可能致死，棍子、板砖、鲁提辖的拳头，以及人们能想到的几乎一切东西都可能致死：绳子可以勒死人，水可以溺死人，袋子可以闷死人，强喂食物可以噎死人，知道对方有心脏病可以吓死人等。按这个标准，绝大部分伤害案件的行为人都可以因为有致死工具而被认定有杀人故意,因此,不能以工具有致死性来推定杀人故意,除非这个工具致死性极大,比如手枪、炸药、氰化钾、毒鼠强等。虽然指令取刀并不能直接认定有杀人故意,但基于客观上"刀"具有的人身危险性,认定为故意伤害是没有问题的。

其二,"砍死他"对死亡危险的意义。有人认为,"砍死他"这样的语言已经明示了杀人的故意,笔者认为不妥,按照这种逻辑处理案件可能殃及无辜。按照我们的生活经验,在发生冲突时,"弄死你"之类的话很容易脱口而出,如果同伴冲动之下杀人,就对说出这句话的人以故意杀人定罪显然不公。梁某生前是梁鹏某的朋友,梁鹏某主动邀请其喝酒唱歌,发生冲突系酒后滋事,没有证据显示梁鹏某有杀人动机。笔者认为,在没有杀人动机的情况下,梁鹏某说"砍死他",是酒后耍威风、逞霸道的自然表现,如果他说"拿刀来,吓吓他"或者"砍伤他"反而有悖常理。若是梁鹏某有"砍他脖子"等明确指令,或者有证据证明双方有积怨等杀人动机,或者同案人之前对他人有杀人前科,存在默契等,则是可以认定或者推定有杀人故意的。

其三,梁某倒地后梁鹏某捡刀欲砍的意义。有人认为,梁鹏某持刀欲砍已经倒地的被害人足以印证其杀人故意,笔者认为梁鹏某此举在推定其主观罪过上并无意义。这种声援和支持属于为人兄长的正常表现,并且梁鹏某在被阻止后仍有行动可能的情况下再未实施,尚不足以认定其有杀人故意,除非这一刀砍下去了,或砍在致命部位,或砍了多次。

第三,关于侯某主观罪过的认定。侯某主观罪过认定的原理与梁鹏某一致,在故意伤害的范围内与梁鹏某成立共同犯罪,而不应为梁星某实施的其预料之外的行动负责,用刀背"砍"人背部的事实也可进一步佐证其不具备杀人故意。

主客观相一致是刑法的基本原则,共同犯罪也应当贯彻这一基本原则,对于每个共同犯罪人的行为都要在主客观相一致的范围内定性。本案中,梁鹏某、侯某与梁星某在故意伤害的范围内成立共同犯罪，梁星某单独实施了故意杀人行为，当属实行过限。所谓实行过限，是指共同犯罪中的实行犯实施了超出共同犯罪故意的行为。按照实行过限的定罪方法，梁鹏某、侯某构成故意伤害罪，梁星某构成故意杀人罪。

五、处理结果

市人民检察院以梁星某、梁鹏某、侯某犯故意杀人罪向市中级人民法院提起公诉。2018年4月19日，市中级人民法院以故意伤害罪判处梁星某有期徒刑15年，梁鹏某有期徒刑11年，侯某有期徒刑5年。市人民检察院随后向省高级人民法院提出抗诉，并报省人民检察院，省人民检察院审查后认定梁鹏某、侯某为故意伤害，梁星某属实行过限，因量刑适当作出不支持抗诉的决定，后撤回抗诉。

魏某奎等三人拐卖儿童案*

一、基本案情

2011年12月，犯罪嫌疑人魏某奎、杨某盼二人因未达到法定结婚年龄，未在民政部门注册登记，只在C县B乡老家举办了结婚典礼，2012年10月育有一子魏某某。2017年初，杨某盼发现自己又怀孕了，因二人已有一男孩，考虑到抚养困难及将来实际问题，便商议决定若怀的是女孩就生下来自己抚养，是男孩就做人流。2017年2月，犯罪嫌疑人杨某盼得知怀的是男孩后欲做流产手术，但因其血型为RH阴性，做人流手术有风险，且家中经济困难，与魏某奎商量后决定放弃手术，等孩子出生后送与他人抚养或卖给他人。事后魏某奎联系到朋友关某燕让其帮忙联系买家，并商定孩子的卖价为40 000元。同年4月，C县B镇申家庄村村民张某东经他人介绍联系到关某燕，关某燕与张某东通过微信相互进行了解，后见面商定孩子的买价为48 000元，张某东当场向关某燕交付了订金，之后关某燕将该消息告诉了魏某奎。同年6月3日，在前往P市妇幼保健院的路上，魏某奎通过微信告诉关某燕孩子要出生的消息，关某燕随后到P市妇幼保健院帮忙照顾杨某盼，当晚杨某盼生下一男婴。6月7日，杨某盼出院时关某燕联系了买家张某东，张某东同妻子郭某燕、朋友陈某荣驾车前往P市妇幼保健院接孩子，接到孩子后张某东将剩余款项交给了关某燕，另外支付了300元的奶粉钱，后张某东等抱着孩子驾车离开。关某燕将40 000元存入杨某盼名下的银行卡内，将卡交给魏某奎。事后魏某奎、杨某盼用一部分钱购买了三

---

* 李春芬，甘肃省平凉市人民检察院。

部手机,一部分支付了魏某奎母亲的住院费,剩余部分用于日常开销。该男婴张某某由张某东、郭某燕抚养,没有虐待孩子的情况。

二、关键问题

本案魏某奎、杨某盼和关某燕的行为是否构成拐卖儿童罪。

三、分歧意见

该案讨论中,共形成三种意见。

第一种意见认为,犯罪嫌疑人魏某奎和杨某盼的行为涉嫌拐卖儿童罪,应依法向法院提起公诉;犯罪嫌疑人关某燕的行为不构成犯罪,不起诉。

第二种意见认为,犯罪嫌疑人魏某奎和杨某盼的行为涉嫌拐卖儿童罪,但犯罪情节轻微,危害不大,不起诉;犯罪嫌疑人关某燕的行为不认为是犯罪,不起诉。

第三种意见认为,犯罪嫌疑人魏某奎、杨某盼、关某燕的行为均不涉嫌犯罪,均作不起诉。

四、评析意见

(一)犯罪嫌疑人魏某奎、杨某盼的行为是否构成拐卖儿童罪,现有法律规定不一致

1. 魏某奎、杨某盼的行为构成拐卖儿童罪的法律规定及事实

第一,《刑法》第240条规定,拐卖儿童的,处5年以上10年以下有期徒刑,并处罚金。司法实践中以非法获利为目的,出卖亲生子女的,应当以拐卖儿童罪论处。本案中犯罪嫌疑人魏某奎、杨某盼在得知腹中胎儿是男婴时,因怕做人流有风险,又因家中经济困难,二人便商议等孩子生下来后送人或卖掉。魏某奎联系了犯罪嫌疑人关某燕,让其帮忙寻找买家,商定价格为40 000元。关某燕通过他人联系到买家张某东(因张某东妻子不能生育),与张某东谈好价格为48 000元。杨某盼生下男婴后,关某燕将男婴交给了买家张某东,张某东当天向关某燕支付了剩余款项及300元奶粉钱。犯罪嫌疑人魏某奎、杨某盼通过犯罪嫌疑人关某燕将孩子卖与他人,获利40 000元,其行为符合拐卖儿童罪的主客观构成要件。

第二,2010年3月15日最高人民法院、最高人民检察院、公安

部、司法部印发的《关于依法惩治拐卖妇女儿童犯罪的意见》第 16 条规定,以非法获利为目的,出卖亲生子女的,应当以拐卖妇女、儿童罪论处;第 17 条规定,要严格区分借送养之名出卖亲生子女与民间送养行为的界限。区分的关键在于行为人是否具有非法获利的目的。应当通过审查将子女"送"人的背景和原因、有无收取钱财及收取钱财的多少、对方是否具有抚养目的及有无抚养能力等事实,综合判断行为人是否具有非法获利的目的;明知对方不具有抚养目的,或者根本不考虑对方是否具有抚养目的,为收取钱财将子女"送"给他人的;为收取明显不属于"营养费""感谢费"的巨额钱财将子女"送"给他人的,可以认定属于出卖亲生子女,应当以拐卖妇女、儿童罪论处。本案中犯罪嫌疑人魏某奎、杨某盼在将孩子"送养"时并未了解对方的家庭经济状况和对方抚养孩子的目的,也未考虑对方是否具有抚养目的等,而是向介绍人关某燕说定孩子的价格 40 000 元,孩子被抱走后从中获利 40 000 元。所以,根据上述意见的规定,犯罪嫌疑人魏某奎、杨某盼的行为应认定为拐卖儿童罪。

2. 魏某奎、杨某盼的行为不构成拐卖儿童罪的法律规定及事实

第一,犯罪嫌疑人魏某奎、杨某盼供称家庭经济很困难,没有固定的经济来源,没人带孩子,没有能力抚养这个孩子,卖孩子是为了缓解一下生活压力。卖孩子的 40 000 元买了三部手机花了一部分,魏某奎的母亲住院花了一部分,其他的都用于生活开销了。魏某奎的母亲系精神病人(系二类低保户),其父(继父)因身体不好不能外出打工挣钱,再者其母也需要人照顾,其子魏某某现年 7 岁,全家的经济来源为魏某奎、杨某盼的打工收入。2017 年 6 月 7 日,因无力抚养出生的孩子,二人才将孩子卖给他人抚养。

第二,证人路某(村民)、魏某安(社长)证言均证实魏某奎家共五口人,其继父刘某林脑子不太好,差不多算个八九成人,在附近打零工。母亲谢某秀患精神病有十几年了,到处乱跑,生活不能自理,去年后半年的时候又复发了,现在还在 P 市精神病医院,住院快一年了。媳妇是魏某奎在外面打工的时候带回来的,再就是

他们的娃叫魏某某,现在在幼儿园上学,就这一个孩子。他们家是精准扶贫户、困难户、低保户,其母是二类低保,其继父是残疾人,有残疾证,家中经济很困难。魏某奎常年在外务工,但是挣不到钱,家中的日常开销靠刘某林打零工维持。

第三,1999年10月27日最高人民法院印发的《全国法院维护农村稳定刑事审判工作座谈会纪要》第二部分第(六)点规定,对于买卖至亲的案件,要区别对待:以贩卖牟利为目的"收养"子女的,应以拐卖儿童罪处理;对那些迫于生活困难、受重男轻女思想影响而出卖亲生子女或收养子女的,可不作为犯罪处理;对于出卖子女确属情节恶劣的,可按遗弃罪处罚。本案中,犯罪嫌疑人魏某奎、杨某盼确因家中生活困难、无力抚养才出卖其子,而买家因无生育能力真心收养孩子,家中条件相对较好,疼爱孩子,也有利于孩子今后的成长。因此,根据上述纪要的规定,魏某奎、杨某盼的行为可不作犯罪处理。

综上,《关于依法惩治拐卖妇女儿童犯罪的意见》与《全国法院维护农村稳定刑事审判工作座谈会纪要》对拐卖儿童罪的定罪规定不一致,但是根据刑法从旧兼从轻原则,结合本案实际,对犯罪嫌疑人魏某奎、杨某盼的行为可不作犯罪处理。

(二)犯罪嫌疑人关某燕的行为不构成犯罪

《全国法院维护农村稳定刑事审判工作座谈会纪要》关于拐卖妇女、儿童犯罪案件的规定为:确属介绍收养,并经被收养人父母同意的,尽管介绍的人数较多,从中收取财物较多,也不应作犯罪处理。

犯罪嫌疑人魏某奎、杨某盼二人出卖亲生子女时,关某燕居间介绍并收取了"好处费",并替杨某盼支付了住院费3600多元。在联系到买家张某东后,关某燕通过微信、见面对买家收养目的、家庭情况进行了了解,应属确实介绍收养的行为。因此,犯罪嫌疑人关某燕的行为不应作犯罪处理,故不构成犯罪。

(三)买方张某东、郭某燕的行为不构成犯罪

本案中张某东、郭某燕供称其夫妻结婚多年,因郭某燕无法生

育,具有领养一个孩子的意向,偶尔机会得知可以领养孩子。张某东联系到关某燕后,二人通过微信、见面相互了解情况,其见面当天便向关某燕支付了定金。接到孩子后,又支付了剩余款项及300元奶粉钱。张某东陈述到其买孩子的目的是妻子郭某燕不能生育,抱个孩子传宗接代,家中就只有这一个孩子,家人都很疼爱,都当亲生的来抚养,不可能虐待孩子。张某东在兰州搞装修,每月至少收入6000元,妻子郭某燕目前在家专门带孩子。如果孩子的亲生父母不愿要这个孩子,其非常愿意继续抚养这个孩子。根据最高人民法院、最高人民检察院、公安部、司法部《关于依法惩治拐卖妇女儿童犯罪的意见》第31条,"多名家庭成员或者亲友共同参与出卖亲生子女,或者'买人为妻'、'买人为子'构成收买被拐卖的妇女、儿童罪的,一般应当在综合考察犯意提起、各行为人在犯罪中所起作用等情节的基础上,依法追究其中罪责较重者的刑事责任。对于其他情节显著轻微危害不大,不认为是犯罪的,依法不追究刑事责任;必要时可以由公安机关予以行政处罚"。

因此,本案中张某东、郭某燕收买孩子的目的是抚养、传宗接代,且家人对孩子都很爱护、疼爱,而且在这起拐卖儿童犯罪中所起的作用相对较小,情节显著轻微,危害不大,属《刑事诉讼法》第16条规定的情节显著轻微、危害不大,不认为是犯罪的,依法不需要追究刑事责任的情形。故张某东、郭某燕的行为不构成犯罪。

综上,笔者认为犯罪嫌疑人魏某奎、杨某盼、关某燕、张某东、郭某燕的行为均不构成犯罪。

五、处理结果

C县人民检察院依照《刑事诉讼法》第16条第1项和第177条第1款的规定,以犯罪嫌疑人魏某奎、杨某盼、关某燕犯罪情节显著轻微、危害不大,不构成犯罪,对魏某奎、杨某盼、关某燕作不起诉处理。

李某诈骗案
——占有他人遗忘在银行柜台的现金如何定性*

一、基本案情

2018年1月9日11时许，Z县L乡大古山村居民杜女士在Z县某超市楼下城关信用社2号柜台办理提取现金1万元取款业务时，银行柜员将1万元的现金取成2沓50元面值递到取款槽内，杜女士仅提一沓5000元的部分即带着钱离开银行。这时"李某"站到了付款窗口前方，与工作人员进行交谈，当柜员突然发现取款槽里的5000元钱，将钱取回柜台，并询问钱是不是他的时，"李某"回答是他的钱，柜员将钱又从取款槽内递出，"李某"接住现金装入自己手提包内提走。回去后，杜女士发现少了5000元。当即，杜女士返回银行查找，通过恢复的银行录像资料完整地记录了杜女士丢钱的经过。据银行柜员回忆，犯罪嫌疑人准备办理业务，最后没有办理业务，故未留下业务记载，银行除提供录像资料外，对其他均表示爱莫能助。杜女士通过录像目睹5000元现金被他人提走，却无从讨要，既无奈又苦恼，遂在寻找提款人未果后到派出所报案，2018年3月17日，犯罪嫌疑人"李某"被Z县公安局拘传到案，经审讯，"李某"对犯罪事实供认不讳，遂破案。

二、关键问题

本案李某的行为如何定性。

三、分歧意见

本案中5000元现金系杜女士的遗忘物，"李某"若拾得他人的

---

* 后锦文，甘肃省甘南藏族自治州卓尼县人民检察院。

遗忘物,应当返还给失主。如杜女士找到"李某"并要求返还,其仍拒不交出,那么其行为将构成侵占罪。杜女士可通过刑事自诉,追究其刑事责任。此类案件,公安机关一般不直接介入侦查,法律亦未明确规定公安机关的侦查义务,但侵占遗忘物的案件难以取证,仅靠被害人的力量往往难以找到侵占行为人,最终会导致案件无法处理,被害人的合法利益得不到保护,而公安机关介入往往有利于案件的侦破,实践中,已有多起类似案件的被害人在公安机关的帮助下找到了侵占行为人。

对"李某"行为非法占有性质的看法亦不尽相同,主要有以下几种不同观点:

第一种观点认为,该现金系他人遗忘在特定场所的财物,即使所有人对财物丧失控制,特定场所内的有关人员对该财物有概括、抽象、持续的占有意识,事实上享有对该财物的占有、支配。如顾客遗忘于银行、旅客遗忘于旅馆、消费者遗忘于浴室内的财物均属于银行、旅馆或浴室主人之占有物,即使银行职员、旅馆工作人员或浴室主人未意识到财物存在,该财物也不能认为是无人占有的遗失物。"李某"的行为构成侵占罪,杜女士应当报案,公安机关应予立案侦查。

第二种观点认为,银行负有向顾客妥善交付提取的现金的义务。银行柜员仅将现金放至取款槽内,并未谨慎注意顾客是否确切收取该现金,银行的交付行为存在瑕疵。杜女士有权要求银行赔偿5000元的经济损失。由于银行尚未完成交付,该现金的所有权仍属于银行,"李某"的行为并非"拾遗",而是侵犯了银行的财产所有权,构成盗窃罪。

第三种观点认为,当银行柜员突然发现取款槽里的5000元钱,将钱取回柜台,并询问钱是不是"李某"的时,"李某"回答是他的钱,柜员将钱又从取款槽内递出,"李某"接住现金装入自己包内提走。"李某"明知不是自己的钱,谎称是自己的,是银行柜员产生处分财产的错误认识并作出行为人所希望的财产处分行为,也即是欺骗行为,构成诈骗罪。

基于对杜女士未取走的在取款槽内的 5000 元现金的不同认识得出不同的结论。若要正确认定行为人的行为性质，首先要对 5000 元现金的性质给予正确判断。如果"李某"的行为涉嫌犯罪，须注意盗窃罪与侵占罪、诈骗罪的犯罪对象虽都是他人财物，但是不尽相同的。侵占罪的犯罪对象是他人财物中的托管物、遗忘物或者埋藏物；盗窃罪和诈骗罪的犯罪对象则可以是他人的任何财物；侵占罪与盗窃罪、诈骗罪的犯罪对象在是否脱离占有以及由谁占有方面亦有很大不同。而对 5000 元现金有的表述为遗失物，有的表述为遗忘物。

《民法通则》（已失效）第 79 条第 2 款规定："拾得遗失物、漂流物或者失散的饲养动物，应当归还失主，因此而支出的费用由失主偿还。"而《刑法》第 270 条规定，将他人的遗忘物或者埋藏物非法占为己有，数额较大，拒不交出的，构成侵占罪。由此可见，民法使用的是遗失物的概念，而刑法使用的是遗忘物的概念。笔者认为，遗忘物与遗失物在概念上不完全等同。首先，在 1997 年《刑法》修改过程中，立法者曾在修订草案稿中使用了遗失物一词，但最终定稿时选择了遗忘物的表述，说明遗忘物是立法者着意选择的结果，是对侵占罪适用范围的有意限定。其次，参照其他国家法律的相关规定，许多国家对遗忘物与遗失物作了严格的区分。再者，"遗失"重在"失"，即已失去某物品；而"遗忘"则重在"忘"，指忘记某物品，但未必已失去该物品。遗失物着重指丢失之物（因偶然原因），从时间上讲一般较长；遗忘物着重指忘记取走之物，一般离开失主的时间较短，失主通常也会记起该物被忘在何处。譬如，某人在野外游玩的途中，因天气炎热而将衣服脱下拿在手中，不小心将钱包丢失在路上，那么这个钱包就可称为遗失物；倘若某人去邮局寄信，因疏忽大意而未将其随身携带的皮包取走，那么该皮包就是遗忘物。具体地讲，可以对遗忘物与遗失物按下列特征加以区分和把握。

所谓遗失物，是指持有人因疏忽而丢失于公园、广场或马路上等公共活动空间、已完全丧失实际控制力的财物。主要特点为：一是持有人因疏忽而完全丧失了对财物的实际控制，通常难以忆起财物的确切失落地点。而遗忘物的持有人多能忆起财物的确切遗置地点。即二者在丧失对财物的控制支配的程度上有所区别。二是因持有人将财物丢失于公共活动空间，任何第三人发现后都有权拾得并暂时合法保管该财物。这与遗忘物的情况恰好相反。根据《民法通则》（已失效）的有关规定，拾得他人遗失物的，应当归还失主，拒不返还他人遗失物的行为，应当按照不当得利行为，追究其侵权的民事责任。

所谓遗忘物，是指持有人本应带走但因疏忽而暂时遗置于出租车、餐馆、银行或邮局的营业厅等特定场所的财物。主要特点为：一是持有人暂时失去了对财物的控制支配力；二是财物被遗置于特定的场所，该场所的管理人员有权对财物行使第二重控制支配权。这是遗忘物与遗失物相区别的主要标志。换言之，对于特定场所内的他人遗置物，任何第三人均无权持有、控制。哪怕第三人首先发现或拾得了他人的遗置物，他也只能将其交由特定场所的管理人员代为保管。三是持有人往往能够忆起财物的遗忘地点，及时采取措施便能迅速恢复对财物的控制。根据《刑法》的有关规定，拒不交出他人遗忘物的，应当论以侵占罪，追究相应的刑事责任。由此可见，遗忘物与遗失物的概念有明显的不同。

通过上述分析不难看出，具体到本案来讲，杜女士的5000元现金，属于遗忘物，并非遗失物。银行是一个特定的场所，有专人管理，具有空间的独占性，与人来人往的广场、海滩等公共场所有着显著的区别。而杜女士的5000元现金即是遗置于特定场所，其暂时失去了控制，银行柜员对5000元现金拥有第二重控制支配权。杜女士能够忆起现金遗置的地方，有采取措施恢复对5000元的控制和支配的可能。

四、评析意见

本案中，按照通常习惯，银行柜员通过取款槽付款，取款人通过取款槽取款，案发时间又是中午，"李某"有理由认为该5000元现金是顾客忘记带走，而不是银行柜员有意或暂时放置的。由此可见，如果在一个特定的场合，行为人合理地认为财物已经脱离了他人的控制，社会的一般观念也认同这种判断的情况下，行为人取走财物的行为就是侵占行为。相反地，如果持有人在特定场所内因疏忽没有直接持有财物，但其尚未完全离开现场，财物仍在其视线范围之内，应当认定持有人对财物仍具有控制、支配力，不能将其视为遗忘物，若取走财物，如秘密拿走的行为，应认定为盗窃罪。而本案是当银行柜员突然发现取款槽里的5000元钱，将钱取回，拿起钱放置在自己易于目击控制的地方，询问钱是不是"李某"的时，"李某"谎称是他的钱，使银行柜员产生了处分财产的错误认识，将钱又从取款槽内递出，"李某"接住现金装入自己包内提走。就本案而言，5000元现金是被"李某"非法占有，主要原因还在于杜女士的疏忽大意，亦应由杜女士承担过错责任。如将之归咎于银行柜员未妥善交付，或未尽到安全保障义务，则过于严苛。

五、处理结果

本案中犯罪嫌疑人"李某"的行为构成诈骗罪，但犯罪嫌疑人"李某"犯罪情节轻微，社会危害性不大，且数额可能判处管制或拘役轻刑，贯彻少捕慎捕原则，无逮捕必要，根据2012年《刑事诉讼法》第88条之规定，检察机关最终建议不批准逮捕犯罪嫌疑人"李某"。

贡某涉嫌掩饰、隐瞒犯罪所得案*

一、基本案情

2015年10月31日,犯罪嫌疑人贡某因做生意急需用钱,便委托金某,将自己从阿桑(具体身份不明)和普某处以93 000元购得的一辆越野车交付金某,让金某以该车为质押帮其借钱,后金某将该车质押给受害人黄某并借得8万元现金,约定借期为2个月,并与黄某订立借据,黄某取得车辆行驶证、保险证、登记证等手续。在借款到期时,黄某邀请金某一同前往保险公司给车买保险时,经查询,该车证书信息与车辆实际信息不符,黄某怀疑被骗,遂向X县公安局报案,经侦查人员上网查询,该车为被盗车辆,车辆行驶证等证书为虚假证书。经X县价格认定中心认定,该车辆的市场价格为187 165元。

二、关键问题

本案关于贡某的行为如何定性,是否应当追究刑事责任。

三、评析意见

2018年1月23日,X县居民黄某向县公安局报案,次日,X县公安局决定对金某涉嫌诈骗案立案侦查,后经侦查,实际借款人为贡某,并查出贡某所持有的车为盗抢车;2018年3月29日,X县公安局将犯罪嫌疑人贡某抓获,于2018年4月28日,以掩饰、隐瞒犯罪所得提请批准逮捕犯罪嫌疑人贡某,县检察院经审查,发现案件存在以下问题:一是认定被盗车辆的证据不足,卷内仅有网上查询信息;二是认定犯罪嫌疑人贡某涉嫌掩饰、隐瞒犯罪所得机动车的

---

* 周祖财,甘肃省甘南藏族自治州夏河县人民检察院。

主观故意和客观行为的证据明显不足，既没能查清车辆行驶证、保险证、登记证的来源以及是谁伪造的等情况，也没有提取到涉及车辆等相关人员的言词证据如普某、阿桑等人。同时，检察院发现县公安局在未对该案或者该人进行立案的情况下，就进行侦查，采取刑事拘留措施，并违法延长拘留期限，存在严重违法行为，应当书面纠正其行为。另外，还发现对用作证据的鉴定意见应当依法及时告知犯罪嫌疑人、被害人而没有告知。就此问题，对公安机关这同一性质的轻微违法行为经多次口头提出纠正，公安机关仍不纠正的，可以综合发出一份书面纠正违法意见。

四、案件结果

经承办人阅卷，依法讯问在案犯罪嫌疑人，审核了逮捕的事实证据条件，查阅了相关法律、司法解释，并与公安机关承办人进行了会商沟通。并经部门研究讨论，形成了对贡某不批准逮捕的初步意见，并向分管检察长进行了汇报。经过再次研究讨论，以在案证据不能证实贡某实施了犯罪行为，依法对贡某作出了不批准逮捕决定，并于2018年5月4日向县公安局发出了《不批准逮捕理由说明书》《纠正违法通知书》和《补充侦查提纲》，就案件中存在的问题提出了补充侦查建议。该案正在进一步跟踪监督侦查中。

五、该案取得的效果

该案的办理，表明了侦监部门切实履行侦查监督职责，敢于监督、善于监督，在依法严把审查逮捕案件事实关、证据关，严防冤假错案的同时依法果断指出了侦查活动中的违法问题，使侦查程序违法问题得到监督纠正，当事人及其诉讼参与人的合法权益得到了保障、法律权威得到了切实维护，正确的监督理念得到了较好体现，对促进公安机关严格公正司法、促进法律统一正确适用，以及办理此类案件、对涉案当事人进行普法教育和宣传、抑制和打击盗窃机动车辆犯罪具有示范作用和指导意义，实现了监督效果的双赢或者多赢，取得了良好的政治效果、法律效果和社会效果。

六、典型意义

（一）在法律适用上的意义

近年来，随着侵财犯罪数量的增加，掩饰、隐瞒犯罪所得、犯罪所得收益刑事案件呈上升态势，对此，2015年5月11日，由最高人民法院审判委员会第1651次会议通过的最高人民法院《关于审理掩饰、隐瞒犯罪所得、犯罪所得收益刑事案件适用法律若干问题的解释》（本案以下简称《解释》）于同年6月1日起实施。《解释》的出台，对于依法惩治掩饰、隐瞒犯罪所得、犯罪所得收益犯罪，维护正常的刑事追诉活动，加大对财产权的司法保护力度，具有重要的指导意义。但是，刑事追诉不理想，在司法实践中，对该类案件的入罪、出罪界定认识不一，不利于法律统一实施。一方面，由于对法律条文及相关司法解释没有很好地理解和运用，出现了不规范适用法律的情况。例如，该罪与上游犯罪的关系如何认定？《解释》明确规定了应当以上游犯罪事实成立为前提这一基本原则，并作了两方面规定，即既坚持认定本罪应当以上游犯罪事实成立为前提，又明确指出上游犯罪尚未依法裁判，但查证属实的，或查证属实后因行为人未达到刑事责任年龄等原因依法不予追究刑事责任的，均不影响掩饰、隐瞒犯罪所得、犯罪所得收益罪的认定。再如，《解释》发布后，最高人民法院之前公布的涉及掩饰、隐瞒犯罪所得、犯罪所得收益罪内容的司法解释，是否还有效？《解释》规定，在公布之前，最高人民法院、最高人民检察院发布的《关于办理危害计算机信息系统安全刑事案件应用法律若干问题的解释》《关于办理与盗窃、抢劫、诈骗、抢夺机动车相关刑事案件具体应用法律若干问题的解释》等司法解释，对掩饰、隐瞒计算机信息系统数据、计算机信息系统控制权、机动车的犯罪所得及其产生的收益行为的构罪标准或者"情节严重"情形已有规定。为此，《解释》专门作了强调，人民法院审理上述类型案件仍然依照上述司法解释。另一方面，对罪与非罪、本罪与其他犯罪的界限把握不恰当，从某种程度上说主要是侦查取证不到位，造成案件事实认定和法律适用疑难等。

（二）在执法理念上的意义

当前，我国各方面都发生着深刻变化，侦查监督是政治性、政策性、专业性和时效性很强的工作，面对当前的变革，只有谋求自身发展自强，才能肩负起全面依法治国的职责使命，根本就在于以习近平新时代中国特色社会主义思想为指引，坚持中国特色社会主义法治理念，更新执法观念，树立新思想和新战略，并用于指导实践。针对侦监部门监督难的困境，秉持"双赢多赢共赢""在办案中监督，在监督中办案"和"监督数量、质量和效果相统一"的理念，坚持把办案和监督有机结合，并作为主责主业，按照"依法、准确、及时、有效"的基本要求，紧紧抓住问题突出点，找准工作着力点，争取被监督者的理解、配合和支持，通过全面办案解决办案和履职不平衡和不充分的问题，从而推动侦监工作全面健康发展，为保障人民群众合法权益、维护司法公正、促进社会和谐稳定发挥积极作用。本案的依法依规办理就体现上述监督理念，理念更新，工作思路、措施和监督效果就会完全不一样，做到及时发现违法，认真调查核实、依法规范监督、跟踪监督与引导侦查并重，确保工作取得实效，达到双赢或多赢的效果。

（三）在侦查监督考核上的指导意义

实践中，有些办案人为了考核数量，只注重监督的数量，不在乎监督的质量和监督效果，随意发纠正违法通知书，不但损害了司法的权威性和严肃性，而且严重影响了检察机关的形象。原最高人民检察院侦查监督厅曾于2013年5月3日发文通知，明确要求进一步规范书面纠正违法适用工作。但新进和新任检察人员对此文并不了解，出现了一些不规范监督的现象。本案正是从违法的性质、情节、后果和对司法公正影响等方面综合应当发书面纠正违法通知书和可以口头提出纠正意见两方面，制作相应的违法意见书，牢固树立了"监督数量、质量和效果相统一"的理念，做到了依法监督、规范监督、监督到位，起到了自我约束、强化监督、目标引领的示范作用。

何某某危险驾驶不起诉案*

一、基本案情

2019年6月18日13时5分，何某某醉酒后驾驶三轮汽车，车辆在左转弯的过程中撞到了同向行驶的由张某某驾驶的重型载货专项作业车右后车轮上，在避让中又撞到了道路右侧红绿灯杆上，造成红绿灯杆和本人的三轮汽车部分损坏的财产损失道路交通事故。经司法鉴定所鉴定：何某某血液中的酒精含量为188.49毫克/100毫升。Z县公安局交警大队认定该红绿灯杆损坏需要700元维修费。该起财产损失的事故何某某负全部责任，张某某无责任，当场以简易程序对财产损失事故结案。何某某因涉嫌危险驾驶罪于2019年7月11日被Z县公安局取保候审。

二、关键问题

本案何某某行为如何定性。

三、评析意见

2019年10月16日，Z县人民检察院受理了何某某危险驾驶案后，承办检察官除依照《刑事诉讼法》完成关于审查案件的规定动作，如向犯罪嫌疑人告知其依法享有的诉讼权利、审阅案卷材料外，在犯罪嫌疑人到案接受讯问时，见犯罪嫌疑人憨厚老实且衣着简陋，便对犯罪嫌疑人的家庭情况进行讯问，在讯问过程中得知犯罪嫌疑人何某某一家是农村建档立卡贫困户，妻子身患残疾，两个孩子还在上学，他本人是家庭的主要劳动力，施以刑事责任会造成其家庭更加贫困。但这些证据在公安机关的侦查卷中，反映

---

* 王汉成，甘肃省甘南藏族自治州舟曲县人民检察院。

得不太清楚，为使案件处理能合法合理，承办人启动了自行补充侦查程序，通过向何某某所在的村委、乡镇取证，核实了何某某家确是建档立卡贫困户以及其为家庭主要劳动力的情形，并通过向Z县环保局调取证据，获悉何某某已主动赔偿红绿灯杆损失费用，修复了灯杆。

在完成一系列的补充侦查及办理认罪认罚工作后，承办人对何某某案件的事实、情节再次进行了梳理分析，认为何某某醉酒后驾驶三轮车事实清楚，其行为已触犯《刑法》第133条之一之规定，构成危险驾驶罪。何某某虽然在这起财产损失事故中负全部责任，有从重处罚情节，但同样有多项从轻处罚情节：①能如实供述自己的犯罪事实，认罪态度好，确有悔罪表现；②属初犯、偶犯；③事故损失较小，及时赔偿损失；④自愿认罪认罚；⑤何某某是农村建档立卡贫困户的主要劳动力。Z县人民检察院综合全案事实，并结合某省人民检察院《关于对醉酒驾驶机动车犯罪案件依法适用不起诉决定的指导意见（试行）》的规定，于2019年10月21日，即受案的第5日依法对何某某作出了相对不起诉的决定。

四、处理结果

Z县人民检察院依法对何某某作出了相对不起诉的决定。

五、典型意义

本案系检察机关在办理血液中酒精含量在每百毫升140毫克以上不满200毫克的危险驾驶案件中，作出不起诉的典型案例。具有以下典型意义：一是在办理有多个情节并存的案件时，不是只按有从重情节就一律起诉的原则，而是按照同向情节相加、反向情节相减方法综合权衡从重和从轻情节的比重，决定是否起诉；二是发挥检察机关自行补充侦查职能，自行补充侦查了部分从轻情节的证据，并适用了认罪认罚从宽制度；三是密切联系群众倾听群众呼声，把办案与民情民意结合起来；四是把法律规定与脱贫攻坚政策有机结合起来，根据犯罪嫌疑人家庭实际情况，对何某某的不起诉有效防止了农村建档立卡贫困户因案返贫现象，为当地脱贫攻坚顺利收官工作作出了贡献；五是办案效率高，处理及时，减少了不必要的退查、延长甚至起诉、审判等诉讼程序，节约了司法资源，优化了案件比；六是认定事实清楚，采集证据恰当，说理充分。这充分体现了双赢、多赢、共赢，取得了良好的政治效果、法律效果和社会效果。

李某某交通肇事案*

一、基本案情

2017年8月22日8时许,被不起诉人李某某驾驶小型客车,车内乘坐其母亲徐某某、奶奶张某某等五人,由D县城出发驶往T市。9时10分许,当车辆行驶至D县一弯道转弯时,由于道路系水泥路面,因车速较快、路面潮湿,导致车辆失控侧滑与路边路标杆相撞,造成乘车人张某某、徐某某死亡、车辆严重损坏的单方道路交通事故。D县公安局交警大队交通事故认定书认定:驾驶员李某某应承担本次事故的全部责任。

二、案件定性及审查情况

(一)对全案事实证据情况的意见

认定犯罪嫌疑人李某某涉嫌交通肇事罪的事实证据有接处警工作登记表、道路交通事故认定书、证人证言、犯罪嫌疑人供述与辩解、鉴定意见书、道路交通事故现场勘验笔录等证据。

(二)对案件定性和法律适用的意见

经审查,犯罪嫌疑人李某某违反交通运输管理法规发生重大交通事故,主观上存在过失,客观上造成了二人死亡的后果,具有刑事责任能力,危害了交通运输安全,在事故中应承担全部责任。其行为触犯了《刑法》第133条之规定,涉嫌交通肇事罪,犯罪事实清楚,证据确实充分。事故造成二人死亡的交通肇事后果,系《刑法》第133条规定的有其他特别恶劣情节的情形,其法定刑为3年以上7年以下有期徒刑,依法应当提起公诉,追究其刑事责任。

---

* 张宇杰,甘肃省甘南藏族自治州迭部县人民检察院。

可以对李某某作不起诉决定，主要理由如下：

李某某具有自首的情节，结合全案事实情节可认定为犯罪较轻，根据《刑法》第67条之规定，可以免除处罚，即可作不起诉处理。

李某某具有不需要判处刑罚的情形。犯罪嫌疑人李某某系典型的过失犯罪，其主观恶性小，有明显悔罪表现，社会危害性较小；本案法定刑中包括3年有期徒刑本数，对于依照《刑法》规定应当判处3年以下有期徒刑，未严重损害公共利益的过失犯罪案件，可以适用相对不起诉；犯罪嫌疑人现为在校学生，对其提起公诉，法院作有罪判决将会对其学习、就业、工作产生重大影响，不利于其回归社会；本案中两名被害人均为犯罪嫌疑人的近亲属或者亲属，无矛盾纠纷；如将其诉诸法庭，必将使其受到刑事制裁，受到进一步的打击，不利于犯罪嫌疑人的健康成长和其家庭关系的修复；本案作不起诉处理，能够使犯罪嫌疑人摆脱困境，减轻思想负担和压力，尽快融入社会，有助于维护家庭和谐和社会稳定，达到办案社会效果的最大化。

公开审查程序的运用。鉴于本案系过失犯罪，但法定刑在3年以上7年以下有期徒刑，是否作不起诉决定，在检察官中仍存在意见分歧。一种意见认为，法定刑在3年以上有期徒刑要作不起诉是不是符合法律规定，是否会造成判例，影响类似案件的处理；另一种意见认为，本案法理与情理交织在一起，作不起诉处理，能够最大限度实现公平正义。承办检察官认为，犯罪嫌疑人具有法定量刑情节和酌定量刑情节，作相对不起诉，与提起公诉后法院判决，效果相当，但提起公诉反而有诸多不良后果。诸如会对犯罪嫌疑人今后的学习、工作和生活带来更多的不利影响，也不利于其家庭关系的修复，有违社会主义法治追求公平正义、实现社会和谐稳定的理念。因而，经研究斟酌，慎重考虑，决定通过公开审查，听取社会各方面的意见建议后再作决定。经检察长批准，承办检察官依法开展了公开审查活动。

公开审查活动由案件承办人主持，D县人大代表、政协委员、公安局侦查人员、社会风险评估专家、犯罪嫌疑人、被害人近亲属、车主等参加了会议。

承办人从案件事实、法律适用、量刑情节以及法理与情理等方面，阐述了对犯罪嫌疑人李某某拟作不起诉处理的事实、证据和理由，听取了侦查机关、犯罪嫌疑人、被害人近亲属的意见。其他参会人员发表了意见，各方从犯罪嫌疑人自首情节、过失犯罪、被害人系亲属、刑事和解、矛盾化解等方面谈了看法，都同意对李某某作不起诉处理。

三、处理结果

D县公安局以犯罪嫌疑人李某某涉嫌交通肇事罪，于2017年10月26日移送本院审查起诉。受理后，依照《刑事诉讼法》的有关规定，本院两次退回侦查机关补充侦查，审阅了全部案件材料，核实了案件事实与证据。经审查，在审查期限内举行了公开审查活动，经检察委员会讨论决定，对犯罪嫌疑人李某某作不起诉决定。

四、指导意义

承办检察官通过对本案的审查，梳理了事实证据，得出了犯罪嫌疑人涉嫌犯罪的结论，针对被害人家属提出的不起诉意见和可以作不起诉决定的条件，条分缕析，严格审查，着力审查处于法定刑幅度界限的案件，能否作不起诉决定，通过认真对照法律规范和案件事实，查找相关案例，对照法条根据，并请教上级检察官帮助，找到了实体依据，特别是诉讼法上的和解程序和公开审查程序，为解决不起诉案件分歧意见，找到了公开审查程序这把金钥匙，创新了工作思路和方法，打开了审查起诉办案工作新格局。总结其指导意义，主要有以下几点：

（1）明确了刑事和解案件的程序要求和目的意义。通过本案的办理，进一步了解和学习掌握了《刑事诉讼法》第五编第二章当事人和解的公诉案件诉讼程序内容，把握了刑事和解的公诉案件类型和范围。以上告诉我们，理论和实践相结合，才能合法规范办理案件。

（2）运用公开审查活动，实现了检察公诉工作的新突破。对李某某拟作不起诉处理进行公开审查，是将检察机关一家的法律处意见置于社会各界的审查之下，征求和听取社会各界对检察机关个案办理的意见建议，从而避免工作疏漏和防止权力滥用，体现了检察机关对案件质量高度负责的态度和职业精神。公开审查活动是监督和制约办案的一项机制，只有规范运用，才能保证不起诉权力公开透明的长远发展。

（3）通过公开审查程序的探索运用，开拓了特殊案件不起诉的思路途径。以往类似案件，也就是致二人死亡的交通肇事案，一般审查后符合起诉条件就提起了公诉。但本案法理与情理交织在一起，如何平衡抉择，考验着办案人员。公开审查程序给办案创设了一个征集参考意见的平台，为案件处理提供了思路和智慧，充实了案件处理的路径和方案，为案件成功办理奠定了坚实基础，是一项值得借鉴的工作渠道。

（4）案件本身给我们的启示和指导。首先，本案犯罪嫌疑人与被害人身份上的混同，使得案件的矛盾和社会危险性降低，从而使肇事者科处刑罚的必要性削弱。其次，本案作不起诉处理，既考虑到了被害人亲属、家庭成员的利益，也充分核实了犯罪嫌疑人的罪行轻重，综合各种因素，处理意见才倾向于向作不起诉决定转移，认为作不起诉更符合本案具体情况，也符合立法精神和司法理念。

（5）对于此类案件，法院在处理时也是采用从宽政策，很少判处实刑，更或是免予刑事处罚。检察机关作出不起诉处理，提高了司法效率和效果，节省了司法成本，使得司法机关将更多的资源用于处理严重的刑事犯罪案件。另外，本案基于拟作不起诉处理的思路，运用公开审查活动，体现了宽严相济的刑事政策，让受害人和犯罪嫌疑人感受到了司法温度，化解了社会矛盾，维护了社会和谐稳定，符合社会主义法治理念的基本要求，对于我们今后办案，依法适用刑事和解，并对符合条件的案件作不起诉处理提供了借鉴和思路。

申某诈骗案

——诈骗罪、合同诈骗罪与合同纠纷的区别*

一、基本案情

2016年3月份，被告人申某以去某地办事为由向被害人訾某某借用其本田雅阁轿车后，虚构了去M县办事还要用几天的事实，实际上第二日申某便将该车以3万元抵押给H市寺院里的一个和尚，并用抵押款当天租赁一辆轿车，后訾某某多次向申某索要车辆，申某以各种理由推诿，并隐瞒了将车辆抵押的事实。经G州价格认证中心鉴定，该轿车价值人民币165 000元。

2016年3月份，被告人申某与名车汇签订汽车租赁合同，以押金6000元、每日租金400元的价钱租用一辆轿车，用轿车抵押借贷来的钱预付了押金。后申某在一次赌博中，将轿车以5万元抵押给贡某某。名车汇经理马某某多次给申某打电话，申某拒接电话也未归还车辆及租金。经G州价格认证中心鉴定，该轿车价值人民币170 000元。

二、分歧意见

第一种意见认为，申某以非法占有为目的，采取欺骗手段，骗取车辆后抵押给他人的上述两种行为触犯了《刑法》第266条之规定，涉嫌构成诈骗罪。

第二种意见认为，申某以去某地办事为由借用訾某某轿车后，抵押给他人的行为构成诈骗罪，但申某向名车汇租用轿车后抵押给

---

* 刘桂芳，甘肃省甘南藏族自治州玛曲县人民检察院。

贡某某的行为，属于无权处分，是合同纠纷。

第三种意见认为，申某以去某地办事为由借用訾某某轿车后，抵押给他人的行为构成诈骗罪，但申某向名车汇租用轿车后抵押给贡某某的行为，构成合同诈骗罪。

三、评析意见

笔者同意第三种意见，评析如下：

笔者认为该案中申某以非法占有为目的，以去某地办事为由向被害人訾某某借用其轿车后，虚构要去 M 县办事还要用几天的事实，实际上是因身上没钱办理贷款，在借到车的第二天便将该车以 3 万元抵押给寺院里的一个和尚，并在当天用抵押款在名车汇租赁一辆轿车，申某向訾某某隐瞒该真相，主观上有骗取被害人车辆的故意，且虚构去办事借用车辆的事实，其行为符合诈骗罪的构成要件，应当以诈骗罪追究其刑事责任。

申某用借来的轿车作抵押借贷款，向名车汇租用轿车并签订汽车租赁合同、预付了定金，表面上看其行为符合租赁合同要件，但实际上，申某是用租赁合同的合法形式掩盖了其真实的非法目的。具体分析如下：首先，申某明知自己对用来抵押的轿车没有所有权和处分权；其次，申某用来支付租车的 6000 元押金是其用轿车抵押借贷的，在签订租车合同之初申某就不具备还款还车的条件，其主观上是明知自己没有履行能力而虚构隐瞒事实真相，有诈骗的故意；最后，申某以先支付 6000 元押金的方法骗取名车汇的信任，属于典型的以先履行部分合同使对方产生错觉，骗取当事人签订和履行合同的行为，符合合同诈骗罪的构成要件。

综上，诈骗罪与合同诈骗罪属于诈骗罪的一般与特殊关系。两者在构成要件上有所不同：第一，主体不同。诈骗罪的主体为自然人，而合同诈骗罪的主体既可以是自然人，也可以是单位。第二，客体不同。诈骗罪侵犯的客体是公私财物的所有权，而合同诈骗罪侵犯的客体不仅是公私财物的所有权，还有市场秩序，即国家对合同的管理制度。第三，客观方面表现不同。诈骗罪主要是虚构事实、隐瞒真相，使被害人产生错误认识，进而处分自己的财产，而合同诈骗必须是"利用合同"诈骗，即虚构事实、隐瞒真相发生在合同签订、履行过程中，认定合同诈骗的关键在于有无实际履行合同的能力。

合同是双方在平等自愿且不违背法律法规的情况下，订立的设立、变更、终止民事关系的协议。它提倡的是一种契约精神，需要当事人双方共同遵守。合同诈骗和合同纠纷两者的根本不同点在于行为人有没有履行合同的诚意，即是否有非法占有对方当事人财物的目的。本案中被告人申某既没有实际履行合同的能力，也没有履行合同的实际行为，其用第一辆诈骗来的轿车抵押借贷款预付了租车押金，且在押金用完之后开始拒接租赁公司电话，逃避履行合同义务，属于明显的合同诈骗行为而不是合同纠纷。

四、处理结果

H市公安局以申某涉嫌诈骗罪于2016年11月9日向本院移送审查起诉。经审查，本院于2017年2月23日向H市人民法院提起诉讼，H市人民法院以被告人申某构成诈骗罪和合同诈骗罪，数罪并罚，判处其有期徒刑3年6个月、并处罚金5000元。申某不服提出上诉。二审法院以鉴定人资质过期、价格鉴定为无效证据为由发回重审。经市物价局重新鉴定：两辆轿车的价值分别为11万元、16万元。H市人民法院重新审理后，仍以诈骗罪和合同诈骗罪数罪并罚，判处申某有期徒刑3年4个月，并处罚金5000元。

杨某某合同诈骗案
——签订合同时无法保证履约能力能否认定合同诈骗*

一、基本案情

2017年10月,犯罪嫌疑人杨某某在尚未承接到工程的情况下,以承包工程的名义,向何某某许诺只要交纳100万元保证金,即可向其转包自己承包的部分工程。何某某在充分验证杨某某身份和资质后,向其打款100万元,双方随即签订了工程转包协议。2018年8月,因杨某某未能及时向工程投资方交纳保证金,导致工程承包失败,与何某某的转包协议无法履行。杨某某随即告知何某某情况,但未退还100万元保证金。在何某某多次索要后,2019年10月,杨某某与何某某签订还款协议,承诺2020年5月前还清本金和违约金,后杨某某一直未能履行还款协议。

二、关键问题

本案中杨某某的行为如何定性。

三、分歧意见

对于本案中杨某某的行为如何定性,主要存在两种意见:第一种意见认为杨某某构成合同诈骗罪,其在不具备履约能力的情况下,以将来履约的可能性为条件,与何某某签订合同,具有非法占有他人保证金的故意,且在合同履行条件丧失后,仍未退还他人的保证金,客观上也表现为非法占有他人财物的事实,符合合同诈骗罪的构成要件;第二种意见认为杨某某的行为不构成犯罪,仅属于一般

---

* 常乐,甘肃省人民检察院。

的民事纠纷。主要理由在于：其签订合同时，并不具备非法占有何某某财物的故意，只是在合同履行过程中发生了不可预知的意外事件，导致合同无法履行，且杨某某与何某某在事后还签订了还款协议，证明其不具备非法占有的主观故意。

四、评析意见

合同诈骗罪与合同纠纷区别的关键在于行为人是否具有非法占有的目的，这也是合同诈骗罪故意的核心所在。从犯罪故意的形式来看，合同诈骗罪的故意仅指直接故意还是包括间接故意，存在争议。赞成合同诈骗罪可以由间接故意构成的主要观点有：①行为人在签订合同时，对自己是否具备履约能力并无充分把握，合同签订后，先将对方的保证金、预付款等据为己有，然后对履行合同抱着漠不关心、听之任之的态度，有办法履行就顺势而为，没办法履行也不去争取。如果实际未能履行合同，对于已经占有的他人财物拒不退还，这种行为人的主观心态应属间接故意。②合同诈骗的犯罪故意虽不是在签订合同时就具备，但是存在从朦胧期到形成期的发展过程，有的犯罪嫌疑人任意与对方签订合同的心理虽不是蓄意诈骗，但也绝非从事经营，从主观上隐藏着占有支配对方财物的任意性。③从被害人财产受损失的角度来分析行为人非法占有他人财物的主观故意形式，行为人对被害人财产的占有只能是直接故意，但行为人对被害人财产受损失的状态既可以是直接故意，也可以是间接故意，即这种间接故意表现为：行为人对市场秩序的破坏和对公私财产所有权的侵犯既可能是希望的，也可能是放任的。

合同诈骗罪能否由间接故意构成，是认定杨某某的行为属于刑事犯罪还是一般民事纠纷的关键，笔者认为杨某某的行为不构成犯罪，即合同诈骗的犯罪故意只能是直接故意，主要有以下三点理由：

第一，判断合同诈骗罪的犯罪故意，起点应始于行为人实施非法占有对方当事人财物的行为之时，判断的标准应着眼于行为人对于非法占有事实的主观态度。

行为人在签订、履行合同的过程中依约取得对方当事人财物，之后不履行或者部分履行合同，将对方当事人给付的财物用作他途，拒不返还时，其主观上对于这一结果应当是积极追求的，而不是听之任之，所以，行为人对非法占有对方当事人财物应当是直接故意而不是间接故意。在上述赞同间接故意的观点中，第①②项的错误在于将判断合同诈骗的犯罪故意始于签订合同之时，第①项的错误还在于将行为人履行合同的态度等同于犯罪的故意。如果对行为人主观意思的判断立足于签订合同之时，行为人对合同是否能履行以及非法占有对方当事人财物的结果是否会发生均有可能持放任态度，但合同仅仅是行为人实施合同诈骗犯罪的手段，签订合同仅仅意味着行为人为诈骗犯罪创造了条件，属于犯罪预备阶段；合同诈骗罪实行行为的着手应为行为人开始实施非法占有对方当事人财物的行为，在此过程中对于非法占有的结果当然是积极追求的。从犯罪预备到犯罪实行，犯罪故意的形式都有可能发生变化，但应当以行为人实行犯罪时的故意内容和形式为据来认定犯罪故意。另外，行为人履行合同的态度不能作为判断合同诈骗犯罪故意成立的标准，因为无论合同是否履行，或者行为人对合同履行持希望或者放任态度，只要行为人在未履行合同后积极返还对方财物，就表明其没有非法占有的意思，合同诈骗罪的故意也就不复存在，而行为人不归还对方当事人给付的财物的主观意思也只能是希望而非放任。结合本案，虽然杨某某在合同履行不能的情况下未及时返还何某某的财物，但主动签订了还款协议，且约定了违约金，主观上足以表明其不具备非法占有对方财物的意思，直接故意并不存在。

第二，合同诈骗犯罪所造成的当事人财产损失的结果不是其构成要件的结果而是非构成要件的危害结果。

刑法中的构成要件结果，也称为定罪结果，是构成《刑法》分则规定的成立某种具体犯罪既遂所必备的危害结果。非构成要件结果，也成为量刑结果，是指一切危害行为引起的某种具体犯罪构成要件危害结果以外的，对于该种犯罪的社会危害程度及其刑事责任大小具有一定刑法评价意义的一切现实损害。合同诈骗罪的构成要件结果是行为人非法占有对方财物或者说对方财产所有权被侵犯，至于由此引发的其他后果，比如丧失订立合同的机会、破产等，则属于合同诈骗行为造成的非构成要件后果。前者决定定罪,后者影响量刑。如前所述,行为人对非法占有他人财物的事实主观上只能是积极追求的直接故意,但对于侵犯他人财物所造成的其他方面的经济损失则可以是放任的间接故意。评价某罪的犯罪故意形式应以行为人对其行为所造成的定罪结果的态度为准,而非对行为造成的量刑结果的态度。在上述赞同间接故意的观点中,第③项的错误就在于将行为人合同诈骗所造成的量刑结果的态度等同于定罪结果的态度,以此来判断犯罪故意形式的标准。结合本案,杨某某虽然占有了何某某 100 万元的保证金,造成其财产损失的客观事实,但这并不是其成立合同诈骗罪构成要件的危害结果,而只是非构成要件的危害结果,并不能以此来评价杨某某具有合同诈骗的直接故意。

第三,从构成要件要素分析,合同诈骗罪属于目的犯,成立该罪必须具备一定目的,这决定了该罪的故意形式只能是直接故意。

目的犯,是指以一定的目的作为特定构成要件要素的犯罪。目的犯的目的,是违法性判断的对象,即行为人必须具备一定的犯罪目的,其行为才能构成某种犯罪。而犯罪目的,是指行为人希望通过实施犯罪行为达到某种危害社会结果的心理态度。间接故意的行为人在实施犯罪行为时虽然也具有一定的动机和目的,但对于其所放任的危害结果而言这种犯罪动机和目的是不可能具备的,这就决定了目的犯的犯罪故意形式只能是直接故意。根据《刑法》第 224 条的规定,合同诈骗罪的行为人必须具有"非法占有"的目的,这表明非法占有他人财物或者侵犯他人财产所有权正是行为人实施合同诈骗犯罪行为所积极追求并希望发生的危害结果,对该结果的发生行为人不可能处于放任的态度。可见,间接故意是不可能构成合同诈骗罪的。此外,还有观点认为应当将合同诈骗罪中"以非法占有为目的"修改为"以获取不法经济利益为目的",以此将现实中为数不少的间接故意的行为人以合同诈骗追究刑事责任,但笔者认为,"获取不法经济利益"作为一个笼统概念,既包括非法占有的情形,也包括暂时利用对方当事人的财物牟利后予以归还的"借鸡生蛋"的情形,这无疑是将民事欺诈行为与刑事诈骗行为相等同,混淆了民法与刑法的调整范围，有违刑法的谦抑性原则。

对合同诈骗罪的认定，实践中还存在对犯罪故意产生时间的争议。一般而言，对于行为人在签订合同之前或者之时便有非法占有对方财物目的的，构成合同诈骗罪没有争议，但是对于行为人在履行合同的过程中产生非法占有目的能否构成合同诈骗尚无定论。通说认为，这种情形可以构成合同诈骗罪。也有观点认为，行为人在签订合同之后，履行合同的过程中才产生非法占有他人财物目的的，构成侵占罪或者属于逃避债务的民事过错行为。笔者同意通说的观点，认为合同诈骗罪的犯罪故意可以产生于履行合同过程中。理由如下：

第一，《刑法》第 224 条关于合同诈骗罪的规定表明，合同诈骗的犯罪行为是在"签订、履行合同过程中"实施的，既然如此，根据主客观相统一的原则，合同诈骗的犯罪故意也完全可以在"履行合同过程中"产生。有人认为，《刑法》第 224 条第 1 项"以虚构的单位或者冒用他人名义签订合同的"、第 2 项"以伪造、变造、作废的票据或者其他虚假的产权证明作担保的"的合同诈骗犯罪行为人的合同诈骗犯罪故意显然产生于签订合同之前或者之时。笔者认为，虽然这两项情形的合同诈骗行为比较典型，但如果行为人在实施该两项情形规定的行为时并没有非法占有的目的，事实上也没有非法占有对方当事人财物，其行为仍然可能只是民事欺诈行为，而不必然构成合同诈骗罪，进而这两项情形的合同诈骗犯罪行为人的合同诈骗犯罪故意并不必然产生于签订合同之前或者之时，也完全有可能产生于签订合同之后的履行合同过程中。

第二，应当区分理论的犯罪构成与法律的犯罪构成的不同意义。在我国，认定构成何种犯罪应以犯罪构成为标准，而犯罪构成具有法定性，不能任意解释。行为人在签订合同后的履行合同过程中才产生非法占有目的，行为人持有对方当事人财物是基于对方当事人履行合同的交付行为，无疑具有合法根据，后行为人将对方当事人的财物非法占有，似乎也符合侵占罪"将合法持有转为非法所有"的特征，但刑法考虑到该种侵占行为毕竟是在签订、履行合同过程中完成的，为了打击利用签订、履行合同之机进行侵占的行为，统一将其规定为合同诈骗罪。而且，《刑法》第 270 条第 1 款关于侵占罪的规定打击的是"将代为保管的他人财物非法占为己有"的侵占行为，而将行为人在签订、履行合同过程中持有对方当事人基于履行合同而交付给其的财物认定为"代为保管的他人财物"并不符合立法原意。

第三，将合同诈骗犯罪行为人产生非法占有目的的时间限制在签订合同之前或者之时，在司法实践中并不具有可操作性。非法占有的目的是主观要素，我们需要通过行为人非法占有的客观行为表现来认识，而行为人非法占有对方当事人财物的客观行为总是在签订合同之后才能实施，至于其非法占有目的的产生时间是在签订合同之前或者之时还是在之后，除了依靠行为人自己的供述之外，一般并不能有效地加以证明，因为即使行为人客观上实施了一定的欺骗行为，也并不能证实其一定具有非法占有的目的，这也正是合同诈骗罪与合同纠纷、民事欺诈之间容易混淆的根本所在。因此，从实践的角度看，将非法占有产生的时间适当延续，更具可操作性。

五、处理结果

杨某某的行为不构成合同诈骗罪，其占有何某某保证金的行为不属于刑法评价的范畴，应作为民事纠纷处理。

G县食品药品监督管理局怠于履行职责案[*]

一、基本案情

G县人民检察院在开展"保障千家万户舌尖上的安全"检察公益诉讼专项监督活动中发现,G县辖区部分从事网络餐饮服务的商家未依法在其经营活动主页面公示其营业执照和食品经营许可证,存在重大安全隐患。G县食品药品监督管理局作为G县网络餐饮服务食品安全监督管理部门,存在不依法履行监管职责的问题,G县人民检察院遂开展调查。

经调查,G县美团、饿了么外卖平台均存在入网商家未依法在平台商家页面显著位置公示其营业执照和食品经营许可证的情况。饿了么外卖平台入驻店铺共有186家,在饿了么外卖平台上传食品安全许可证的商家有34家,未上传食品安全许可证的商家有152家。G县美团外卖平台商家总数为119家,截至2018年9月16日在美团外卖平台亮证商家数为59家,其余60家尚未上传亮证。外卖平台未依照规定尽到审查义务,予以入网经营,违反了相关法律法规。

二、检察机关监督情况

G县食品药品监督管理局作为G县网络餐饮服务食品安全监督管理部门,未依法履行管理和监督职责,违反《食品安全法》、2017年《网络餐饮服务食品安全监督管理办法》等相关法律法规,损害社会公共利益。

G县人民检察院依法向食品监管行政机关G县食品药品监督管理局发出诉前检察建议,督促其依法履行监管职责。G县食品药品

---

[*] 康鹏鹏,甘肃省白银市甘谷县人民检察院。

监督管理局收到检察建议后高度重视,开展了一系列监管工作,如对相关网络餐饮服务平台负责人进行了食品安全责任约谈,对落实2017年《网络餐饮服务食品安全监督管理办法》情况进行了全面检查并开展了回头看检查。经督促整改,对入驻"饿了么"网络餐饮平台的56户证照不齐全的商户进行了下线关停,整改后现有148家,均持有有效营业执照和食品经营许可证,且进行了公示。对入驻"美团外卖"网络餐饮平台的57户证照不齐全的商户进行了下线关停,整改后现有115家,均持有有效营业执照和食品经营许可证,且进行了公示。G县食品药品监督管理局进一步加强对网络餐饮服务食品安全的监管,保障了人民群众的餐饮食品安全。本案通过诉前检察建议收到了良好的法律效果和社会效果。

三、典型意义

G县食品药品监督管理局怠于履行职责案事实认定清楚、客观。2017年《网络餐饮服务食品安全监督管理办法》第8条规定"网络餐饮服务第三方平台提供者应当对入网餐饮服务提供者的食品经营许可证进行审查,登记入网餐饮服务提供者的名称、地址、法定代表人或者负责人及联系方式等信息,保证入网餐饮服务提供者食品经营许可证载明的经营场所等许可信息真实。网络餐饮服务第三方平台提供者应当与入网餐饮服务提供者签订食品安全协议,明确食品安全责任",这是网络餐饮服务第三方平台提供者(外卖、团购等网络平台)职责所在。2017年《网络餐饮服务食品安全监督管理办法》第3条第2款规定:"县级以上地方食品药品监督管理部门负责本行政区域内网络餐饮服务食品安全监督管理工作。"G县食品药品监督管理局作为G县网络餐饮服务食品安全监督管理部门,没有完全尽到监管职责,其未依法履行职责的行为,侵害了社会公共利益,属于公益诉讼领域范围,符合《行政诉讼法》第25条第4款规定的情形。

本案的切入点和关注点是食品领域的网络餐饮食品安全,通过办理本案,给今后的公益诉讼工作拓展了思路和方法,通过诉前检察建议,相关行政机关及时认识到执法过程中的问题和漏洞,积极主动与检察机关联系配合,形成了有效的配合机制,达到了"共赢"的效果,诉前检察建议收到了良好的法律效果和社会效果,对保障千家万户舌尖上的安全起到了很好的作用。

(1)强化组织保障,统筹推进公益诉讼工作。在最高人民检察院印发《关于开展"保障千家万户舌尖上的安全"检察公益诉讼专项监督活动的实施方案》和省市院下发实施方案后,G县人民检察院第一时间专门研究食品药品领域公益诉讼工作,成立了由分管检察长为组长的专项监督活动领导小组,统筹协调公诉、侦监、控申等部门力量,注重内部协作机制,畅通检察机关在内部履职过程中发现、移送食品安全公益诉讼相关线索的途径,形成配合监督合力。

(2)线上调查与线下调查同步进行。在案件线索发现过程中,通过网上查看网络餐饮服务商家是否在外卖平台公示营业执照和食品经营许可证,办案人员还通过实地走访相关外卖平台和商家进行调查核实,通过线上线下同步进行调查核实,对已经公示相关证件的商家和未公示的商家数量进行了统计,掌握了案件的具体情况。

(3)大胆实践创新,把与人民群众密切相关的领域纳入专项活动重点监督范围。随着互联网的高速发展,外卖逐渐走入老百姓的生活,给老百姓生活带来便利的同时,网络餐饮食品安全卫生等问题也随之出现,出于要保障人民群众网络食品安全的考虑,G县人民检察院选取以网络餐饮为切入点进行监督,发现问题和线索。

纪某某过失致人死亡案*

一、案件基本情况

被告人：纪某某，女，1985年x月x日出生，小学文化程度，务农，无前科。

2017年8月7日9时许，被告人纪某某到Q县xx小区地下室叫其儿子高某1去上补习班，但高某1不去，纪某某的公公高某福也劝说高某1去上补习班，但高某1依旧不去。被告人纪某某便给高某福说孩子都是他惯的，于是二人发生争执，此时纪某某的婆婆魏某某听了一会儿后，也和纪某某发生争吵。高某福让孙女高某2打电话叫梁某某来住处对质说过的一些闲话。在高某2打电话期间，纪某某和魏某某、高某福相互推搡到走廊，纪某某一只手抓在魏某某的头发上，另一只手抓在其胸口上，魏某某用手抓在纪某某的胳膊上，二人相互推搡并对骂，高某2和在场的高某1、高某3一直在劝架，高某1拉着魏某某，高某2和高某3拉着纪某某。被告人纪某某用手抓着魏某某头发甩了一下，魏某某顺势倒在了走廊北侧的墙脚下，高某2、高某3和高某1便将魏某某扶着坐下，高某福发现妻子魏某某没有了呼吸，便拨打120急救电话和110报警。魏某某经现场抢救无效死亡。

经Q县公安司法鉴定中心鉴定：被尸检人魏某某系因冠状动脉粥样硬化性心脏病心肌梗死急性发作猝死。劳累或情绪激动系诱因。

二、一审诉讼过程及裁判结果

Q县人民检察院于2017年12月13日以起诉书将涉嫌过失致人

---

* 周文娟，甘肃省天水市清水县人民检察院。

死亡罪的犯罪嫌疑人纪某某起诉至 Q 县人民法院。本院指控被告人纪某某明知魏某某患有心脏病而且做过心脏搭桥手术,应当预见到刺激对方情绪激动,会引发心脏病发作致死,依然与其争吵,发生推搡拉扯,刺激对方情绪激动,致使其病发抢救无效死亡,其行为触犯了《刑法》第 233 条,犯罪事实清楚,证据确实、充分,对过失致人死亡罪应予以确认。纪某某当庭自愿认罪、悔罪态度较好,无前科,其与被害人魏某某系婆媳关系,事发后取得了被害人家属谅解,建议 Q 县人民法院在法定刑幅度内对其依法量刑判处。

2018 年 3 月 1 日,Q 县人民法院以刑事判决书对纪某某过失致人死亡一案中的被告人纪某某作出无罪判决,认为过失致人死亡罪是指过失造成他人死亡结果的行为,要求必须发生死亡结果,且行为人的过失行为与死亡结果之间具有刑法意义上的因果关系。该案鉴定机构鉴定被害人魏某某因心脏病心肌梗死急性发作死亡的诱因为劳累或情绪激动,不能得出情绪激动是诱发被害人心脏病心肌梗死急性发作死亡的唯一结论,证据达不到确实、充分的标准,因此以事实不清、证据不足,判处被告人纪某某无罪。

三、依法履职提出抗诉

本院于 2018 年 3 月 1 日收到 Q 县人民法院刑事判决书后,经依法审查认为,该判决认定事实错误,于 2018 年 3 月 6 日以刑事抗诉书向 T 市中级人民法院提出抗诉。T 市人民检察院于 2018 年 4 月 18 日以刑事抗诉意见书认为一审判决认定原审被告人无罪,显属不当,Q 县人民检察院抗诉正确,应予支持,请 T 市中级人民法院依法纠正,并于 2018 年 6 月 14 日开庭审理。

抗诉理由如下:一是本院指控的犯罪事实和证据被 Q 县人民法院刑事判决书已经确认和采纳,并无异议;二是 Q 县人民法院刑事判决书认定该案过失行为和死亡结果没有刑法意义上的因果关系错误。本院认为,被告人纪某某明知魏某某患有心脏病而且做过心脏搭桥手术,应当预见到刺激对方情绪激动,会引发心脏病发作致死,客观上依然实施了与被害人魏某某的争吵,推搡拉扯的过失行为,刺激魏某某情绪激动,并且造成了被害人魏某某心脏病心肌梗死急性发作死亡的结果，行为和结果之间完全符合构成过失致人死亡罪的因果关系；三是Q县人民法院没有按照客观事实确认被害人死亡的诱因。Q县人民法院认为法医作出的鉴定意见，是解决案件中涉及心脏病心肌梗死急性发作猝死的问题，只能据以认定案件中的部分事实，仅有鉴定意见没有其他证据支持，鉴定意见作为孤证不能定案。本院认为被告人纪某某和被害人魏某某相互辱骂，并相互厮打，推搡拉扯，必然会引起被害人魏某某情绪激动，这是不可辩驳的事实。法检两院审查认定的事实证据，完全能够排除被害人劳累致死的诱因。因此，情绪激动是客观存在的事实，也是有充分证据证明的唯一致受害人心脏病心肌梗死急性发作猝死的原因。被告人纪某某和被害人魏某某相互辱骂争吵，发生推搡拉扯，刺激受害人魏某某情绪激动，诱发冠状动脉粥样硬化性心脏病心肌梗死急性发作猝死。

四、二审裁判结果

2018年7月3日，T市中级人民法院以刑事判决书判决被告人纪某某犯过失致人死亡罪，免予刑事处罚。

T市中级人民法院认为：原审判决在审理查明的事实和证据部分，对公诉机关指控的事实和证据，除高某2、高某1、高某3的证言中关于被告人手抓死者头发和死者头部撞墙的陈述不予认定外，其余事实和证据均予以采信，但在论理部分认为，"本案中，经鉴定机构鉴定被害人魏某某因心脏病心肌梗死急性发作死亡的诱因为劳累或情绪激动，不能得出情绪激动是诱发被害人因心脏病心肌梗死急性发作死亡的唯一结论，证据达不到确实、充分的标准"。进而以事实不清，证据不足，指控的犯罪不能成立宣告被告人纪某某无罪。结合上述对于证据材料的审查判断要求，原审判决的这一论断存在明显的逻辑错误：Q县公安司法鉴定中心法医学尸体检验鉴定书载明，"魏某某系因冠状动脉粥样硬化性心脏病心肌梗死急性发作猝死。劳累或情绪激动系诱因"。从法医病理学的角度讲，劳累或情绪激动系诱因不存在错误，从逻辑关系上讲，劳累或情绪激动系诱因表明劳累或情绪激动为选择关系，即在两种情况中只能选择一种，或此或彼，不能两种全选，更不能有第三种选择。正因为本案其他证据中，有与鉴定意见中情绪激动系诱因相互印证的证据，而没有与劳累相互印证的证据，认定本案事实才能得出情绪激动是诱发被害人心脏病心肌梗死急性发作猝死的唯一结论。如果本案其他证据中有劳累的证据而无情绪激动的证据，或者劳累和情绪激动的证据都有，或者有劳累和情绪激动之外的第三种证据，则鉴定意见与案件事实及相关证据发生矛盾，该鉴定意见应不予采信，反而能够得出本案事实不清、证据不足的结论。

纵观本案事实和证据，原审被告人纪某某作为家庭成员，明知婆婆魏某某患有心脏病且做过心脏搭桥手术，应当预见与其争吵、推搡拉扯可能发生严重后果，但因疏忽大意而没有预见，依然与其争吵、推搡拉扯，致魏某某情绪激动诱发冠状动脉粥样硬化性心脏病心肌梗死急性发作猝死，其行为与死亡结果之间存在引起与被引起的刑法因果关系，主观上存在疏忽大意的过失，符合过失致人死亡罪的构成要件，应当以过失致人死亡罪定罪处罚。原判审查判断证据错误导致适用法律错误，应当改判。Q县人民检察院的抗诉理由及T市人民检察院的出庭意见成立，予以采纳。辩护人意见与审理查明的事实和证据不符，不予采纳。

鉴于本案系家庭矛盾引发；情绪激动系被害人冠状动脉粥样硬化性心脏病心肌梗死急性发作猝死的诱因；原审被告人纪某某被口头传唤到案后能如实供述自己的犯罪事实，应认定为自首，且犯罪较轻；一审中纪某某与被害人亲属达成分期付款赔偿协议，已支付第一期赔偿款 20 000 元并取得被害人亲属谅解。综合考量纪某某犯罪的事实，犯罪的性质、情节和对社会的危害程度，经本院审判委员会讨论，决定对原审被告人纪某某免予刑事处罚。

最终，T市中级人民法院判决撤销Q县人民法院刑事判决；原审被告人纪某某犯过失致人死亡罪，免予刑事处罚。本判决为终审判决。

五、典型意义

(一) 刑事审判的核心是认定案件事实，并以此为基础来决定是否定罪量刑

认定案件事实，必须坚持证据裁判原则，运用证据规则，对证据材料进行评判，决定采信或者排除后，在此基础上运用经验法则、司法认知、刑事推定、逻辑推理等方法，结合伦理道德、社会经验、生活常识，最终认定具体的案件事实。对于证据材料的审查判断，要求证据之间相互印证，而这种相互印证，基本可分为三种情形，即直接或者间接证据之间相互印证；依据指向一致的间接证据认定事实的相互印证；只有部分事实情节重合的证据之间的相互印证。

对于只有部分事实情节重合的证据之间的相互印证，部分无法印证的事实情节若属于必须证明的事实，则无其他证据证明时不能定案，反之则可以定案。必须证明的事实主要是指犯罪构成要件事实，如果不属于犯罪构成要件事实，则不是非证明不可。另外，如果证据的核心内容或关键情节得到印证，即可认为整个证据已被印证，可以采信，而不必要求该证据中的所有事实和情节都被印证。

(二) 正确理解刑法上的因果关系

所谓刑法上的因果关系，是指危害行为与危害结果之间引起与被引起的关系，并不涉及行为人主观的内容。解决了刑法上的因果关系，只是确立了行为人对特定危害结果负刑事责任的客观基础，但不等于解决了其刑事责任问题。要使行为人对自己的行为造成的危害结果负刑事责任，行为人还必须具备主观上的故意或过失。即使具备因果关系，如果行为人缺乏故意或过失，仍不能构成犯罪和使其负刑事责任。

纵观本案，Q县公安司法鉴定中心法医学尸体检验鉴定书载明，"魏某某系因冠状动脉粥样硬化性心脏病心肌梗死急性发作猝死。劳累或情绪激动系诱因"，从法医病理学的角度讲，劳累或情绪激动系诱因不存在矛盾错误，从逻辑关系上讲，劳累或情绪激动为选择关系，不是并列关系，即二选一。本案中相关证据能与情绪激动系诱因相互印证，没有证实其劳累的证据，因此情绪激动是诱发被害人

心脏病心肌梗死急性发作猝死的唯一诱因。该鉴定意见正确，应予以采信。

被告人纪某某作为家庭成员，明知婆婆魏某某患有心脏病且做过心脏搭桥手术，应当预见与其争吵、推搡拉扯可能发生严重后果，依然与其争吵、推搡拉扯，指使魏某某情绪激动诱发冠状动脉粥样硬化性心脏病心肌梗死急性发作猝死，其主观上存在疏忽大意的过失，行为与死亡结果之间存在引起与被引起的刑法因果关系，符合过失致人死亡罪的构成要件，行为已构成过失致人死亡罪。

潘某某与胡某某离婚纠纷诉讼监督案*

一、基本案情

2020年2月26日,原告潘某某因与被告胡某某离婚纠纷一案诉至Q县人民法院,请求判令与被告离婚、由其抚养生子、被告每月支付抚养费;依法分割夫妻共同财产并承担本案诉讼费等。

Q县人民法院一审认定的事实为:原、被告于2002年开始以夫妻名义同居生活,2007年3月16日生育儿子胡某慧,随原告一起生活。2010年8月3日在Q县民政局办理结婚登记。2017年2月份,原、被告开始分居生活。2019年6月,原告诉讼至Q县人民法院要求离婚,Q县人民法院认为双方有和好的可能,判决原、被告不准离婚。原、被告夫妻及父母家庭共有财产有:双方于2014年共同出资修建的位于Q县W镇S村后湾组29号的宅院内约180平方米、砖混结构的7间房屋,价值20万元,修建房子时家里面有13万元,向外面借款5万元,政府补贴了2万元。原、被告夫妻共有债权有:2016年出借给同村村民胡某刚1.5万元,后胡某刚还了5000元,还剩1万元未还。

依据上述认定的事实,该院于2020年3月30日作出如下判决:"一、准予原告潘某某与被告胡某某离婚;二、儿子胡某慧由原告潘某某抚养,被告胡某某向原告潘某某一次性支付胡某慧抚养费11 005元(在判决生效后10日内付清);三、位于Q县W镇S村后湾组29号院内的房屋原告潘某某有四分之一的份额;四、共同债权1万元,归原告潘某某所有;五、驳回原告潘某某的其他诉讼请求。"

---

* 成婷,甘肃省天水市秦安县人民检察院。

2020年5月13日,原审被告胡某某不服一审判决,认为在分割共有财产时,未查明借钱修房的债务事实就对房子进行了分割,也未通知其父母参加诉讼剥夺了他们的诉权,遂委托其父胡某付向Q县人民法院申请再审。Q县人民法院W法庭以"共同财产分割胡某某父亲未参加,因是儿子与儿媳离婚,他不能参加;潘某某共同财产份额,因二人结婚多年,潘某某属于家庭成员,有劳动能力,房屋为婚姻存续期间所建;孩子的抚养经依法征求孩子的意见,愿随原告生活;抚养费是否一次性付清让被告与原告协商等"审查意见为由退回胡某付,未予受理。

2020年5月19日,胡某某委托代理人胡某付向Q县人民检察院申请监督。

二、检察机关监督情况

Q县人民检察院受理后,依法调阅原审案卷;函询了法院案件承办人、询问了共有财产关键当事人。经审查认定的事实与Q县人民法院一致,同时认为,在一审判决书中确认分割的房屋为"原、被告夫妻及被告父母家庭共有财产"。根据《物权法》(已失效)第95条之规定:"共同共有人对共有的不动产或者动产共同享有所有权。"因此,尽管本案为离婚纠纷案件,但在涉及家庭共有财产分割时,被告父母仍对该共同财产享有占有、使用、收益、处分等权利。但Q县人民法院在对该案中共有财产的分割进行审理时,既未通知被告父母参加诉讼,也未在庭前进行必要的调查核实,显然剥夺了被告父母在该家庭共有不动产的分割上享有的独立诉权。另外,一审判决书对修建房屋的费用即"(该房)价值20万元,修房子时家里面有13万元,向外面借款5万元,政府补贴2万元"的事实也予以了确认。对于因共有财产产生的债务承担问题,《物权法》(已失效)第102条规定:"因共有的不动产或者动产产生的债权债务,在对外关系上,共有人享有连带债权、承担连带债务,但法律另有规定或者第三人知道共有人不具有连带债权债务关系的除外;在共有人内部关系上,除共有人另有约定外,按份共有人按照份额享有债权、承担债务,共同共有人共同享有债权、承担债务。偿还债务超过自己应当承担份额的按份共有人,有权向其他共有人追偿。"本案在一审判决中仅对房屋的价值部分按照按份共有的形式作了价值等额分割,但对因修建房屋产生的债务以"原告并没有实际偿还"为由未进行判决,排除了原审原告依法应当承担的连带责任,明显与上述法律规定不符。

Q 县人民检察院审查后认为,本案一审民事判决存在以下问题:一是在分割家庭共有财产时,应当参加诉讼的当事人,因不能归责于本人或者其诉讼代理人的事由,未参加诉讼;二是对修建房屋产生的共同债务未予裁判违反法律规定的情形。

2020 年 6 月 16 日,Q 县人民检察院依据 2017 年《民事诉讼法》第 200 条第 6 项、第 8 项,第 208 条第 2 款,2013 年《人民检察院民事诉讼监督规则(试行)》第 83 条第 7 项的规定向 Q 县人民法院提出再审检察建议。

三、处理结果

2020 年 9 月 17 日,Q 县人民法院作出再审裁定,撤销一审判决第三项,另行组成合议庭再审,再审期间,中止原判决的执行。为保障再审案件顺利审理,Q 县人民检察院与法院审判庭多次沟通,并派检察员出席庭审。本案在再审审理过程中,Q 县人民法院主持调解,当事人自愿达成和解,潘某某放弃位于 Q 县 W 镇 S 村院内的房屋中属其所有的份额,不要求分割。同年 11 月 26 日,Q 县人民法院制作调解书对上述协议予以确认,潘某某与胡某某签收了该调解书,本案审理终结。

四、典型意义

(一)离婚诉讼中一并审理分家析产的,应保障其他家庭财产共有人的合法权益

我国农村严格贯彻"一户一宅"的法律规定,在离婚纠纷案件的裁判中,对宅基地上共有房屋往往按按份共有作价值分割来处理。本案属农村中极为常见的离婚后对婚姻存续期间家庭共有财产析产的案件,离婚的双方在婚姻存续期间与一方父母共同居住,房屋的修建、重建、翻新等民事行为发生在婚姻存续期间,应当让家庭财

产共有人就财产分割平等参与诉讼,按照对共有财产特别是宅基地上的房屋贡献大小确定应占份额和债务承担份额,而不能以离婚纠纷涉身份关系为由,剥夺其他家庭财产共有人的合法权益。

(二) 人民检察院应科学运用再审检察建议,依法监督人民法院的民事审判

再审检察建议实现了同级监督,具有程序便捷、高效、节约司法资源等制度优势,极大地方便了群众诉求的实现。同时,再审检察建议将是否启动再审程序的决定权交给法院,是一种"柔性监督",监督方式更易于被法院接受,监督效果良好,在司法实践中发挥着举足轻重的作用。人民检察院办理再审检察建议应发挥主观能动性,切实加强与人民法院的沟通协调,力争与法院就案件处理达成共识。发出检察建议后,建立后续反馈协调跟踪机制,提高再审检察建议的采纳率。

王某某非法收购珍贵、濒危野生动物案*

一、基本案情

2019年7月,犯罪嫌疑人王某某在网上浏览时发现有店铺出售猪鼻龟比较好看,遂决定自己购买一只来饲养。在与某店铺店主谭某某(另案处理)沟通交易事宜中,王某某明确表示要"半白化"的猪鼻龟,但店主告诉他没有"半白化"的猪鼻龟,只有黑色猪鼻龟,最终其使用支付宝向该店铺支付429元购买了一只黑色猪鼻龟。后王某某向Q县森林公安分局投案自首。犯罪嫌疑人王某某在供述中交代,因觉得猪鼻龟好看才在网上主动搜索购买,对猪鼻龟是否属于重点保护野生动物并不知情,但其与店铺主的聊天记录中显示:其明确表示要"半白化"的猪鼻龟,这证明其是在对猪鼻龟有一定的认识和了解的情况下,未经野生动物主管部门办理合法收购珍贵、濒危野生动物资源,以自己饲养为主要目的,违反《野生动物保护法》的规定,非法收购国家重点保护的珍贵、濒危野生动物猪鼻龟。Q县森林公安分局在将此案立案侦查后,于2020年4月26日对王某某收购的猪鼻龟(活体)进行了依法扣押,经司法鉴定中心鉴定:猪鼻龟(别称:两爪鳖)为国家Ⅱ级重点保护野生动物,基准价500元,整体价值2500元。2020年4月27日,Q县森林公安分局将猪鼻龟交于T市动物园。

二、办理过程及处理结果

2020年8月5日,Q县森林公安分局以犯罪嫌疑人王某某涉嫌非法收购珍贵、濒危野生动物罪向Q县人民检察院移送审查起诉。Q

---

* 成婷,甘肃省天水市秦安县人民检察院。

县人民检察院审查认为，犯罪嫌疑人王某某以自己饲养为目的，购买了国家Ⅱ级重点保护野生动物猪鼻龟，且对猪鼻龟有一定的认识和了解，其行为符合 2017 年《刑法》第 341 条第 1 款的规定，涉嫌非法收购珍贵、濒危野生动物罪，但其为初犯、偶犯，犯罪情节轻微，未造成严重后果，且有自首情节，自愿认罪认罚，经过公开听证后，结合听证意见，依据 2017 年《刑法》第 67 条第 1 款、《刑事诉讼法》第 15 条、第 177 条第 2 款的规定，于 2020 年 8 月 31 日对犯罪嫌疑人王某某作出不起诉决定，同时，向 Q 县森林公安分局发出《检察意见书》，要求其对已扣押的犯罪嫌疑人王某某的作案工具 iPhone MT762CH/A 手机依法处理，并对王某某给予行政处罚。Q 县森林公安分局已采纳检察意见，对王某某处以猪鼻龟价值 10 倍即 5000 元的罚款。

三、典型意义

（一）正确适用认罪认罚从宽制度，依法实施不起诉权

认罪认罚从宽产生的背景是我国经济发展、社会安定，犯罪结构明显变化，重罪占比持续下降，轻罪案件不断增多。促进认罪认罚、少捕慎诉慎押，更有利于矛盾化解、社会治理。在司法实践中，应正确适用认罪认罚从宽制度，全面审查案件事实、证据，不因认罪而降低证明标准。本案中犯罪嫌疑人王某某以自己饲养为目的，从淘宝网购买国家Ⅱ级重点保护野生动物猪鼻龟一只，其行为触犯了 2017 年《刑法》第 341 条第 1 款之规定，涉嫌非法收购珍贵、濒危野生动物罪，犯罪事实清楚，证据确实充分，但其主动投案后如实供述自己的犯罪事实，自愿认罪认罚，且属初犯、偶犯，涉及动物的数量仅为一只，经鉴定基准价为 500 元，认罪悔罪态度较好，购买野生动物猪鼻龟的目的不是食用或非法出售牟取暴利，而是自己饲养观赏，在饲养的过程中没有造成国家重点保护的野生动物死亡，且案发后涉案动物已由 Q 县森林公安分局扣押交由 T 市动物园妥善处理，对野生动物资源和生态环境影响较轻。Q 县人民检察院依据 2017 年《刑法》第 67 条第 1 款、《刑事诉讼法》第 15 条、第 177 条第 2 款、最高人民检察院、最高人民法院、公安部、国家安全

部、司法部《关于适用认罪认罚从宽制度的指导意见》《某省人民检察院办理认罪认罚从宽案件工作指引（试行）》关于不起诉权的适用，对犯罪嫌疑人王某某作出不起诉决定，体现了谦抑、审慎、善意的刑事司法理念，从而有利于鼓励和促使更多犯罪人认罪服法，维护社会和谐稳定，促进国家长治久安。

（二）以听证方式审查案件，提升司法公信力

检察听证工作是在新时代的背景下，检察机关积极践行以人民为中心的发展思想，更好地满足人民群众知情权、参与权和监督权的重要举措，也是检察机关不断探索增强司法公信力的有益实践。本案在办理过程中，根据某省人民检察院《关于全省检察机关全面推行刑事案件公开听证工作的通知》精神，Q县人民检察院邀请人民监督员、人大代表、政协委员参加听证，对检察机关的办案活动进行监督。经评议，与会听证员一致认为王某某的行为触犯了2017年《刑法》第341条第1款之规定，涉嫌非法收购珍贵、濒危野生动物罪，犯罪事实清楚，证据确实充分，但其主动投案后如实供述自己的犯罪事实，自愿认罪认罚，且属初犯、偶犯，没有造成严重后果，应当对王某某作不起诉的决定。结合听证意见，综合全案事实，2020年8月31日，Q县人民检察院对犯罪嫌疑人王某某作出不起诉决定。本案的办理真正做到了公开、公正、公平，做到了案结事了，达到了法律效果、政治效果和社会效果的有机统一。

李某某骗取调解书虚假诉讼监督案[*]

一、基本案情

2015年，崔某某向李某某借款360 000元，之后分多次于2016年10月前向其归还了4000元。2016年10月20日，崔某某打下余款32 000元的欠条。经李某某催要后，崔某某陆续归还了4000元，剩余欠款28 000元经李某某多次催要后未还。李某某于2017年8月1日起诉至T市Q区人民法院，要求崔某某归还借款28 000元。2017年8月3日，该院作出民事调解书：崔某某于2017年9月30日前一次性归还李某某借款28 000元。由于调解后崔某某仍不还款，李某某于2018年1月31日向T市Q区人民法院申请执行。T市Q区人民法院于2018年2月1日向崔某某发出执行通知书。由于不具备执行条件，于2018年6月26日作出执行裁定书，终结本次执行。

二、检察机关监督情况

（一）线索发现

2020年3月31日，T市Q区人民检察院第一检察部在办理李某某组织、领导、参加黑社会性质组织、开设赌场等案中，发现该案可能存在虚假诉讼的情况，将线索通过综合业务部移送第四检察部办理。

（二）调查核实

第四检察部受理后，及时审查了第一检察部移送的证据材料，查明：2015年，崔某某参与李某某在山水新城一楼楼房内开设的赌场时，因未携带赌资先后四次向李某某借款20 000元，并全部输在

---

[*] 张力，甘肃省天水市秦州区人民检察院。

赌场。后李某某多次电话催要赌债未果,遂纠集辛某某、唐某某、安某等人先后多次向崔某某本人及其父母追讨赌债,崔某某父母先后四次归还欠款4000元。其间,李某某纠集他人在KTV等公共场所对崔某某进行殴打、威胁和恐吓,强加利息逼迫崔某某先后书写22 000元(含利息2000元)、32 000元(含利息12 000元)的借条两张。当得知李某某与崔某某债务关系系赌债后,崔某某父母拒绝归还剩余欠款,李某某遂纠集辛某某等人在崔某某家门口摆放花圈。在各种暴力、软暴力讨债无果的情况下,2017年8月1日,李某某以民间借贷纠纷为由将崔某某起诉至人民法院,并向法庭提供虚假债务关系借条,威胁恐吓崔某某在法庭调查过程中将二人之间的赌债谎称为合法债务。

(三)监督意见

T市Q区人民法院民事调解书破坏社会诚信,妨害司法秩序、司法权威,损害国家利益、社会公共利益。理由如下:其一,依据借条、李某某的供述、崔某某的陈述,以及辛某某、唐某某、魏某某的证言,证实崔某某拖欠李某某的赌债,且李某某将赌债捏造为与崔某某的合法债务。其二,依据调解笔录、调解书、执行通知书、限制消费令等书证,证实李某某伪造证据、虚构事实提起诉讼,骗取T市Q区人民法院民事调解书。2020年4月2日,经T市Q区人民检察院检察委员会审议决定,就李某某与崔某某民间借贷纠纷案,依据2017年《民事诉讼法》第208条第2款、2013年《人民检察院民事诉讼监督规则(试行)》第77条的规定向T市Q区人民法院提出再审检察建议。

(四)研究室审核

研究室检察官依据《人民检察院检察建议工作规定》第8条的规定在检察长审签前,对再审检察建议的法条引用、释法说理进行审核。依据《人民检察院检察建议法律文书格式样本》再审检察建议书的格式规范提出修改意见,并提供符合规范的封皮。

三、处理结果

2020年6月30日,承办检察官列席T市Q区人民法院审判委员会，参与审议《关于对李某某与崔某某民间借贷纠纷一案的再审审查报告》并就该案涉及虚假诉讼及调解书损害国家利益、社会公共利益阐明提出再审检察建议的依据，发表列席意见。审判委员会审议后，采纳列席意见，决定启动再审程序。同日，T市Q区人民法院复函民事调解书确有错误，采纳再审检察建议，并以新的民事裁定书裁定对李某某与崔某某民间借贷纠纷案另行组成合议庭再审。2020年8月19日，T市Q区人民法院作出民事判决，撤销原民事调解书，驳回李某某的诉讼请求。

T市Q区人民法院作出民事判决后，李某某未上诉，判决生效。再审检察建议真正落到实处，纠正了虚假诉讼导致的错误裁判。

四、指导意义

（一）加强虚假诉讼检察监督具有必要性

首先，人民法院对虚假诉讼的防治手段不足。受当事人主义的限制，法官对当事人自认的证据，难以完全尽到真实性审查的义务。

其次，对虚假诉讼进行监督是检察机关的重要工作内容。依法对民事诉讼进行法律监督是法律赋予检察机关的职责，对虚假诉讼进行监督是基层检察机关做强民事检察的重要突破口。

再次，有利于保障受害人的合法权益。虚假诉讼隐蔽性强，尤其是涉黑涉恶案件中的虚假诉讼有其发生的特殊背景，通过检察监督可及时发现问题，节约司法资源，保护受害人的合法权益。

最后，对虚假诉讼进行监督是构建法治社会的必然需求。公平正义是法治社会的重要特征，而虚假诉讼严重违背诚信原则，破坏社会秩序，检察监督在纠正错误判决的同时对弘扬社会正义具有重要作用。

（二）准确认定"国家利益、社会公共利益"

依据2017年《民事诉讼法》第208条第2款和2013年《人民检察院民事诉讼监督规则（试行）》第77条的规定，调解书损害国家利益、社会公共利益是提出检察建议或抗诉的关键。尽管"国家利益、社会公共利益"是一个抽象概念，在法理上无论是作广义的理解还是狭义的理解，均有其合理的一面，但司法实践证明"司法秩序、司法权威"应纳入其范围。法检两院应通过列席审判委员会等积极有效措施，形成共识，共同维护了司法权威。

（三）增强民刑合作，提升监督质效

2019年7月以来，按照省、市院的部署，Q区人民检察院精心部署，深入开展虚假诉讼领域深层次违法行为监督专项活动。分管领导负责，第四检察部和第一、二检察部密切配合，将虚假诉讼专项工作与深入推进扫黑除恶专项斗争统筹兼顾，探索建立民刑一体化办案机制，注重借力专项斗争成果，制裁虚假诉讼行为。本案从线索移送、审查、发出检察建议共用3天时间，充分发挥了民刑合作的办案优势。

涉农行政公益诉讼研究*

摘要： 涉农行政公益诉讼是检察机关服务保障乡村振兴战略的重要举措。在实践中，涉农行政公益诉讼呈现出案件类型集中化、检察建议履行率低以及行政机关履职不主动等问题，对涉农行政公益诉讼服务乡村振兴战略产生影响。检察机关应始终坚持"三农"问题导向，积极稳妥拓展涉农行政公益诉讼案件范围，合理运用大数据拓宽案件线索来源，提高检察建议质量，明确行政机关依法履职的判断标准等，进一步优化涉农行政公益诉讼，发挥涉农行政公益诉讼的效能，推进农村治理体系和治理能力现代化。

关键词： 涉农行政公益诉讼；检察建议；案件范围；案件线索；乡村振兴

涉农行政公益诉讼是检察机关公益诉讼职能主动服务保障乡村振兴战略的重要体现。通过对 2016 年以来涉农行政公益诉讼 405 份裁判文书样本的分析，可以看出，我国涉农行政公益诉讼制度取得了显著成效，但也存在亟须解决的问题。优化涉农行政公益诉讼，对于推进农村治理体系和治理能力现代化以及检察机关服务乡村振兴战略具有积极意义。

---

* 何青洲，甘肃省哲学社会科学重大研究基地"甘肃政法大学甘肃省依法推进社会治理研究中心"主任、教授、法学博士、硕士生导师；李娅妮，甘肃政法大学甘肃省依法推进社会治理研究中心助理研究员，天津大学博士研究生。基金项目：甘肃省哲学社会科学规划项目"甘肃省检察机关提起公益诉讼实证研究"（项目编号：YB102）；甘肃省人民检察院 2021 年检察理论研究课题"检察工作服务保障乡村振兴战略实证研究"；甘肃政法大学依法推进社会治理研究智库团队项目。

一、涉农行政公益诉讼现状分析

(一) 案件数量逐年递增

截至 2021 年 12 月底,中国裁判文书网公开的涉农行政公益诉讼裁判文书共计 405 份。涉农行政公益诉讼案件数量呈逐年递增的整体趋势。其中,2016 年至 2017 年呈直线上升趋势,2017 年至 2018 年案件数量有所下降,2018 年至 2020 年呈稳步增长趋势,2020 年涉农行政公益诉讼案件数量高达 147 件。2014 年 10 月,党的十八届四中全会审议通过了中共中央《关于全面推进依法治国若干重大问题的决定》,首次明确要求"探索建立检察机关提起公益诉讼制度"。2015 年 7 月,全国人民代表大会常务委员会作出《关于授权最高人民检察院在部分地区开展公益诉讼试点工作的决定》,授权最高人民检察院在北京等 13 个省、自治区、直辖市开展为期两年的提起公益诉讼试点工作。与此相应,2015 年 12 月,中央农村工作会议部署了 2016 年和"十三五"时期农业农村工作,明确指出"必须坚持把解决好'三农'问题作为全党工作重中之重,加大强农惠农富农力度,破解三农难题"。[1]在此背景之下,涉农行政公益诉讼在 2016 年开始出现,案件数量为 3 件。

图 1 涉农行政公益诉讼案件数量分布

---

〔1〕 王宇、林晖:"中央农村工作会议在京召开——习近平对做好'三农'工作作出重要指示 李克强作出批示",载《人民日报》2015 年 12 月 26 日。

2017年《行政诉讼法》为检察机关提起行政公益诉讼提供了明确的法律依据。2017年10月,党的十九大召开,习近平总书记明确指出,实施乡村振兴战略。……要坚持农业农村优先发展……要加快推进农业农村现代化。[1]涉农行政公益诉讼案件数量也在2017年快速增长,共计112件。自党的十九大以来,党中央围绕打赢脱贫攻坚战、实施乡村振兴战略作出一系列重大部署,制定和实施了一系列政策举措。2018年至2020年,涉农行政公益诉讼稳步推进,案件数量逐年上升。

2020年是全面建成小康社会目标实现之年,也是全面打赢脱贫攻坚战之年。2020年1月,中共中央、国务院《关于抓好"三农"领域重点工作确保如期实现全面小康的意见》实施,明确要求对标全面建成小康社会,加快补上"三农"领域突出短板。在此背景下,各级检察机关坚决贯彻落实习近平总书记关于坚决打赢脱贫攻坚战的重要指示,持续开展服务保障脱贫攻坚专项工作,加大司法服务脱贫攻坚力度。2020年,涉农行政公益诉讼案件数量剧增至147件。

2021年,我国脱贫攻坚战取得全面胜利。2021年相较于2020年,涉农行政公益诉讼案件数量有所下降。习近平总书记指出,"脱贫摘帽不是终点,而是新生活、新奋斗的起点",[2]"乡村振兴是实现中华民族伟大复兴的一项重大任务","全面实施乡村振兴战略的深度、广度、难度都不亚于脱贫攻坚"。[3]《乡村振兴促进法》明确要求"保障农民民主权利和其他合法权益,调动农民的积极性、主动性、创造性,维护农民根本利益",检察机关应该在涉及乡村振兴的产业、人才、文化、生态、组织以及城乡融合发展等领域继续加强涉农行政公益诉讼。

---

〔1〕习近平:"决胜全面建成小康社会 夺取新时代中国特色社会主义伟大胜利——在中国共产党第十九次全国代表大会上的报告",载新华网:http://www.xinhuanet.com/2017-10/27/c_1121867529.htm.最后访问日期:2021年10月31日。

〔2〕习近平:"在全国脱贫攻坚总结表彰大会上的讲话",载《求知》2021年第3期。

〔3〕习近平:"在全国脱贫攻坚总结表彰大会上的讲话",载《求知》2021年第3期。

（二）地域分布差异明显

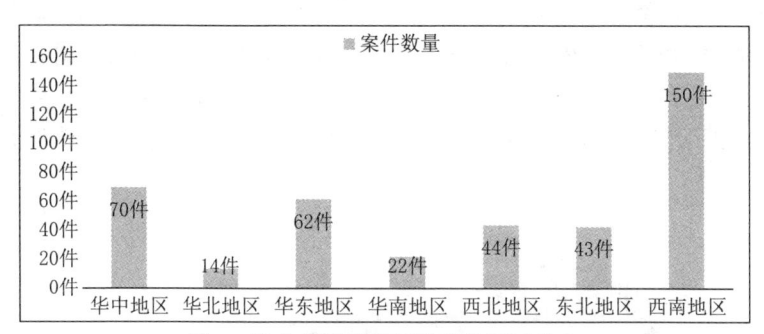

在空间分布上（见图2），涉农行政公益诉讼案件呈现集中分布，区域差异明显的特征。我国西南地区涉农行政公益诉讼案件数量明显高于其他各地区，涉农行政公益诉讼案件数量共计150件，占涉农行政公益诉讼案件样本总数的37%。华北地区案件数量最少，仅为14件。

图2 涉农行政公益诉讼案件区域分布

地区	案件数量
华中地区	70件
华北地区	14件
华东地区	62件
华南地区	22件
西北地区	44件
东北地区	43件
西南地区	150件

据统计，东部地区涉农行政公益诉讼案件数量共计68件，占涉农行政公益诉讼案件样本总数的16.8%，其中，北京市、河北省涉农行政公益诉讼案件数量均为1件。而中西部地区涉农行政公益诉讼案件数量共计337件，占比为83.2%，仅湖北省涉农行政公益诉讼案件数量就为66件，相当于整个东部地区的涉农行政公益诉讼案件总数。甘肃、贵州、陕西等省份案件数量均在15件以上，湖北、云南两省案件数量均超过60件。由此分析，涉农行政公益诉讼在很大程度上受地域范围和经济发展水平的影响。

从另一方面看，涉农行政公益诉讼充分体现了检察机关服务国家乡村振兴战略的力度。自党的十八大以来，党中央强调，"小康不小康，关键看老乡，关键在贫困的老乡能不能脱贫"，承诺"决不能落下一个贫困地区、一个贫困群众"[1]，始终坚持精准扶贫理念，重点攻克深度贫困地区脱贫任务，坚决打赢脱贫攻坚战。各级检察机

---

[1] 习近平："在全国脱贫攻坚总结表彰大会上的讲话"，载《求知》2021年第3期。

关坚持法治思维和问题导向，自觉融入、服务和保障乡村振兴的大局，深入推进公益诉讼检察工作，以涉农行政公益诉讼助推农村社会治理。

（三）审理法院层级集中在基层法院

基层治理是国家治理的基石。2020年9月17日，习近平总书记在基层代表座谈会中提到，"切实把矛盾化解在基层，维护好社会稳定"。[1]2021年7月14日，最高人民法院发布《关于为全面推进乡村振兴 加快农业农村现代化提供司法服务和保障的意见》，明确指出"坚持强基导向，积极服务全面推进乡村振兴和基层治理"，主张"最大限度将矛盾化解在基层"，"推动矛盾纠纷就地发现、就地调处、就地化解"。

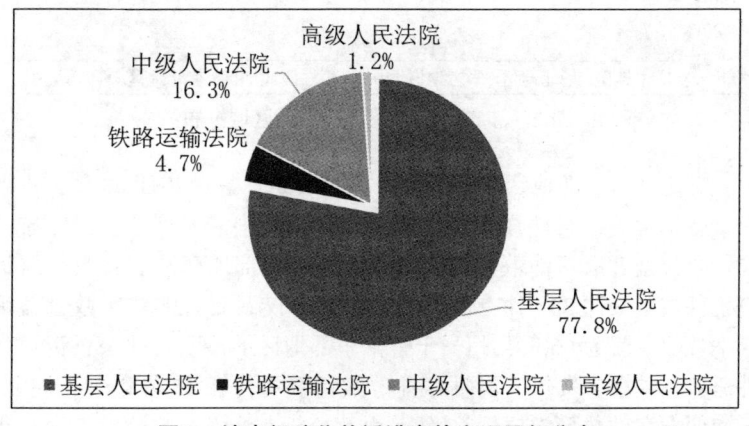

图3 涉农行政公益诉讼案件审理层级分布

- 高级人民法院 1.2%
- 中级人民法院 16.3%
- 铁路运输法院 4.7%
- 基层人民法院 77.8%

从审级和法院层级看，在405件涉农行政公益诉讼案件样本中，由基层人民法院审理的涉农行政公益诉讼案件数量共计315件，占样本总数的77.8%；由中级人民法院审理的涉农行政公益诉讼案件数量为66件，占比16.3%，其中，有12件案件由中级人民法院进行二审审理；由铁路运输法院审理的涉农行政公益诉讼案件数量为19

---

〔1〕习近平："在基层代表座谈会上的讲话（2020年9月17日）"，载《人民日报》2020年9月20日。

件，占比4.7%；由高级人民法院审理的涉农行政公益诉讼案件数量仅有5件，均为再审。由此可以看出，绝大多数涉农行政公益诉讼案件均由基层人民法院审结，上诉率普遍较低。

一方面，这与我国法院层级设置及案件量分布情况呈正相关，有助于节约司法资源，提高办案效率；另一方面，各级人民法院充分发挥审判职能作用，积极推动矛盾纠纷源头预防化解，切实将矛盾化解在基层，促进社会和谐稳定，有效提升了基层治理水平。

（四）案件类型集中于生态环境保护领域

乡村振兴战略是社会主义新农村建设的"升华版"。[1]全面实施乡村振兴战略，应始终坚持统筹推进农村经济建设、政治建设、文化建设、社会建设、生态文明建设和党的建设，促进农业全面升级、农村全面进步、农民全面发展，加快农业农村现代化，全面建设社会主义现代化国家。统计数据显示（见图4），涉农行政公益诉讼案件类型主要包括生态环境保护、农产品质量和食品安全、土地问题、饮用水安全问题以及惠农资金管理和使用问题五个领域，这些也正是"三农"领域的重点和短板所在。

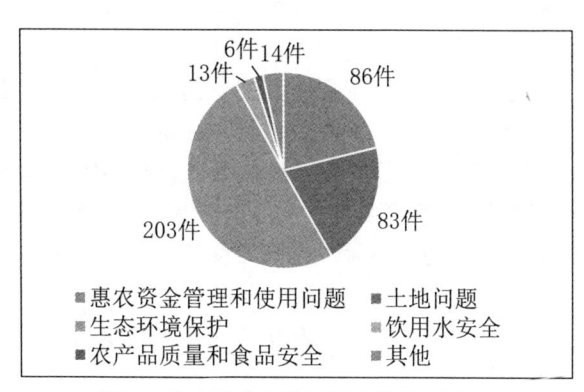

图4 涉农行政公益诉讼案件类型分布

生态环境是人类生存和发展的根基。改善农村人居环境，建设

---

[1] 李周："深入理解乡村振兴战略的总要求"，载《理论导报》2018年第2期。

美丽宜居乡村,是实施乡村振兴战略的一项重要任务。自党的十九大以来,习近平总书记一再强调,要以建设美丽宜居村庄为导向开展农村人居环境整治行动[1],把解决突出生态环境问题作为民生优先领域。[2]各级检察机关积极开展"公益诉讼守护美好生活"专项活动,将公益诉讼工作第一重点放在生态环境领域,持续加大生态环境公益诉讼工作力度。据统计,在405件涉农行政公益诉讼案件中,生态环境保护类案件共计203件,占涉农行政公益诉讼案件样本总数的50%。由此表明,在涉农行政公益诉讼中,五成案件均集中在生态环境保护领域。

(五)提起诉讼的主体以基层检察院为主

从涉农行政公益诉讼提起主体来看,在391件涉农行政公益诉讼一审案件中,由基层检察院提起的案件数量共计315件,占比80.6%;市级检察机关提起的案件数量共计57件,占比14.6%;铁路运输检察院提起的案件数量共计19件,占比4.8%。可见,基层检察院已成为当前涉农行政公益诉讼的主力军。2017年《行政诉讼法》修正,检察机关作为"国家力量"拥有行政公益诉讼主体资格。其中,基层检察院是整个检察机关的基础,基层检察工作是全部检察工作的基础。自党的十九大以来,最高人民检察院始终坚持以顶层设计发力,重心向下,对基层检察工作提出了一系列要求。最高人民检察院在2018年提出"建立健全人财物向基层倾斜的制度体系",2019年提出要"把基层院建设作为新时代检察工作创新发展的突出重点来抓",2020年成为"基层建设年"。加强基层检察院建设,建设好群众身边的检察院,这些均反映了检察工作服务基层的鲜明导向。

(六)诉讼请求主要针对行政机关怠于或违法履职

诉讼请求作为诉的具体内容,不仅是原告的诉讼主张,同时也

---

[1] 习近平:"全面贯彻党的十九大精神 坚定不移将改革推向深入",载https://news.12371.cn/2017/11/20/ART11511182315185837.shtml,2022年10月23日访问。

[2] 习近平:"推动我国生态文明迈上新台阶",载https://www.12371.cn/2019/01/31/ART11548918623585399.shtml,2020年10月20日访问。

构成了法院审理和裁判的对象。[1]在391件涉农行政公益诉讼一审案件中，公益诉讼起诉人的诉讼请求主要分为四种类型：①确认被诉行政机关怠于履职违法；②请求判令被诉行政机关依法履职；③请求责令被诉行政机关依法继续履职；④确认被诉行政机关行政行为违法。这表明在涉农行政公益诉讼中，法院审理和裁判的对象集中于行政机关违法履职方面。

在公益诉讼过程中，检察机关申请变更或撤回诉讼请求的案件数量共计63件，占样本总数的16.1%，集中表现为：被告在起诉后依法履职，致使检察机关部分或全部诉讼请求提前得以实现，基于此，检察机关依法申请撤回相关诉讼请求[2]或变更诉讼请求为仅确认违法[3]。可以看出，检察机关会根据案件具体情况适时调整，准确选择对应的诉讼请求，从而有效监督行政违法行为，提高了办案质效。

此外，在行政公益诉讼中，检察机关的诉讼请求应清楚明确，内容不能过于宽泛，否则可能造成法院裁判和执行的困难。在涉农行政公益诉讼案件中，检察机关需进一步明确诉讼请求的相关案件数量共计6件。最后，针对诉讼请求的实现情况，绝大多数案件的诉讼请求全部得以实现和支持，仅在24件涉农行政公益诉讼案件中，法院对检察机关的诉讼请求予以部分支持[4]。

（七）诉前程序适用率高，履行率较低

行政公益诉讼诉前程序是检察机关提起行政公益诉讼的前置程序

---

[1] 葛迪等："行政公益诉讼请求精准化路径分析与模型设计"，载《人民检察》2021年第15期。

[2] 山丹县人民检察院诉山丹县财政局不履行行政监管法定职责案，甘肃省张掖市甘州区人民法院行政判决书［2019］甘0702行初23号。

[3] 泾川县人民检察院诉泾川县罗汉洞乡人民政府怠于履行监管职责案，甘肃省平凉市崆峒区人民法院行政判决书［2018］甘0802行初1号。

[4] 公益诉讼人诉请确认被告怠于履职违法，人民法院认为被告的管理行为虽然消极，但由此认定被告怠于履行职责较为苛刻，且被告在收到检察建议后已部分履职，故仅责令被告继续履行法定职责。参见石阡县人民检察院诉石阡县龙塘镇人民政府集镇垃圾管理案，贵州省遵义市播州区人民法院行政判决书［2017］黔0321行初154号。

和必经程序。[1]通过系统分析样本，在涉农行政公益诉讼案件中，检察机关的诉前检察建议内容主要分为三类：①要求行政机关依法履职，相关案件数量为359件；②纠正或依法查处违法行为，相关案件数量仅为8件；③要求依法履职和纠正违法行为相结合，相关案件数量共计17件，占涉农行政公益诉讼案件样本总数[2]的4.3%。另有15件案件的裁判文书样本未说明检察建议内容，仅表述检察机关提出了"检察建议"。

```
案件数量
内容不明           15件
要求依法履职和纠正违法行为相结合  17件
要求依法履职       359件
纠正或依法查处违法行为  8件
0  50 100 150 200 250 300 350 400
件 件 件 件 件 件 件 件 件
```

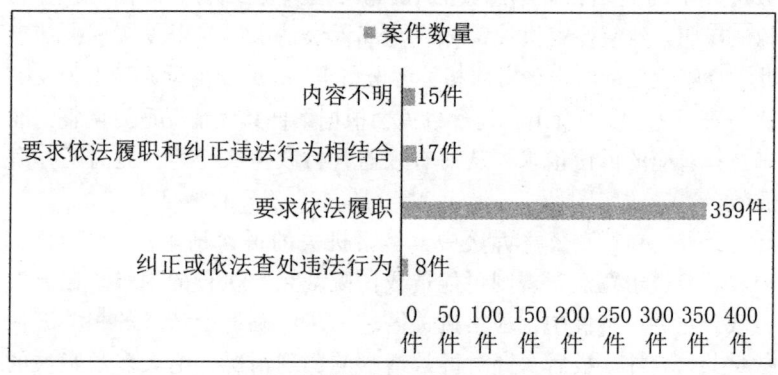

图5　检察建议内容分布图

针对诉前检察建议复函情况，行政机关收到检察建议未予复函的涉农行政公益诉讼案件数量共计50件，占样本总数（不含裁定撤回起诉的6件）的12.5%。行政机关逾期予以回复的案件数量仅为3件。多数案件中，行政机关均在法定期限内予以书面回复。此外，就行政机关落实检察建议情况看，突出表现为两种情形：①行政机关既未复函也未采取整改措施；[3]②行政机关复函但未依法全面履

---

〔1〕 李会勋、刘一霏："行政公益诉讼诉前程序之完善"，载《山东科技大学学报（社会科学版）》2019年第6期。

〔2〕 此处涉农行政公益诉讼案件样本总数不包括裁定撤回起诉的6件案件，共计399件。

〔3〕 抚松县人民检察院诉抚松县环境保护局不履行环境保护行政监管法定职责案，吉林省抚松县人民法院行政判决书［2017］吉0621行初32号。

职。[1]

总体而言,在涉农行政公益诉讼案件中,检察机关积极运用诉前检察建议,督促行政机关依法履职,但因检察建议自身的局限性,实施运用效果需要进一步提升。

(八) 争议焦点集中于行政机关履职方面

争议焦点是案件双方当事人争执的问题所在,是引领案件审理、纠纷解决的主线和枢纽。

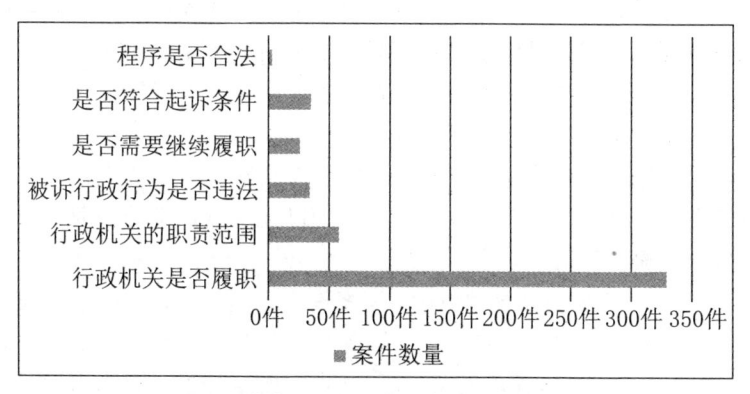

图6 涉农行政公益诉讼案件争议焦点

在405件涉农行政公益诉讼案件中,除去被诉行政机关认可检察机关主张的事实和诉讼请求之外,案件的争议焦点主要涉及以下六个方面(见图6):①被诉行政机关是否怠于履职,集中表现为被诉行政机关行政不作为和不完全履职两种情形,相关案件数量共计329件,占涉农行政公益诉讼案件样本总数的81.2%;②被诉行政机关的法定职责范围[2];③被诉行政行为是否违法;④行政机关是否需要继续履职;⑤检察机关的起诉是否符合起诉条件:主要包括起

---

[1] 滨海县人民检察院诉滨海县财政局、第三人滨海县农业委员会不履行法定职责案,江苏省建湖县人民法院行政裁定书[2017]苏0925行初66号。

[2] 涡阳县人民检察院诉涡阳县国土资源局不履行法定职责案,安徽省涡阳县人民法院行政判决书[2017]皖1621行初38号。

诉期限、主体适格和行政行为可诉性等，相关案件数量共计 35 件，占样本总数的 8.6%；⑥程序是否合法，分为审理程序是否合法[1]和公益诉讼人起诉的程序是否合法[2]两种情形。由此表明，在涉农行政公益诉讼案件中，行政机关履职问题是争议的焦点。

（九）裁判结果呈现较高胜诉率

按照裁判法院的审级分析，涉农行政公益诉讼一审裁判结果主要包括以下几种情形：①确认被诉行政机关行政行为违法和确认行政机关怠于履职违法；②责令行政机关依法履职和责令行政机关依法继续履职；③驳回起诉，案件数量仅为 1 件[3]；④撤诉裁定，在诉讼过程中，行政机关积极履行相关法定职责，检察机关以诉讼请求得以全部实现为由申请撤回起诉，相关案件数量共计 6 件；⑤终结诉讼裁定，案件数量为 8 件，主要分为检察机关申请终结诉讼和庭审前被告已全面履职，人民法院认为已无继续审理的必要，故裁定终结诉讼两种情形。

在 12 件涉农行政公益诉讼二审案件中，11 件案件均以"判决驳回上诉，维持原判"结案，仅 1 件案件以变更原审判决结案。[4]此外，1 件案件被法院作出撤销裁定，裁定撤销一审和二审作出的两项行政裁定，[5]其余 4 件再审案件均以驳回再审申请裁定告结。

总体来看，涉农行政公益诉讼案件，裁判结果多样，检察机关胜诉率较高。

---

[1] 福安市人民检察院诉福安市环境保护局不履行法定职责案，福建省宁德市中级人民法院行政判决书［2019］闽 09 行终 25 号。

[2] 宜昌市西陵区人民检察院诉宜昌市国土资源局不履行法定职责案，湖北省宜昌市西陵区人民法院行政判决书［2017］鄂 0502 行初 34 号。

[3] 法院认为公益诉讼人的诉讼请求与事实不符，遂判决驳回公益诉讼起诉人的诉讼请求。参见阳江市阳东区人民检察院诉阳江市阳东区发展和改革局不履行法定职责案，广东省阳江市阳东区人民法院行政判决书［2020］粤 1704 行初 2 号。

[4] 福安市人民检察院诉福安市环境保护局不履行法定职责案，福建省宁德市中级人民法院行政判决书［2019］闽 09 行终 25 号。

[5] 德惠市人民检察院诉德惠市朝阳乡人民政府不履行环保监督管理职责案，吉林省高级人民法院行政裁定书［2018］吉行再 21 号。

二、涉农行政公益诉讼中亟待解决的问题

(一) 案件类型过于集中，案件范围亟待拓展

目前我国法律体系已构建起以《行政诉讼法》第25条第4款为主体，以实体法《英雄烈士保护法》等为补充，以有关司法解释、部门规章和各类规范性文件为细则的"4+1"行政公益诉讼案件范围模式。[1]在405件涉农行政公益诉讼案件中，检察公益诉讼作用发挥并不充分，五成的案件集中于生态环境保护领域。这对于农村人居环境整治，建设美丽宜居的乡村环境具有重要推动作用，但也导致涉农行政公益诉讼在"三农"领域其他问题上没有发挥好其重要作用。

在农产品质量和食品安全保障领域，涉农行政公益诉讼需要进一步加强。食品安全源头在农产品，基础在农业，必须正本清源，首先把农产品质量抓好……确保广大人民群众"舌尖上的安全"。[2]通过对涉农行政公益诉讼案件进行分析，可以发现，农产品质量和食品安全保障类案件仅6件（见图4），集中表现为生猪屠宰领域中存在的食品安全问题[3]。此外，仅1件案件涉及农药、种子、饲料等农资方面的问题，重点打击销售不合格农机肥行为。[4]

在农村公共服务领域，自党的十九大以来，习近平总书记强调人民生活要不断改善，将一批惠农政策真正落到实处，中西部和农村教育明显加强，覆盖城乡居民的社会保障体系基本建立等。2020年中共中央、国务院《关于抓好"三农"领域重点工作确保如期实现全面小康的意见》要求"对标全面建成小康社会加快补上农村基

---

[1] 潘剑锋、牛正浩："检察公益诉讼案件范围拓展研究"，载《湘潭大学学报（哲学社会科学版）》2021年第4期。

[2] "中央农村工作会议在北京举行——习近平李克强作重要讲话 张德江俞正声刘云山王岐山张高丽出席会议"，载《人民日报》2013年12月25日。

[3] 法院认定屠宰场在从事生猪屠宰过程中，未按国家规定开展肉品品质检验且屠宰操作台残留有大量杂碎残渣、滋生苍蝇蚊虫等，严重影响肉品品质，直接危害人民群众身体健康。参见台江县人民检察院诉台江县农业农村局怠于履行法定职责案，贵州省镇远县人民法院行政判决书［2020］黔2625行初1号。

[4] 南平市建阳区人民检察院诉南平市建阳区工商行政管理局未依法履行法定职责案，福建省南平市延平区人民法院行政判决书［2018］闽0702行初25号。

础设施和公共服务短板"。但从司法实践来看，405件涉农行政公益诉讼案件中，涉及农民教育[1]、农村社会保障[2]和农村历史文化保护[3]相关案件数量共计4件。

（二）案件线索来源较单一，群众参与度较低

检察机关能否有效地提起行政公益诉讼，是否及时发现和收集案件线索是关键。[4]《行政诉讼法》第25条第4款规定，"人民检察院在履行职责中发现"的线索是检察机关提起行政公益诉讼的主要案件线索来源。405件涉农行政公益诉讼案件线索也多来源于检察机关履职[5]。但从立法层面出发，该规定似乎限定行政公益诉讼的启动条件仅为检察机关通过履职发现，忽略或排除了其他的获取案件线索的来源。此外，法律未明确规定群众可以通过何种渠道向检察机关提供行政公益诉讼案件线索。因此，在涉农行政公益诉讼案件中，依靠群众举报、投诉等途径获取办案线索的案件很少[6]。"三农"问题涉及面广，应对的情况也较为复杂，仅仅依靠"检察机

---

[1] 曲靖市麒麟区人民检察院诉曲靖市农业局未全面履行法定职责案，云南省曲靖市中级人民法院行政判决书［2017］云03行终54号。

[2] 十堰市茅箭区人民检察院诉十堰市茅箭区民政局民政行政支付行为违法案，湖北省十堰市茅箭区人民法院行政判决书［2017］鄂0302行初42号；西盟县人民检察院诉孟连县人力资源和社会保障局行政行为案，云南省澜沧拉祜族自治县人民法院行政判决书［2017］云0828行初12号。

[3] 泾阳县人民检察院诉泾阳县文化和旅游局未依法履行法定职责案，陕西省泾阳县人民法院行政判决书［2020］陕0423行初13号。

[4] 张明彭、陈宏光："行政公益诉讼现存问题探讨——基于90篇裁判文书的实证分析"，载《景德镇学院学报》2021年第1期。

[5] 泾县人民检察院诉泾县国土资源局行政行为违法、不履行法定职责案，安徽省泾县人民法院行政判决书［2017］皖1823行初10号。甘肃省武都区人民检察院诉甘肃省武都区洛塘镇人民政府不依法履行职责案，甘肃省康县人民法院行政判决书［2017］甘1224行初7号。

[6] "公益诉讼起诉人在开展饮用水水源地保护监测公益诉讼专项监督活动中接到群众举报，长白朝鲜族自治县马鹿沟镇人民政府怠于履行饮用水水源地保护职责的行为致使社会公共利益受到侵害。"参见长白朝鲜族自治县人民检察院诉长白朝鲜族自治县马鹿沟镇人民政府不依法履行法定职责案，吉林省长白朝鲜族自治县人民法院行政判决书［2019］吉0623行初2号。

关发现"涉农公益诉讼案件线索是不够的,不能很好地保障农民的权益。

(三)检察建议规范性有待提高

首先,检察建议内容不规范。其一,从内容表述层面看,检察建议书的内容对后续行政机关能否及时履行法定职责具有至关重要的作用。在405件涉农行政公益诉讼案件中,部分案件的检察建议存在内容表述抽象和笼统的问题,如"建议被告积极履职,加大监管力度"[1]"采取有效措施"[2]"切实加强监督管理职责"[3]等。这就使得检察建议内容的针对性和可操作性下降,进而导致检察建议的实效性不强。其二,从形式上看,检察建议书的形式不统一。就行政机关复函的法定期限而言,根据《人民检察院检察建议工作规定》第16条可知,"被建议单位书面回复落实情况的期限"属于检察建议书的组成部分。但在部分涉农行政公益诉讼案件中,所作的检察建议书仅包含了检察建议的具体内容,并未对行政机关的答复期限予以提及[4]。其三,从次数上看,在行政公益诉讼中,一般情况下,检察机关只需发出一次检察建议即可,但在少数案件中,检察机关前后共发出两次检察建议[5]。由此可见,在实践中,检察建议无论是内容抑或形式均缺乏严谨性和规范性,尚未达到规范标

---

[1] 米脂县人民检察院诉米脂县水务局未依法履行法定职责案,陕西省米脂县人民法院行政判决书[2017]陕0827行初3号。

[2] 梅河口市人民检察院诉梅河口市水道镇人民政府不履行法定职责案,吉林省梅河口市人民法院行政判决书[2020]吉0581行初13号。

[3] 安徽省宁国市人民检察院诉宁国市供销合作社联合社行政决定违法案,安徽省宁国市人民法院行政判决书[2018]皖1881行初10号。

[4] 检察建议内容为"建议被告对贵阳市××××村和让组村民在河道管理范围内修建构筑物的行为履行监管职责"。参见贵阳市乌当区人民检察院诉贵阳市乌当区水务管理局未履行行政管理职责案,贵州省清镇市人民法院行政判决书[2019]黔0181行初12号。

[5] 江苏省新沂市人民检察院诉新沂市环境保护局、新沂市合沟镇人民政府不履行环境监管职责案,徐州铁路运输法院行政裁定书[2017]苏8601行初280号。贵阳市南明区人民检察院诉贵阳市国土资源局南明区分局履行法定职责案,贵州省清镇市人民法院行政判决书[2016]黔0181行初36号。

准要求。

其次，检察建议效力缺乏刚性，履行率较低。检察建议本质上仍属于"柔性"建议，这就使其本身不具有强制力，导致在司法实践中行政机关重视不够，不积极履行职责[1]。此外，在多数涉农行政公益诉讼案件中，虽然行政机关复函已履行了相关法定职责，但经检察机关后期监督跟踪，发现行政机关履职不力，违法行为和违规行为未得到禁止的现象仍然较多。

一份优质的检察建议不仅是行政公益诉讼案件结案的最主要方式，更是节约司法资源和督促行政机关积极纠错的关键点。只有涉农行政公益诉讼检察建议形式统一、内容严谨且可操作、检察建议后期跟踪落实规范化，检察建议的质量才会有所提高；检察机关才能切实监督行政机关行政违法行为，进而维护广大农民群众的合法权益，推进农业农村现代化发展。

（四）行政机关是否依法履职的判断标准存在分歧

行政机关是否"依法履职"，不仅决定行政公益诉讼的程序能否启动，也是后续审理与执行的关键所在。通过对涉农行政公益诉讼案件进行系统分析，笔者发现行政机关怠于履职现象似乎很突出。检察机关提出行政机关"怠于履职"的原因在于行政机关是否履职的判断标准不明确。

对于行政机关而言，法无授权不可为，否则即为越权。在此原则指引下，部分行政机关抱着宁可不为也不逾越的态度，选择对违法事实或违规行为视而不为。而检察机关认为，行政权的行使除了必须遵循法无授权不可为的公法原则，还应适当考虑公共利益是否

---

[1] 对于检察机关发出的检察建议，行政机关既未书面予以回复，也不依法履行法定职责，致使河道生态环境遭到破坏的状况仍处于持续状态，参见贵阳市乌当区人民检察院诉贵阳市乌当区水务管理局未履行行政管理职责案，贵州省清镇市人民法院行政判决书［2019］黔0181行初12号。行政机关以所述问题并非其法定职责为由，直接拒绝整改，参见黄平县人民检察院诉黄平县水务局怠于履行法定职责一案，贵州省镇远县人民法院行政判决书［2020］黔2625行初94号。行政机关复函仍未依法全面履职，参见赤壁市人民检察院诉咸宁市生态环境局赤壁市分局不履行法定职责案，湖北省赤壁市人民法院行政判决书［2020］鄂1281行初2号。

得到保护或受损害状态是否仍在持续,从而来判断行政机关是否履职〔1〕。

如何认定行政机关是否"依法履职"的确呈现出一定的复杂性。〔2〕但也只有将判断标准予以明确化,推动行政机关依法积极履职,才有助于真正解决"三农"问题中的顽疾。

三、优化涉农行政公益诉讼的对策

(一)积极稳妥探索拓展案件范围

当前,涉农行政公益诉讼近五成的案件涉及生态环境保护领域,案件领域过于集中。对此,各级检察机关要始终坚持问题导向,关注"三农"需求,加大部分领域公益诉讼案件办理力度。同时,积极探索拓展涉农行政公益诉讼案件范围,稳步清理阻碍农业农村现代化的难题。

首先,检察机关应加大对农村食品安全、英雄烈士荣誉维护以及农村社会保障等领域案件的关注度。在现实生活中,"三无"产品、劣质廉价化学添加剂滥用以及农村校园周边的小摊食品等问题严重危害着农村食品安全。而农村地区监管覆盖力度不足,生产经营主体对《食品安全法》的了解不足或者不遵守,加之农民食品法治安全意识不强,致使农村食品安全问题时常发生,严重危及广大农民群众的身体健康。与此同时,在城乡发展建设过程中,仍然存在虚假低保户、留守儿童受教育权保障问题以及破坏历史文物古迹等情形。对此,各级检察机关要持续加大办案力度,加强部门间的协同合作,及时与政府有关主管部门,如市场监督管理部门、卫生

---

〔1〕 公益诉讼人认为 R 镇政府对 S 村初级中学西侧沟边大量堆放的生活垃圾依法负有监管职责,督促其依法履职。而 R 镇政府主张"法律法规并未明确规定作为乡(镇)人民政府的答辩人具有对村级垃圾处理的监督职责",且依据相关规章条例规定,乡(镇)人民政府在村垃圾处理方面的职责为指导和转运,R 镇政府已指导 S 村建设了垃圾收集台,并配备了垃圾转运车辆。因此,R 镇政府认为其已在力所能及的范围内积极履职,并非行政不作为。参见子洲县人民检察院诉蒲城县尧山镇人民政府不履行法定职责案,陕西省子洲县人民法院行政判决书[2017]陕 0831 行初 10 号。

〔2〕 李瑰华:"行政公益诉讼中行政机关'依法履职'的认定",载《行政法学研究》2021 年第 5 期。

健康管理部门等进行沟通，获取线索，听取意见，以监督整改落实为主，力争将绝大多数问题解决于诉前程序。

其次，检察机关要稳步探索拓展涉农行政公益诉讼案件范围。我国《行政诉讼法》对于检察机关提起行政公益诉讼的案件范围预留了在"等"外进行探索和解释的空间。党的十九届四中全会明确指出，要加强对法律实施的监督，拓展公益诉讼案件范围。[1] 但在司法实践中，检察机关主要集中于在"等"内予以细化，导致"三农"领域中存在的一些案件未能纳入公益诉讼的范围。对此，全国检察机关应积极关注新领域和新范围，对于新型、重大而紧迫需要保护的涉农公共利益，检察机关应当坚决且及时介入。这也是最高人民检察院"以习近平法治思想为引领积极稳妥推动公益诉讼健康发展"的工作部署和要求。[2]

总体而言，公益诉讼应更加注重协同之诉。行政公益诉讼要讲究系统性、协同性和整体性，体现双赢多赢共赢理念。全国检察机关要始终坚持问题导向和法治思维，深入了解"三农"问题，积极、稳妥推动公益诉讼制度发展。

（二）运用大数据拓宽案件线索来源

首先，涉农行政公益诉讼与数字化相结合。2021年1月10日，中共中央印发的《法治中国建设规划（2020—2025年）》提到，要充分运用大数据、云计算、人工智能等现代科技手段，全面建设"智慧法治"，推进法治中国建设的数据化、网络化、智能化。优化整合法治领域各类信息、数据、网络平台，推进全国法治信息化工程建设。当前，仅依靠"检察机关在履行职责中发现"，难以挖掘"三农"领域更多的公益诉讼案件，如残疾人权益保障、个人信息保护等案件。数字时代的到来，使得检察机关可以借助大数据，这一

---

[1]"中共中央关于坚持和完善中国特色社会主义制度 推进国家治理体系和治理能力现代化若干重大问题的决定（2019年10月31日中国共产党第十九届中央委员会第四次全体会议通过）"，载《人民日报》2019年11月6日。

[2] 潘剑锋、牛正浩："检察公益诉讼案件范围拓展研究"，载《湘潭大学学报（哲学社会科学版）》2021年第4期。

方面能降低人工成本和时间成本,另一方面有利于更加便捷且全面地获取案件线索,实现网络查控,提高检察机关办案质效。

其次,加强农村基层法治建设,激发群众参与保护公共利益的积极性。公益诉讼的目的虽在于保护公共利益,但最终是体现在保护每个公民个体的合法权益上。然而,在多数情况下,人民群众尚未形成借助法律武器维护自身合法权益的法治观念[1]。对此,深入开展农村法治宣传教育,增强农民学法尊法守法用法意识,引导和支持农民群众通过合法途径维权,遇到公共利益受损情形主动向检察机关提供案件线索。

(三)提高检察建议规范性和质量

首先,完善公益诉讼制度,规范检察建议形式。2019年,最高人民检察院发布的《人民检察院检察建议工作规定》虽对检察建议的适用范围、检察建议书的一般内容以及相关程序等方面进行了规定,但仍较为笼统,导致涉农行政公益诉讼案件中的检察建议书缺乏一定的严谨性和规范性。其一,应将检察建议内容进一步明确化和具体化,防止出现"采取有效措施""依法正确履职"等抽象化表述。其二,明确检察建议的发出次数,一次还是两次终止,抑或没有次数限制。其三,规定检察建议书的内容一般包括行政机关法定回复期,也规定行政机关未在法定期限内予以回复和采取措施时需要承担的后果,提高检察建议书履行率。

其次,检察建议内容应详略得当,具有针对性和可操作性。目前,学界对于检察建议内容应当具体详细还是笼统概括主要存在两种不同观点:一种观点认为,检察建议内容应尽可能具体细致,以便于行政机关自我纠错或依法履职;另一种观点认为,检察建议内容应注重对行政机关的行为进行定性,不必细化具体内容,简明扼

---

[1] 面对生活垃圾肆意堆放,严重破坏森林土地资源和污染周边环境的现状,周边群众也只是"反映强烈",并未积极主动通过举报等途径向检察机关予以反映。该案的案件线索来源仍旧是"公益诉讼人在开展城乡环境整治专项检察活动中发现"。参见磐石市人民检察院诉磐石市红旗岭镇政府不履行法定职责案,吉林省磐石市人民法院行政判决书[2017]吉0284行初24号。

要足以起到督促作用即可。通过本研究，笔者认为检察建议内容应详略得当，无须事无巨细，突出关键信息；检察建议内容应具有可行性、针对性和可操作性，能够准确解决问题。如对于检察建议"依法正确履行监管职责，制定行之有效的整治方案和措施"，[1]一方面，检察机关应明确针对何行为需要被告履行监管职责；另一方面，行之有效判断标准为何，最终需要达到怎样的结果，以上基本内容都需要检察机关在检察建议书中予以具体化。只有如此，检察建议才会对行政机关予以恰当指引，使案件真正止步于诉前程序，发挥诉前程序的特有价值，从而节约司法资源。

（四）明确行政机关依法履职的判断标准

当前，对于行政机关依法履行法定职责的判断标准主要分为行为标准和结果标准两类。行为标准认为判断行政机关是否履行了法定职责，仅仅认定行政机关的行为即可，而不管该行为是否消除或恢复了受损利益。结果标准则主张不仅要看行政机关的行为，还要看结果，即受损的国家利益或社会公共利益是否免于侵害，违法事实是否仍在持续状态。在405件涉农行政公益诉讼案件中，检察机关也正是采用结果标准予以判断的。

在司法实践中，行政机关依法履职的判断标准应当在坚持结果标准的基础上，结合案件事实，着重考察行政机关履职的实际效果以及履职过程中存在的客观因素[2]。"结果标准"与"实质审查"相结合予以判断行政机关是否履行法定职责，一方面有助于提高行政机关后续依法履职的积极性，另一方面利于行政机关与司法机关形成良性互动，推动涉农行政公益诉讼制度进一步发展。

---

〔1〕 子洲县人民检察院诉蒲城县尧山镇人民政府不履行法定职责案，陕西省子洲县人民法院行政判决书［2017］陕0831行初10号。

〔2〕 虽然在L镇政府依法履行法定职责，对建筑垃圾和生活垃圾依法清理后，仍有部分国家建设项目遗留的建筑垃圾存在，但因所需资金巨大，L镇政府亦无力解决，且L镇政府已向有关部门汇报。因此，人民法院认为不存在不作为的情形。参见甘肃省武都区人民检察院诉甘肃省武都区洛塘镇人民政府未依法履行职责案，甘肃省康县人民法院行政判决书［2017］甘1224行初7号。

检察机关提起刑附民公益诉讼研究*

摘　要：检察机关提起刑事附带民事公益诉讼作为一种新的公益诉讼类型，具有解决被告人刑事责任和民事责任，维护公共利益的重要功能。检察机关提起刑事附带民事公益诉讼制度确立以来的案例集中展现了这一新型公益诉讼的现状和问题。从样态分布分析，检察机关刑事附带民事公益诉讼呈现地域性集中、层级下移、案件简单、数量逐年增加等特征。从涉及的刑事罪名分析，检察机关提起刑事附带民事公益诉讼以保护社会管理秩序为主要目的。从实证分析结果看，检察机关提起刑事附带民事公益诉讼存在检察机关职能认识有待清晰、起诉范围较模糊、民事责任承担方式差异较大、简单案件数量较多等问题。检察机关提起刑事附带民事公益诉讼中问题的解决对于实现制度设计目的具有重要意义。

关键词：刑事附带民事公益诉讼；社会管理秩序；检察机关；职能定位；责任承担

引　言

检察机关提起公益诉讼是指"检察机关根据法律授权，对于履职中发现的特定领域损害国家利益和社会公共利益的违法行为，通

---

* 赵奕凯，甘肃政法大学硕士研究生，甘肃省依法推进社会治理研究中心助理研究员。何青洲，甘肃省哲学社会科学重大研究基地甘肃省依法推进社会治理研究中心主任、教授、法学博士。李亮，甘肃省依法推进社会治理研究中心助理研究员，湘潭大学博士研究生。［基金项目］甘肃省哲学社会科学规划项目"甘肃省检察机关提起公益诉讼实证研究"（编号：YB102）；甘肃政法大学依法推进社会治理研究智库团队项目成果。

过向人民法院提起诉讼，实施公益救济保护的制度"。[1]2014年，中共中央《关于全面推进依法治国若干重大问题的决定》提出"探索建立检察机关提起公益诉讼制度"。[2]2015年，最高人民检察院在13个省、自治区、直辖市开展公益诉讼试点工作，公布《检察机关提起公益诉讼改革试点方案》。自此，检察机关提起公益诉讼的探索进入了一个新的发展阶段。2017年修正的《民事诉讼法》第55条规定民事公益诉讼范围为损害社会公共利益的污染环境、侵害众多消费者合法权益等行为。《行政诉讼法》第25条规定行政公益诉讼范围为生态环境和资源保护、食品药品安全、国有财产保护、国有土地使用权出让等领域。由此，检察机关提起公益诉讼制度正式以法律形式确立。2018年最高人民法院、最高人民检察院《关于检察公益诉讼案件适用法律若干问题的解释》（以下简称《公益诉讼解释》）第20条规定了刑事附带民事公益诉讼的范围为损害社会公共利益的破坏生态环境和资源保护、食品药品安全领域侵害众多消费者合法权益等犯罪行为。检察机关提起刑事附带民事公益诉讼制度确立。

一、检察机关提起刑事附带民事公益诉讼的样态分布

（一）案例选取的前提预设

第一，本文预设所有收集到的裁判文书在裁判文书网是以案件相关法律文书作出的先后顺序进行公布的，没有掺杂工作人员的主观选择。笔者在北大法宝司法案例数据库和中国裁判文书网上收集了2018年检察机关提起刑事附带民事公益诉讼制度确立以来至2021年6月刑事附带民事公益诉讼案件的法律文书共417件。收集到的所有法律文书均为网上公开裁判文书，具有真实性，得出的分析结论尽可能客观。

---

[1] 施建邦："以公益诉讼检察促进云南生态文明建设的思考"，载《云南民族大学学报（哲学社会科学版）》2019年第3期。

[2] "中共中央关于全面推进依法治国若干重大问题的决定（二〇一四年十月二十三日中国共产党第十八届中央委员会第四次全体会议通过）"，载《人民日报》2014年10月29日。

第二，本文预设所有收集到的法律文书均是采用了相似的认定标准，没有地区之间、基层人民法院、中级人民法院与高级人民法院之间所存在的地区、法院层级之间对于相关标准的认定差异问题。依据本文研究结果提出的具体建议措施具有针对性。

第三，本文预设所有收集到的法律文书的结构都相同，这样就排除了法律文书的逻辑说理顺序不同于法律文书制作顺序产生的样本差异性问题，能够较为客观地展示检察机关提起刑事附带民事公益诉讼中存在的问题。

(二) 区域分布情况

全部417份样本涉及28个省、自治区、直辖市，其中上海市5件、安徽省41件、福建省7件、江苏省19件、浙江省15件、江西省15件、山东省11件、内蒙古自治区12件、山西省25件、河北省10件、黑龙江省19件、吉林省16件、辽宁省12件、湖北省15件、湖南省22件、河南省34件、广东省4件、广西壮族自治区3件、重庆市4件、四川省42件、云南省15件、贵州省37件、甘肃省7件、青海省5件、宁夏回族自治区3件、陕西省10件、西藏自治区5件、新疆维吾尔自治区4件。从行政区划看，检察机关提起刑事附带民事公益诉讼既判案件数量存在巨大差异。四川省42份样本，数量列全国第一；安徽省41份样本，数量列全国第二；贵州省37份样本，数量列全国第三。宁夏回族自治区3份样本，案件数量为全国最少；重庆市、广东省和新疆维吾尔自治区样本均为4份。这表明检察机关提起刑事附带民事公益诉讼正在朝向制度设计的预期发展，起到了维护公共利益的制度效果。同时说明，检察机关提起刑事附带民事公益诉讼既判案件数量与省域经济体量不存在非常明显的正相关关系。公益诉讼对中国在新发展阶段贯彻新发展理念、构建新发展格局具有重要的法治意义。因此，全国各级检察机关均应该高度重视提起刑事附带民事公益诉讼，服务地方经济社会发展。

(三) 法院层级、审理程序和文书类型分布情况

对全部417份文书样本涉及的法院层级、审理程序和文书类型进行分析。从法院层级的统计看，基层人民法院作出349份文书，

审理的案件数量最多；中级人民法院作出 53 份文书；高级人民法院作出 1 份文书。从审理程序的统计看，一审案件为 305 件，二审案件为 42 件，简易程序案件 48 件，速裁程序 6 件，执行 11 件。从文书类型的统计看，刑事判决书 358 份，刑事附带民事判决书 5 份，刑事调解书 2 份，刑事裁定书 25 份，民事裁定书 8 份，刑事决定书 1 份，执行裁定书 2 份，其他文书 16 份（结案通知书和批复）。从审结年份的统计看，案件数量逐年快速增长，取得了较大的成效，2018 年审结 37 件，2019 年审结 95 件，2020 年审结 173 件，2021 年前 6 个月审结 34 件。

（四）涉及的相关罪名及数量分布

将本研究的所有样本按照涉及刑事罪名进行分类统计，呈现在表 1。

表 1 刑事附带民事公益诉讼涉及的相关罪名及数量分布

类罪名	具体罪名	数量（份）	
危害公共安全罪	以危险方法危害公共安全罪	1	18
	失火罪	10	
	非法制造、买卖、运输、邮寄、储存枪支、弹药、爆炸物罪	1	
	非法持有、私藏枪支、弹药罪	3	
	重大责任事故罪	2	
	危险驾驶罪	1	
破坏社会主义市场、经济秩序罪	生产、销售伪劣商品罪（生产、销售伪劣产品罪 1；生产销售假药罪 7；生产、销售不符合卫生标准的食品罪 1；生产、销售有毒、有害食品罪 20；生产、销售不符合安全标准的食品罪 25）	54	59
	破坏金融管理秩序罪（非法吸收公众存款罪 1）	1	
	侵犯知识产权罪（销售假冒注册商标的商品罪 1）	1	
	扰乱市场秩序罪（非法经营罪 3）	3	

续表

类罪名	具体罪名	数量（份）	
侵犯公民人身权利、民主权利罪	侵犯公民个人信息罪	5	5
侵犯财产罪	盗窃罪	5	10
	诈骗罪	1	
	故意毁坏财物罪	4	
妨害社会管理秩序罪	扰乱公共秩序罪（寻衅滋事罪4）	4	315
	妨害司法罪（窝藏、包庇罪1；掩饰、隐瞒犯罪所得、犯罪所得收益罪2）	3	
	妨害文物管理罪（盗掘古文化遗址、古墓葬罪1）	1	
	危害公共卫生罪（非法行医罪1）	1	
	破坏环境资源保护罪（非法捕捞水产品罪87；非法猎捕、杀害珍贵、濒危野生动物罪24；非法收购、运输、出售珍贵、濒危野生动物制品罪11；非法狩猎罪51；非法占用农用地罪35；非法采矿罪18；非法采伐毁坏国家重点保护植物罪4；非法收购、运输、加工、出售国家重点保护植物、国家重点保护植物制品罪1；盗伐林木罪28；非法收购盗伐的林木罪1；污染环境罪45）	305	
	走私、贩卖、运输、制造毒品罪（非法买卖制毒品罪1）	1	
贪污贿赂罪	受贿罪	1	1
渎职罪	滥用职权罪	1	1

刑事附带民事公益诉讼案件所涉刑事罪名分布存在较大差异。类罪名中的妨害社会管理秩序罪的案件有315份，数量为第一位。具体罪名数量最多的三类依次为非法捕捞水产品罪、非法狩猎罪、

污染环境罪,均属于破坏环境资源保护罪。数量只有1份的文书涉及的罪名有以危险方法危害公共安全罪、非法制造、买卖、运输、邮寄、储存枪支、弹药、爆炸物罪、危险驾驶罪、生产、销售伪劣产品罪、生产、销售不符合卫生标准的食品罪、非法吸收公众存款罪、销售假冒注册商标的商品罪、诈骗罪、窝藏、包庇罪、盗掘古文化遗址、古墓葬罪、非法行医罪、非法收购、运输、加工、出售国家重点保护植物、国家重点保护植物制品罪、非法收购盗伐的林木罪、非法买卖制毒品罪、受贿罪、滥用职权罪。根据我国刑事罪名的划分标准主要是刑法所保护的社会关系来看,检察机关提起刑事附带民事公益诉讼首先以保护社会管理秩序为主要目的,保护社会主义市场经济秩序次之。

二、检察机关提起刑事附带民事公益诉讼实践中的问题

通过对刑事附带民事公益诉讼案件的分析显示出在刑事附带民事公益诉讼中,检察机关对公益诉讼职能、案件范围、民事责任承担标准与方式、案件的复杂性等方面存在认识上不统一的问题。

(一)检察机关对其职能认识有待清晰

首先,对本研究的法律文书样本涉及的罪名归类梳理(详见表1),危害公共安全罪案件文书18份,破坏社会主义市场经济秩序罪案件文书59份,侵犯公民人身权利、民主权利罪案件文书5份,侵犯财产罪案件文书10份,妨害社会管理秩序罪案件文书315份,贪污贿赂罪案件文书1份,渎职罪案件文书1份。

在妨害社会管理秩序罪案件中,具体罪名的案件文书主要集中在破坏环境资源保护罪,文书305份。另有妨害司法罪的窝藏、包庇罪文书1份,妨害文物管理罪的盗掘古文化遗址、古墓葬罪文书1份,危害公共卫生罪的非法行医罪文书1份,破坏环境资源保护罪的非法收购、运输、加工、出售国家重点保护植物、国家重点保护植物制品罪文书1份、非法收购盗伐的林木罪文书1份。在破坏社会主义市场经济秩序罪案件中,具体罪名的案件文书主要集中在生产、销售不符合安全标准的食品罪,文书25份;生产、销售有毒、有害食品罪,文书20份。另在生产、销售伪劣商品罪中,生产、销

售伪劣产品罪文书 1 份,生产销售假药罪文书 7 份,生产、销售不符合卫生标准的食品罪文书 1 份。

根据 2018 年《公益诉讼解释》第 20 条规定的刑事附带民事公益诉讼的范围为损害社会公共利益的破坏生态环境和资源保护、食品药品安全领域侵害众多消费者合法权益等犯罪行为。检察机关提起刑事附带民事公益诉讼应集中于破坏生态环境和资源保护、食品药品安全领域侵害众多消费者合法权益等犯罪行为。从样本统计分析可以看出,检察机关提起刑事附带民事公益诉讼重点关注了破坏生态环境和资源保护、食品药品安全领域侵害众多消费者合法权益等犯罪行为。但同时可以看出,检察机关仍然对刑事附带民事公益诉讼范围外的一些案件提起了刑事附带民事公益诉讼。

其次,从承担民事责任的方式看,主要有赔礼道歉(在文书中出现 112 次)、恢复原状(在文书中出现 113 次)、赔偿损失(在文书中出现 122 次)、停止侵害(在文书中出现 96 次)、消除危险(在文书中出现 88 次)等。但在民事责任承担方面,涉及生产、销售不符合安全标准的食品罪、污染环境罪、生产、销售有毒、有害食品罪、盗伐林木罪、非法狩猎罪、非法捕捞水产品罪的相关案例中出现了将赔偿款或生态修复费用交付检察机关的表述。这也对检察机关在刑事附带民事公益诉讼中的法律监督职能定位进一步提出挑战,即在刑事附带民事公益诉讼中,检察机关对自身职能定位有待清晰。

(二)刑事附带民事公益诉讼案件范围标准存在模糊

从样本涉及的类型罪所侵犯的客体看,样本中的罪名分布与各类型罪所侵犯客体分布差异较大,反映了检察机关对案件所涉公共利益的认识有待清晰。全部研究样本涉及《公益诉讼解释》所确立的检察机关提起刑事附带民事公益诉讼的 17 个刑事罪名。《公益诉讼解释》对 17 个刑事罪名的适用作了原则性规定。统计分析显示,失火罪、重大劳动安全事故罪、非法经营罪、诈骗罪的样本数量极少,并且案件有直接受害人,但是检察机关仍然提起刑事附带民事公益诉讼。《公益诉讼解释》对检察机关提起刑事附带民事公益诉讼的范围规定为破坏生态环境和资源保护、食品药品安全领域侵害众多消费者合法权益等犯罪行为。由此看，检察机关提起刑事附带民事公益诉讼的案件范围似乎没有严格遵循刑事附带民事公益诉讼的案件范围标准。另外，在统计样本中，出现了涉及故意伤害罪、故意毁坏财物罪案件，这些案件似乎并不直接严重损害公共利益。这也给刑事附带民事公益诉讼的案件范围的认识带来了困惑。

（三）刑事附带民事公益诉讼中民事责任承担方式差异较大

本研究样本统计显示，检察机关提起刑事附带民事公益诉讼案件中民事责任承担的方式主要有赔礼道歉、恢复原状、赔偿损失、停止侵害、消除危险。在破坏环境资源保护罪中，有87个非法捕捞水产品罪案件，其中25个案件承担了民事责任；25个承担民事责任案件中有1个案件仅承担了赔礼道歉的民事责任，[1]20个案件承担民事责任的方式为恢复原状即"修复生态"，4个案件同时承担"修复生态"和赔礼道歉的责任。[2]在生产、销售伪劣商品罪中，有20个生产、销售有毒、有害食品罪的案件，其中19个案件的承担民事责任方式中有赔礼道歉，其中14个案件的承担民事责任方式中有赔偿损失，2个案件的承担民事责任的方式中有惩罚性赔偿，2个案件的赔偿金交付检察机关，1个案件的承担民事责任的方式中有停止生产，1个案件的承担民事责任的方式中有消除危险。非法采矿罪、非法生产制毒物品罪、重大劳动事故罪、非法经营罪的案件样本中绝大多数都只涉及一种民事责任。本研究的其他案件样本都涉及若干种民事责任。从整体看，检察机关提起刑事附带民事公益诉讼案件中民事责任承担方式差异比较大。

笔者在涉及民事责任承担的案件中选取了影响范围较大的生产、销售有毒、有害食品罪的案件，对其所涉及20份样本进行深入分析，将其中8份样本涉及的刑事责任与民事责任呈现在表2。

---

[1] [2020]冀0633刑初201号。

[2] [2019]湘0702刑初518号、[2019]黔0382刑初503号、[2019]黔0382刑初408号、[2019]黔0382刑初293号。

表2 生产、销售有毒、有害食品罪案件的刑事责任和民事责任承担方式

案件	管辖级别	刑事责任承担方式	民事责任承担方式
炎陵县人民检察院诉卢某某案	基层人民法院	有期徒刑1年,并处罚金人民币20 000元	县级以上媒体上赔礼道歉并收回、销毁已售食品
湖北省丹江口市人民检察院诉汪某某案	基层人民法院	有期徒刑8个月,缓刑1年,并处罚金人民币1000元	省级以上(含省级)媒体上赔礼道歉,并发布消费警示
深圳市罗湖区人民检察院诉王某某案	基层人民法院	有期徒刑7个月,并处罚金人民币1000元	国家级媒体上赔礼道歉
安徽省定远县人民检察院诉吴某某案	基层人民法院	判处有期徒刑1年6个月,宣告缓刑2年,并处罚金人民币200 000元	公开媒体上赔礼道歉
吉林省长岭县人民检察院诉张某案	基层人民法院	有期徒刑3年,缓刑4年,并处罚金10 000元	省级以上媒体上赔礼道歉并支付10倍惩罚性赔偿金
长春市双阳区人民检察院诉周某某案	基层人民法院	有期徒刑6个月,缓刑1年,并处罚金人民币1000元	市级以上媒体上赔礼道歉并支付赔偿金人民币1000元
陆丰市人民检察院诉周某案	基层人民法院	有期徒刑1年6个月,并处罚金人民币20 000元	市级以上电视台和市公开发行的报纸上赔礼道歉
西安市临潼区人民检察院诉张某某案	基层人民法院	有期徒刑1年3个月,缓刑2年,罚金3000元	市级以上媒体上赔礼道歉并支付惩罚性赔偿金人民币114 750元

刑事附带民事公益诉讼以刑事诉讼为中心展开,行为人刑事责任的轻重应该与其行为的社会危害性严重程度成正相关关系,相应的民事责任的轻重也应该与之社会危害性轻重成正相关关系,即是

否可认为民事责任轻重与刑事责任轻重有正相关关系。但是通过表2统计看,民事责任轻重虽然曾现出四个级别的划分,但是却没有比较明确的标准,与对应的刑事责任相比较便会发现其民事责任轻重呈现出一定的混乱现象,缺乏标准。具体以赔礼道歉的民事责任承担为例,在县级、市级、省级、全国性媒体等四个级别的媒体上进行赔礼道歉。但是对比在国家级媒体上赔礼道歉的案件[1]与在公开媒体(可认为是县级及以上媒体)上赔礼道歉的案件[2]便会发现,其民事责任大小与刑事责任大小完全相反。

(四)刑事附带民事公益诉讼简单案件数量多且胜诉率高

刑事附带民事公益诉讼案件数量较大,但案情大多较为简单。从诉讼结果看,检察机关几乎全部胜诉。统计发现,在全部的417份法律文书中,多数案件的案情较为简单,一审法院均支持了检察机关的起诉;上诉率低,二审法院驳回上诉、维持原判案件20件,改判案件5件。检察机关提起刑事附带民事公益诉讼中,被告绝大多数为个人。本文分析样本中,只有涉及非法占用农用地罪的案例中有3件涉及单位被告,[3]其余样本涉及案件被告均为个人。检察机关提起刑事附带民事公益诉讼案件大多都集中在基层人民法院,且基本上都是一审审结,少有进入二审或者再审程序的,检察机关的诉讼请求基本上都得到了法院的支持,极少有被法院驳回的情况。在公益诉讼制度实践初期,高胜诉率与公益诉讼"国家化"的制度安排有关。[4]

三、检察机关提起刑事附带民事公益诉讼问题的解决路径

在刑事附带民事公益诉讼中,检察机关要更加注重保护公益;检察机关需要重点对刑事案件是否涉及公共利益和涉及的公共利益

---

〔1〕 见[2018]粤0303刑初459号。
〔2〕 见[2018]皖1125刑初213号。
〔3〕 参见[2020]苏01刑终66号、[2021]苏01刑终155号、[2020]苏01刑终36号。
〔4〕 覃慧:"检察机关提起行政公益诉讼的实证考察",载《行政法学研究》2019年第3期。

进行识别，确立案件的标准；根据对公共利益的损害程度和影响确定民事责任与承担方式；解决刑事附带民事公益诉讼中呈现出的问题。

（一）明晰刑事附带民事公益诉讼中检察机关的职能

检察机关作为司法机关的首要职能是提起刑事诉讼，在《公益诉讼解释》第 20 条的规定中也体现着这一首要职能。《人民检察院组织法》第 20 条第 4 项规定了公益诉讼职能。公益诉讼职能是检察机关作为法律监督机关需要履行的职能。但检察机关在提起刑事附带民事公益诉讼中对自身职能认识出现了偏差。检察机关提起刑事附带民事公益诉讼不同于一般原告，其行使的不是一般的诉讼权利，而是法律监督权。在刑事附带民事公益诉讼中，首先应该强调检察机关的刑事诉讼职能和法律监督职能的协调，检察机关应紧紧围绕刑事附带民事公益诉讼的范围提起刑事附带民事公益诉讼。其次，检察机关应将能够直接由刑事诉讼解决的案件排除在刑事附带民事公益诉讼案件的范围外。

（二）确立刑事附带民事公益诉讼案件的标准

检察机关是刑事附带民事公益诉讼唯一的起诉主体，完全体现了公益诉讼"国家化"的制度安排。[1]这种制度安排源自国家迫切需要对社会公共利益进行保护，反映了国家主导下的社会治理模式。[2]而检察机关提起刑事附带民事公益诉讼的前提是检察机关对相关的刑事案件所涉及的公益性有明确的认识，从而克服刑事附带民事公益诉讼案件简单化的问题。

检察机关可以从三个方面对刑事案件是否涉及公共利益以及涉及的公共利益范围进行识别。第一，建立刑事附带民事公益诉讼案件侵害客体的公益性认定标准。刑事附带民事公益诉讼的案件首先是刑事案件，从其所侵犯的客体而言，应该涉及公众和公共利益。

---

[1] 陈杭平、周晗隽："公益诉讼'国家化'的反思"，载《北方法学》2019 年第 6 期。

[2] 郁建兴、关爽："从社会管控到社会治理——当代中国国家与社会关系的新进展"，载《探索与争鸣》2014 年第 12 期。

这样一方面可以与刑法学的传统认识相一致，另一方面可以将本文样本所涉及的故意伤害罪、故意毁坏财物罪等典型刑事案件与刑事附带民事公益诉讼案件区分开来。第二，建立刑事附带民事公益诉讼的案件标准。在对相关案件的公众性、公益性有明确认识之后，对于需要提起刑事附带民事公益诉讼案件的类罪行进行具体的入责认定，确定"确有必要"提起刑事附带民事公益诉讼的标准。如果案情简单，对公共利益的危害性并不严重，民事责任相对较小，此类案件无须提起刑事附带民事公益诉讼。如云和县人民检察院诉潘某某案件，[1]被告人潘某某仅非法捕获1.1公斤溪鱼。这类简单案件虽以刑事入罪，但对公共利益的危害性并不严重，可不附带民事公益诉讼。第三，确立刑事附带民事公益诉讼的管辖层级标准。将刑事案件影响较大、危害公共利益较严重的案件划分给层级较高的检察机关管辖。同时在实践中探索将一些典型案件进行异地审理，如涉及污染环境罪的案件，以更好地解决问题。因这一类案件中，涉及的责任主体一般在当地有着较大的影响力，而其所进行的侵害公共利益的行为往往夹杂着地方政府意志的因素。[2]

（三）明确刑事附带民事公益诉讼的民事责任承担标准和方式

在本研究的法律文书样本统计中已经可以清晰地看出检察机关有了民事责任承担方面的认识，但尚没有统一而清晰的制度标准。这可能是由两方面的原因造成的：一是公益诉讼不同于传统的私益诉讼，原告与被告之间没有直接的利害关系，检察院对被告应承担的民事责任的判断出现了偏差。二是在监察体制改革的背景下，检察机关在职务犯罪侦查权剥离之后出现了功能性的失衡，检察机关虽然被赋予了公益诉讼职能予以平衡这种失衡，[3]但是在具体的司法实践中，检察机关在刑事附带民事公益诉讼中的法律监督职能仍然未得到充分发挥。

---

〔1〕 见［2018］浙1125刑初125号。

〔2〕 杨志弘："公益诉讼主体扩张的制度反思——以检察机关作为公益诉讼原告为切入点"，载《青海社会科学》2018年第4期。

〔3〕 唐亮："监察体制改革与检察机关之归位"，载《河北法学》2018年第1期。

从本研究的样本分析看，刑事附带民事公益诉讼中承担民事责任的案件数量仅占到案件总数的42%。民事责任的承担方式主要有三种，即赔礼道歉、赔偿损失、恢复原状。但民事责任的承担方式明显不同，应统一民事责任承担标准，提高刑事附带民事公益诉讼的公信力。以生产、销售有毒、有害食品罪中所涉及的赔礼道歉的责任承担方式为例，应该以生产、销售的规模与涉案的食品销售范围、涉及的公众潜在危险的范围为标准，如在县一级范围之内生产或者销售，应当在县级媒体上公开赔礼道歉并发出消费警示；如规模较大，在省市一级的范围之内生产或者销售，应当在相应的省市级媒体上公开道歉并且发布较长时间的消费警示，同时由于省市范围之内涉案食品的流通性强，产生的影响较大，所选媒体不应局限在涉案省市，也应该在周边一定范围内的省市媒体上进行公开赔礼道歉并发出消费警示；如生产、销售规模涉及不同省份，应该在国家级媒体上公开赔礼道歉并且发布长期的消费警示。

四、结语

刑事附带民事公益诉讼案件显示，在刑事附带民事公益诉讼中，检察机关对自身职能的认识存在一定程度的偏差；刑事附带民事公益诉讼的案件范围标准不确定；承担民事责任的方式差别较大；案件多为简单案件。因此，在刑事附带民事公益诉讼中，要通过制度设计明确检察机关的职责；应该重点关注并解决刑事诉讼问题，只对严重侵害公共利益的案件才附带民事公益诉讼；根据案件类型和侵害公共利益的严重性程度确定刑事附带民事公益诉讼中民事责任的轻重以及民事责任的承担方式。

甘肃省公共安全领域检察公益诉讼研究[*]

摘　要：公共安全与人民群众的切身利益密切相关，是广大人民群众实现安居乐业和共同富裕的基础。公共领域的安全即公共安全在根本上关系到社会全体公民的生存福祉，提高公共安全治理水平是国家当前的重大工作任务。以甘肃省公共安全领域检察公益诉讼38件案例为分析对象，对公共安全领域检察公益诉讼的现状进行剖析，探析存在问题的主要原因，提出相应的对策建议，更好地完善我国公共安全领域检察公益诉讼制度。

关键词：检察公益诉讼；实证研究；对策建议

党的二十大报告指出："建立大安全大应急框架，完善公共安全体系，推动公共安全治理模式向事前预防转型。"2015年，习近平总书记在主持中共中央政治局第二十三次集体学习时提出"编织全方位、立体化公共安全网"，检察机关应以习近平法治思想为指引，切实履行好公共利益代表的法律监督职责使命，积极回应人民群众的新需求、新期待，推动解决人民群众反映强烈的突出问题，切实增强广大群众在法治领域的获得感、幸福感和安全感。

党的二十大报告专门强调"完善检察公益诉讼制度"。在新时代新环境下，为了实现国家治理体系和治理能力现代化，提高检察机关的监督质效，更好地维护社会公共利益，检察机关应坚持党的绝

---

[*] 马广年，甘肃政法大学硕士研究生，甘肃省依法推进社会治理研究中心助理研究员。王少鹏，甘肃政法大学硕士研究生，甘肃省依法推进社会治理研究中心助理研究员。本研究报告系甘肃政法大学依法推进社会治理研究智库团队项目成果。

对领导，坚决贯彻党中央决策部署，在实践中不断探索监督方式，不断改进监督方式，不断提高监督质效。

以甘肃省现阶段公共安全领域检察公益诉讼专项监督活动典型案例及检索中国裁判文书网梳理的公共安全领域检察公益诉讼案例38件为研究对象，针对甘肃省公共安全领域检察公益诉讼司法实践情况进行实证考察与分析，探析甘肃省公共安全领域检察公益诉讼中存在的问题，对甘肃省公共安全领域检察公益诉讼制度体系建设提出对策建议。

一、实证考察：公共安全领域检察公益诉讼现状分析

坚持以人民为中心的发展思想引领，解决好人民的安全需求。坚持以人民为中心的发展思想体现了中国共产党的理想信念和初心使命。在任何时候我们都应该把人民的利益放在第一位，坚持人民至上、生命至上，落实检察公益监督职责，维护国家和社会公共利益，维护好人民群众生命财产安全。检察机关在实践中探索并不断发展新的监督模式，积极实现检察公益诉讼的价值追求，坚持以国家和人民的利益为根本原则，推动检察公益诉讼机制不断创新发展。

为深入贯彻习近平总书记关于公共安全的重要指示精神，充分发挥检察机关服务保障中心大局的法律监督职能作用，进一步加大公共安全领域的司法保护力度，防范化解重大安全风险。针对甘肃省公共安全领域存在的突出问题，2021年，甘肃省人民检察院开展了为期两年的公共安全领域检察公益诉讼专项监督活动。全省检察机关在公共安全领域共立案办理检察公益诉讼案件1275件，制发诉前检察建议1221件，提起检察公益诉讼17件（其中提起刑事附带民事检察公益诉讼14件、提起民事检察公益诉讼2件、提起行政检察公益诉讼1件）。在办案过程中，有7000件公共安全领域案件，通过诉前磋商、圆桌会议、公开听证等多种方式得到了有效解决。通过对样本案例的统计与分析，公共安全领域检察公益诉讼现状如下：

（一）甘肃省公共安全领域检察公益诉讼案件受理概况（2017年-2022年）

从区域分布上看，剔除无效样本，经笔者梳理收集到的2017年至 2022 年甘肃省公共安全领域检察公益诉讼 38 个案例中（见图 1），兰州市的案件有 10 件，占比 26.3%；陇南市的案件有 6 件，占比 15.8%；白银市的案件有 5 件，占比 13.2%；平凉市的案件有 4 件，占比 10.5%；天水市的案件有 3 件，占比 7.9%；定西市的案件有 2 件，占比 5.3%；张掖市的案件有 2 件，占比 5.3%；嘉峪关市的案件有 2 件，占比 5.3%；酒泉市的案件有 1 件，占比 2.6%；庆阳市的案件有 1 件，占比 2.6%；金昌市的案件有 1 件，占比 2.6%；甘南藏族自治州的案件有 1 件，占比 2.6%。

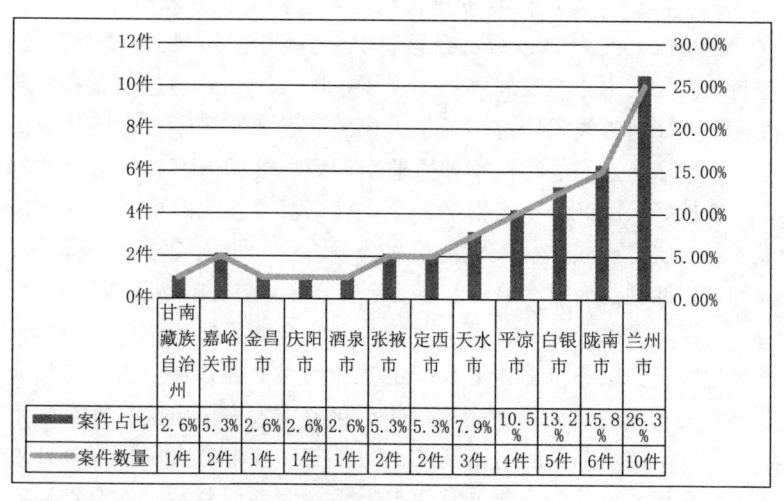

图 1 甘肃省公共安全领域检察公益诉讼各地市涉诉案件数量比例分布图

（二）受案数量

2017 年至 2021 年法院受理案件数量整体呈现逐年上升的趋势（见图 2），2019 年至 2020 受理案件略有所下降，2020 年至 2021 年受理案件急剧增加，2021 年至 2022 年案件受理呈逐步下降趋势。这可能与甘肃省人民检察院对公共安全领域检察公益诉讼专项监督活动有关，检察机关通过诉前磋商、圆桌会议、公开听证等多种方式解决公共安全领域纠纷，部分案件未进入立案诉讼监督程序或部分案件未在中国裁判文书网公开。2017 年立案 2 件，2018 年立案 4 件，2019 年

立案 8 件，2020 年立案 3 件，2021 年立案 16 件，2022 年立案 5 件。

图 2　甘肃省公共安全领域检察公益诉讼涉诉案件数量时间分布图

从法院层级上看，对于甘肃省公共安全领域检察公益诉讼，基层人民法院审理一审案件 23 件，中级人民法院审理一审案件 8 件，二审上诉审理案件 7 件，其中甘肃矿区人民法院审理了 13 件公共安全领域检察公益诉讼案件，受理案件数量最多。

（三）案件类型

甘肃省涉诉公共安全领域检察公益诉讼共 38 件（见图 3），其中涉诉民事检察公益诉讼类 1 件，刑事附带民事检察公益诉讼类 11 件，行政检察公益诉讼类 26 件。甘肃省公共安全领域检察公益诉讼案件范围不断拓展，新领域案件不断增加。

检察机关办理案件涉及网络信息安全、交通安全、矿山安全、公共卫生安全、城市建设安全、特种设备安全、危化危废安全、消防安全等八个领域，其中城市建设安全领域、交通安全领域和消防安全领域立案数量较多。据甘肃省人民检察院官网发布，自甘肃省检察机关公共安全领域检察公益诉讼专项监督活动实施以来，城市建设安全领域、交通安全领域和消防安全领域立案数量共 805 件，占专项活动立案总数的 63.1%。公共安全检察公益诉讼新领域案件正在逐渐增长，检察机关针对新领域法律监督新问题将面临新的挑战。

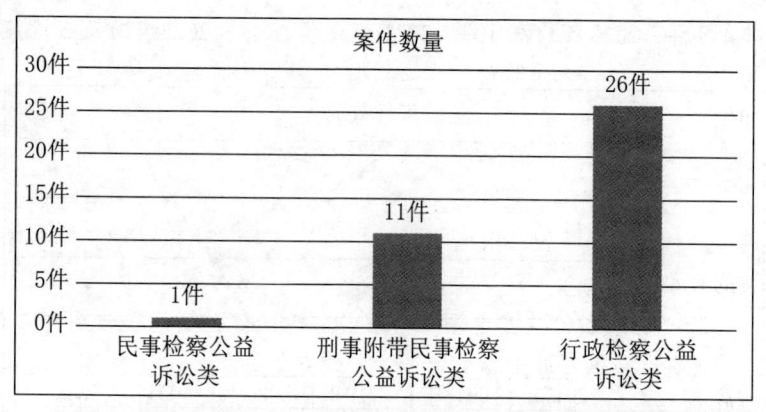

图3 甘肃省公共安全领域检察公益诉讼涉诉案件类型分布图

(四) 诉讼请求、原告和被告情况及处理状态

监督依法履行职责类26项,赔偿损失类3项,消除危险类4项,赔礼道歉类5项,要求被告承担诉讼相关费用27项。

(1) 原告情况。各级检察机关共提起公共安全领域检察公益诉讼案件38件,其中涉及公共安全领域检察公益诉讼民事类1件,涉及公共安全领域检察公益诉讼行政类26件,涉及公共安全领域检察公益诉讼刑事附带民事类11件。

(2) 被告情况。在总计38件案件中,以自然人为被告的有21件,占比55.3%,被诉行为主要包括交通安全、消防安全、危化危废安全、食品安全领域,具体涉及人民群众的食品安全,公路开裂塌陷、交通信号灯、标示线、隔离护栏、地下通道等交通设施不完备、不合规等各类安全出行隐患以及铁路沿线安全保护范围占道经营、私搭乱建、乱排乱放等铁路交通安全领域。还涉及高危化学品的生产、储存、使用、经营、运输和废弃处置领域。以企业为被告的有1件,占比2.6%,行为较为分散,涉及高层建筑、大型商业综合体、石油化工、物流仓储等重点场所和学校、医院、商场等人员密集区域等领域。以行政机关为被告的16件,占比42.1%,被诉行为主要是针对行政机关行政不作为,如食品安全领域线索发现难、专业化程度高、需要专业技术人员检测等难题。因行政机关责任主体不明确，怠于履行法定职责现象普遍。检察机关是我国的法律监督机关，履行着法律监督职责，检察公益诉讼往往涉及多个部门，如生态环境、应急管理、消防救援等多个部门，因此，检察机关要加强与相关行政机关的沟通联系，督促行政机关履行法定职责。

（3）处理状态。通过 38 件典型案例分析得出，判决结案的有 28 件，其中 7 件案件为二审法院判决结案，其余为一审结案；调解结案的有 10 件。

二、甘肃省公共安全领域检察公益诉讼存在的问题分析

为深入贯彻习近平总书记关于公共安全的重要指示精神，以及更好地治理完善甘肃省公共安全领域检察公益诉讼存在的问题，甘肃省人民检察院实事求是，因地制宜，开展为期两年的公共安全领域检察公益诉讼专项监督活动。两年的公共安全领域检察公益诉讼专项监督治理取得了卓有成效的成绩。全省检察机关在公共安全领域共立案办理检察公益诉讼案件 1275 件，制发诉前检察建议 1221 件，提起检察公益诉讼 17 件。通过诉前方式解决各类公共安全隐患 7000 余件，笔者选取的 38 件案例经梳理分析，发现目前甘肃省公共安全领域检察公益诉讼存在以下问题：

（一）案件数量少

从样本数量看，2017 年甘肃省仅有 2 件行政检察公益诉讼案件：一个是兰州市城关区农业水务局怠于履行法定监管职责案，兰州市城关区人民检察院向兰州铁路运输中级人民法院提起行政检察公益诉讼，法院判决：确认被告兰州市城关区农业水务局怠于履行法定监管职责的行为违法；责令被告兰州市城关区农业水务局继续履行行政管理职责。另一个是徽县住房和城乡建设局不依法履行职责检察公益诉讼案，徽县住房和城乡建设局未认真有效地履行职责，未及时收缴人防易地建设费，致使国家利益受到侵害。法院认为，徽县住房和城乡建设局在执行中未严格按照规范性文件要求收缴人防易地建设费，属于怠于履行职责。于是判决：确认徽县住房和建设局怠于履行收缴人防易地建设费职责的行政行为违法；责令徽县住房和城乡建设局继续履行职责，依法收缴应收回的人防易地建设费。

纵观甘肃省公共安全领域检察公益诉讼，与过去相比，案件数量明显增加，但是，案件总量仍然偏少，反映出甘肃省公共安全领域检察公益诉讼还有很大的完善空间。

（二）新类型案件不断增加，受案范围不断拓展

自2017年检察公益诉讼制度实施以来，随着新兴领域案件的不断增加，检察公益诉讼案件范围不断地拓展，截至目前，检察公益诉讼在法定办案领域上形成了"4+9"格局，逐渐向"4+N"趋势发展。经笔者通过案例分析发现，甘肃省涉及公共安全领域检察公益诉讼案件有城市建设安全、交通安全、消防安全、危化危废安全、矿山安全、特种设备安全、公共卫生安全、网络信息安全等多个领域，其中城市建设安全领域、交通安全领域和消防安全领域立案数量较多。公益损害的确定，提起行政检察公益诉讼要以行政机关不作为或乱作为，导致国家利益和社会公共利益受损为前提。随着新类型案件的不断增长，法院的受案范围进一步拓展，被诉行为更为复杂。通过分析案例数据，可以发现主要有三个方面的变化：

第一，公共安全领域的案件呈上升趋势，涉及人民群众生命财产安全的领域逐渐受到普遍重视。尤其在2021年，甘肃省人民检察院开展的公共安全领域检察公益诉讼专项监督活动中，案件数量明显增多。如附带民事检察公益诉讼被告人黑某某生产、销售假药罪一案，被告人黑某某销售假药行为侵害了众多消费者合法权益，社会公共利益受到了严重损害。县人民检察院提起刑事附带民事检察公益诉讼，要求判令被告人黑某某公开在市级以上媒体向社会公众赔礼道歉；判令被告人黑某某在媒体上宣布对已销售的假药召回、消除了危险。法院最终判决予以支持，同时取得了良好的社会效果。

第二，与传统案件不同，检察机关提高政治站位，自觉接受监督，加大对公共安全领域案件的监督力度。党的二十大报告对"坚持全面依法治国，推进法治中国建设"作出专章部署，专门强调"加强检察机关法律监督工作"，明确要求"完善检察公益诉讼制度"，是继中共中央《关于加强新时代检察机关法律监督工作的意见》印发后，党中央又一次赋予检察机关更重政治责任、法治责任、

检察责任，进一步确认检察公益诉讼制度在国家治理体系中的重要地位和作用，也为检察机关检察公益诉讼工作发展指明了方向。甘肃省人民检察院深入人民群众，发现问题，解决问题，有力督促多部门协同履职，推动平安甘肃建设和谐发展。

第三，检察机关全面履职尽责，强化公益保护。公共安全领域案件范围逐渐扩大，案件类型逐渐增多。检察公益诉讼新领域的探索工作是甘肃省检察机关的一项重大政治任务、重点改革任务、重要检察业务。以创新监督方式，提高监督质效作为检察工作的基本要求，是更好服务新时代人民群众对美好生活需要的法律监督的亮点。

(三) 缺乏健全的监督管理机制

从样本案例来看，甘肃省公共安全领域检察公益诉讼案件类型丰富，主要涉及行政机关怠于履行行政管理职责案居多。行政机关通过行政执法活动，代表国家行使行政管理权，对国家的经济发展和社会稳定具有举足轻重的作用。行政机关不依法履行监督管理职责涉及城市建设安全、交通安全、消防安全等八个领域。这些公共安全领域公益受损问题往往涉及多个行政机关的监管职责，由于各部门协调配合缺乏相应的管理机制，导致各部门职责边界不明，运行不协调，公共安全领域出现的问题不能系统有效地解决。行政执法机关的执法人员的政治业务素质不高，不依法履行监督管理职责，如白银市检察机关督促整治输水渠道防护设施安全隐患行政检察公益诉讼案。甘肃省景泰川电力提灌水资源利用中心是横跨甘蒙两省区的大型电力提灌水利工程，该工程输水渠道防护设施年久失修，特别是城区和人员密集处的村庄主干渠防护隔离网缺失、破损、不连续，发生多起人员滑入水渠的溺水伤亡事故，公共利益受到严重侵害。市、县两级人民检察院实地勘查渠道，形成调查报告，确定公共利益受损害情况。明确电力提灌水资源利用中心作为输水渠道的管理者负主体责任，对因防护设施的破损导致的损害承担相应民事责任；县政府相关组成部门、乡镇负监管等责任，其中县应急管理局怠于履行监管职责，县教育局未尽到学生安全教育义务，水渠流经乡镇政府未尽到公共安全监督管理责任。县检察院立案后，市检察院组织电力提灌水资源利用中心、县政府召开诉前磋商会，根据磋商情况向有关部门制发了检察建议，提出消除安全隐患，修复防护设施；强化重点危险水域巡查管控；强化群众和未成年人安全防范宣传教育等意见。检察机关持续跟进监督，积极推进磋商成果落实，共同商议整改方案，有关部门依法履行了监督管理职责。

（四）缺乏有力法律法规支撑

自党的十八届四中全会明确指出"探索建立检察机关提起公益诉讼试点方案"以来，最高人民检察院出台的《检察机关提起公益诉讼改革试点方案》（以下简称《试点方案》）、全国人大常委会通过的《关于授权最高人民检察院在部分地区开展公益诉讼试点工作的决定》，对北京等13个地区开展检察机关提起检察公益诉讼制度进行了试点性探索。经过对两年试点经验的总结，2017年6月27日，全国人大常委会对《行政诉讼法》第25条作出修改，正式确立检察机关提起行政检察公益诉讼制度。

新修正的《行政诉讼法》及《试点方案》明确规定，行政检察公益诉讼应履行诉前程序，即检察机关在提起行政检察公益诉讼之前对符合起诉条件的案件先行通过检察建议的方式督促行政机关纠正违法行为或依法履行职责。通过案例分析发现，检察机关针对行政机关不作为案件，前期都以检察建议的方式督促行政机关履行法定管理职责，诉前程序有效节约了司法资源。多数行政机关收到检察建议后，都能主动纠正违法行为，有效保护了国家利益和社会公共利益，在实践中发挥了重要作用。

但是部分行政机关收到检察建议后，整改不到位或不按规定期限履行行政职责，即在检察建议的监督方式难以实现监督效果的情况下，检察机关通过诉讼程序，对行政不作为的行政机关进行立案，由人民法院对行政行为是否违法作出实体裁判。通过样本案例分析，行政机关怠于履行法定监督管理职责的主要原因是行政机关各部门职责分工不明，缺乏相应的法律法规，造成各部门之间互相推诿。自2017年检察公益诉讼制度实施以来，随着新兴领域案件的不断增加，检察公益诉讼案件范围不断地拓展，截至目前，检察公益诉讼在法定办案领域上形成了"4+9"格局。并初步建立起"4+N"基本业务框架，形成了以传统法定领域为核心、新增法定领域为增长点、其他新领域为补充的基本业务格局。

（五）行政机关问责机制不健全

从样本案例来看，多数行政机关在收到检察建议后都能积极履行行政职责，但是部分行政机关收到检察建议后，依旧对履行行政职责敷衍了事，流于形式，整改不到位，最终检察机关提起行政公益诉讼，由法院判决认定其怠于履行行政职责违法。法院认定行政机关行为违法后，事后对行政机关相关负责人是否问责处罚信息不透明，甚至问责流于形式，没有达到应有的效果。当前，行政机关的问责主要集中于关系人民群众重大安全生产事故和经济领域人民群众生命安全事故。加之行政机关问责主要是行政机关内部问责，问责的主体不完善，问责缺乏力度和应有的效果，在实践中难以实现真正的问责，行政问责监督主体没有真正落实，行政机关总是被动地履行行政监督管理职责。可见，行政机关工作人员违法成本很低。

三、加强甘肃省公共安全领域检察公益诉讼的对策建议

公共安全是最基本的民生。民生连着民心，民心关系国运。只有保障人民群众的安全需求，在安全的基础上解决好人民群众急难愁盼问题，才能实现人民的美好生活。甘肃省检察机关自开展为期两年的公共安全领域检察公益诉讼专项监督活动以来，办理公共安全领域检察公益诉讼案件1275件，检察建议1221件，提起检察公益诉讼17件，通过诉前程序解决公共安全隐患7000余件，取得了良好的政治效果、法律效果和社会效果。笔者对从中国裁判文书网和甘肃省人民检察院官网选取的甘肃省公共安全领域检察公益诉讼经典案例进行梳理分析，针对其存在的问题提出了一些对策和建议。

（一）完善重大公共安全风险防范措施

检察机关是国家法律监督部门，履行着法律监督职责，同时是法治监督体系的重要组成部分，在推进国家治理体系和治理能力现代化方面发挥着重要作用。

党的十八大以来，习近平总书记作出一系列重要指示，对检察机关的宪法定位、主要职责、基本任务作出了深刻阐释，检察机关要深刻领悟习近平法治思想的内涵，为党的事业建设和发展积极履行法律监督职责，为党的事业指路领航。

在重大安全风险防范措施方面，甘肃省检察机关要主动出击，加强风险研判，密切关注本地区各类公共安全重大风险隐患，细致摸排调查，有针对性地开展监督。一是对高层建筑、大型商业综合体、石油化工、物流仓储等重点场所和学校、医院、商场等人员密集区域疏散通道不畅、消防设施损坏、挪用、拆除等消防安全管理不到位的问题开展监督，着力保障消防安全。二是对公路开裂塌陷、交通信号灯、标示线、隔离护栏、地下通道等交通设施不完备、不合规等各类安全出行隐患以及铁路沿线安全保护范围占道经营、私搭乱建、乱排乱放等铁路交通安全隐患及时监督有效防范重大交通事故。三是对高危化学品的生产、储存、使用、经营、运输和废弃处置等环节管控不到位以及化工园区、化工企业等在危险废物产生、收集、贮存、转移过程中违规堆存、随意倾倒、私自填埋等重大安全隐患进行监督，督促危险化学品安全生产、管理和经营。针对上述公共安全领域要建立事前预防机制，制定相应的防范措施和事后处理机制。

（二）明确公共安全领域检察公益诉讼界限及行政机关职责

甘肃省公共安全领域检察公益诉讼涉案覆盖面广，行政机关的管辖权存在交叉，职责不清。公共安全领域检察公益诉讼案件涉及多个市县，多个部门。尤其在面临管辖权权责不清，即多个地区的行政机关均拥有管辖权时，行政机关之间互相推诿，怠于依法履行行政职权。检察机关同时也面临如何确认管辖权的问题，笔者建议检察机关与相关部门制定相应的法律规范，明确检察机关在处理公共安全领域检察公益诉讼案件面临的困境。加强行政机关与检察机关互动机制，建立网络工作模式，检察机关发现行政机关有怠于履行行政职责的，通过网络督促有关行政机关履行职责。如公路开裂塌陷、交通信号灯、标示线、隔离护栏、地下通道等交通设施不完备、不合规等各类安全出行隐患以及铁路沿线安全保护范围占道经营、私搭乱建、乱排乱放等铁路交通安全隐患可以通过网络机制反馈监督，从而有效防范重大交通事故，并提高监督效率。

（三）创新检察机关监督机制和提高监督质效

坚持以人民为中心的发展思想引领，解决好人民的安全需求。坚持以人民为中心的发展思想体现了中国共产党的理想信念和初心使命。习近平总书记强调："推进全面依法治国，根本目的是依法保障人民权益。""全面依法治国最广泛、最深厚的基础是人民，必须坚持为了人民、依靠人民。"[1]在任何时候我们都应该把人民的利益放在第一位，坚持人民至上、生命至上。检察机关以"以百姓之心为心"，密切联系人民群众，深入基层行使监督权。聚焦民生热点，着力防范群众关切、日常生活中普遍存在的公共安全突出问题。如关注"脚底下的安全"，针对窨井盖沉降、缺失、破损危及人民群众人身安全的问题加强监督。关注"头顶上的安全"，对高空抛物、坠物等人民群众反映强烈的问题及时开展监督。关注残疾人通行安全，部分检察机关在开展检察为民办实事活动中加强残疾人权益保障，对盲道等无障碍设施中断、错位、缺失及机动车占用盲道等影响视障群众通行安全的问题开展专项监督。

牢牢把握检察公益诉讼督促、协同的职能定位，办理公共安全领域案件要与基层社会治理、人民群众参与相结合，督促、支持和引导各行政机关综合施策，为推进基层社会治理现代化贡献检察智慧。加强人民群众监督的参与度，如吸收志愿者参与监督。建立和完善行政机关和检察机关内部自我监督机制，加强检察机关对行政机关的监督力度，督促行政机关积极履行行政职责，提高检察机关监督质效。

（四）制定公共安全领域专门立法

公共安全是社会安定、社会秩序良好的重要体现，事关人民群

---

[1] 习近平："坚定不移走中国特色社会主义法治道路 为全面建设社会主义现代化国家提供有力法治保障"，载《奋斗》2021年第5期。

众生命财产安全。在主持中共中央政治局第二十三次集体学习中，习近平总书记强调，坚持系统治理、依法治理、综合治理、源头治理的总体思路，一手抓专项打击整治，一手抓源头性、基础性工作，创新社会治安防控体系。当前，诱发公共安全领域风险的因素复杂多样、相互交织，更加具有牵连性、扩散性。检察机关必须积极推进健全稳定优先、依法善治的社会治安防控体系，实现依法防控、依法治理，坚决防止小的矛盾拖延成大的矛盾，局部风险演变成系统风险。坚持在法治轨道上履行监督职责，服务人民群众。针对公共安全领域存在的问题，应当以专门立法的形式明确检察机关的职权，对行政机关行政不作为开展有效监督。最高检察机关对完善监督管理机制应制定相应的司法解释，通过发布典型案例，指导下级检察机关更好地履行法律监督职责。同时人大应当制定检察机关与各行政机关监督的法律法规，行政机关怠于履行行政职权，检察机关不仅可以通过检察建议、行政检察公益诉讼提起立案监督，还可以向行政机关建议对有关责任人问责，并将问责结果反馈给检察机关和监察机关，加大监督力度。

（五）健全行政机关的问责机制

维护公共安全、解决好公共安全领域存在的突出问题，需要各方努力，综合整治。健全完善问责制度，以责任清单为基础，加强对行政机关不作为问责，明确责任的同时要确保有限问责。党的十八届三中全会、四中全会都提出"推行政府权力清单制度"。落实政府权力清单制度，做到有权必有责。行政机关不依法履行行政职责，检察机关以责任清单为基础，以行政检察公益诉讼的方式立案监督。

坚持法治国家、法治政府、法治社会一体建设，对行政机关政策问责的同时，加强对一把手权力问责。实现依法治国离不开依法行政，依法行政是依法治国目标实现的关键。行政决策落实到位，实施的效果越好，法治政府建设才能越成功。

因此，必须按照十八届四中全会的要求，严格"健全依法决策机制"，对重大行政决策的责任主体、征询及发布程序、决策时限等要素进行明确规定，完善行政决策的效果评价机制，真正"建立重大决策终身责任追究制度及责任倒查机制，对决策严重失误或者依法应该及时作出决策但久拖不决造成重大损失、恶劣影响的，严格追究行政首长、负有责任的其他领导人员和相关责任人员的法律责任"，加强对一把手的权力问责。

党的领导是中国特色社会主义法治之魂。坚持党的绝对领导，是检察机关行使法律监督职责的基本原则，是检察事业不断发展的根本保证。检察机关作为我国的法律监督机关，应该以习近平法治思想为指引，深入贯彻落实法律监督职责。检察机关有权在因行政机关违法行为导致公共利益受损的案件中通过向其提出检察建议的方式介入，督促行政机关自行改正违法现象。检察机关在办理公共安全领域检察公益诉讼案件时，发现行政机关工作人员严重失职，不依法履行行政管理职责的，可向监察委员会反映，追究有关人员的渎职行为，加强行政机关的问责力度，提高检察机关的监督质效。

（六）积极拓展新领域案件范围，创新监督方式

全面落实党的十九届四中全会关于"拓展检察公益诉讼案件范围"重大部署，积极稳妥探索办理公共安全等新领域案件，两年以来，甘肃省检察机关在公共安全领域共立案办理检察公益诉讼案件1275件，涉及八大公共安全领域，通过诉前磋商、圆桌会议、公开听证等多种方式，共督促整治各类公共安全隐患7000余件。

健全完善机制，构建治理共同体。一是要完善社会治理体系，从实践出发，做实证考察，在涉及公共安全领域要严格履行审批手续，建立完善的公益保护机制。要继续加大办案力度，对地方党委、政府关注、人民群众反映强烈的突出问题主动出击、深入摸排、积极应对、力求突破；对于社会关注、群众关心、媒体曝光的重点案件，还要联合相关部门挂牌督办。二是要不断健全工作机制，加强检察机关与相关行政机关的交流协作，各部门要加强信息共享、案件通报、发现问题第一时间线索移送等协同工作机制，协同多部门共同解决公共安全领域中的社会治理难题。三是要提高监督履职能力，检察人员要加强公共安全行政法规学习，全面提升线索发现、调查取证、分析研判的业务素能；同时要加大培训力度，主动邀请

有关行业的业务专家辅导授课，拓宽知识储备，切实提高办理公共安全领域检察公益诉讼案件的水平，提升案件办理质效。

（七）深入开展公共安全普法宣传

开展检察公益诉讼宣传力度，提高检察公益诉讼的社会面知晓度和影响力，让更多的人民群众知法、懂法、守法、用法，让人民群众参与到法律监督中来。对于行政机关不作为导致危害公共安全，或者危害人民群众身体和财产安全的建筑物等，人民群众有权向检察机关进行举报反映，从而从源头消除一切危害公共安全的行为。

检察机关要始终坚持党的领导，坚持一切为了人民，努力解决人民群众关心的问题，维护好、保障好、实现好最广大人民群众的根本利益。检察机关要深入基层，倾听人民群众的心声，接受人民监督，要坚持一切依靠人民，尊重人民主体地位，要通过宣传营造出良好的外部舆论环境，为工作开展提供有效便利的条件。从人民群众的意见中不断改进工作作风，创新工作机制。

四、结语

人民的生命财产安全是国家安全的基石。检察机关要多方出击、主动出击、协调工作，增强保护合力，不断推动全省公共安全领域检察公益诉讼工作健康发展，关注和回应人民群众的民生问题，让检察权在阳光下运行。

甘肃省开展的为期两年的公共安全领域检察公益诉讼监督活动取得了良好的社会效果。对已经取得的优异成果，检察机关要不断巩固办案成效，持续关注甘肃省公共安全领域存在的问题，以"回头看"的精神坚决整改到位。受样本和篇幅限制，本文的实证考察分析主要以甘肃省公共安全领域检察公益诉讼为研究视角，但相关的创新思路必定在未来司法实务中得到运用，更加突出检察机关司法为民的理念价值，对我国检察机关创新监督方式，提高监督质效有着深远的启示作用。